管理运筹建模与求解
——基于 Excel VBA 与 MATLAB

朱顺泉 苏越良 编著

清华大学出版社
北京

内 容 简 介

本书向读者介绍常用的管理运筹学模型的建立及其计算机软件的实现方法，主要包括线性规划、整数线性规划、目标规划、动态规划、网络规划、非线性规划、数据包络分析、模拟决策、人工神经网络、遗传算法等模型及使用 Excel,Excel VBA 和 MATLAB 等软件对上述模型进行求解的方法和步骤。

本书特点是案例丰富，贴近实际，具有很强的实用性和可操作性，易于读者理解和自学。本书可作为经济管理类本科生及攻读 MBA、工程硕士等专业学位的研究生学习相关课程的教材或参考书，也可供相关专业人士参考。

版权所有，侵权必究。举报：010-62782989，beiqinquan@tup.tsinghua.edu.cn。

图书在版编目(CIP)数据

管理运筹建模与求解：基于 Excel VBA 与 MATLAB/朱顺泉，苏越良编著．--北京：清华大学出版社，2011.6（2021.8 重印）
ISBN 978-7-302-26593-1

Ⅰ. ①管…　Ⅱ. ①朱…　②苏…　Ⅲ. ①管理学：运筹学—建立模型　Ⅳ. ①C931.1

中国版本图书馆 CIP 数据核字(2011)第 172251 号

责任编辑：石　磊　李　嫚
责任校对：刘玉霞
责任印制：杨　艳

出版发行：清华大学出版社
网　　址：http://www.tup.com.cn, http://www.wqbook.com
地　　址：北京清华大学学研大厦 A 座　　邮　编：100084
社 总 机：010-62770175　　邮　购：010-62786544
投稿与读者服务：010-62776969, c-service@tup.tsinghua.edu.cn
质 量 反 馈：010-62772015, zhiliang@tup.tsinghua.edu.cn

印 装 者：三河市龙大印装有限公司
经　　销：全国新华书店
开　　本：185mm×230mm　　印　张：21　　字　数：442 千字
版　　次：2011 年 6 月第 1 版　　印　次：2021 年 8 月第 14 次印刷
定　　价：59.00 元

产品编号：038026-05

前言

自20世纪80年代以来,管理运筹学在我国得到了迅速的发展,许多大学建立了管理科学与工程学科,培养了大批技术管理人才;然而,管理运筹学在实际工作中的应用还远未普及。究其原因,除了我国企业管理水平有待提高外,一个重要问题是我国管理运筹学教学中存在理论与实际相分离的状况。我国传统管理运筹学教学中常常过于强调数学理论与方法解释,如数学公式的推导等,而对管理运筹学的思想、从实际问题中建立模型的技术,以及定量化方法在实际管理问题中的应用有所忽略,学生学完管理运筹学后,仍然不知道如何解决实际问题。其结果,一方面使不少人员望而却步,将管理运筹学看成深奥的、难以掌握的、抽象的数学问题;另一方面,管理运筹学难以在实际应用中普及。

近年来,美国高校管理运筹学教学的思想、内容、方法和手段有了根本性的转变,主要表现在普遍采用了"计算机电子表格"这一全新的教学方法,管理运筹学已日益成为经济管理类学生最重要和最欢迎的课程之一。在教学中使用电子表格软件已经成为管理运筹学课程的明显的新潮流。无论是学生还是企业管理人员、财务人员、技术人员都在广泛地应用电子表格软件,这为我们进行相应的教学提供了一个舒适而愉快的环境。

本书试图改变我国管理运筹学教学过于强调数学理论的缺陷,以强调管理运筹学应用、解决实际问题为导向。因此,本书结合大量例题和案例,着重讨论管理运筹学中模型的建立与应用,以及使用计算机软件工具进行求解的方法。其目的是使读者能理解并掌握管理运筹学的一般理论与方法,并将其应用于管理工作的实践,以促进管理运筹学与实际工作的有机融合。在软件工具的选用上,本书既介绍了使用Excel提供的相关函数直接求解管理运筹学问题的步骤,也讲述了使用Excel VBA或MATLAB编程计算较复杂问题的方法。

本书内容安排如下:(1)管理运筹学及其计算机工具简介;(2)线性规划单纯形方法、求解与灵敏度分析;(3)线性规划模型应用实例及其VBA

与 MATLAB 求解;(4)整数线性规划模型的建立及其 VBA 与 MATLAB 求解;(5)多目标决策模型的建立及其 VBA 与 MATLAB 求解;(6)动态规划模型的建立及其 VBA 求解;(7)网络规划模型的建立与 VBA 求解;(8)非线性规划模型的建立及其 VBA 与 MATLAB 求解;(9)数据包络分析模型建立及其 MATLAB 和电子表格求解;(10)模拟决策模型及其 Excel 电子表格模拟计算;(11)人工神经网络模型的建立及其 MATLAB 求解;(12)遗传算法模型应用及其 MATLAB 求解;(13)预测模型的 Excel 计算。

  本书是作者多年从事经济类、管理类专业本科高年级学生、MBA、工程硕士等研究生的"应用运筹学"、"管理运筹学"、"运筹学计算机方法"、"运筹与优化"、"数据、模型与决策"、"商务决策数量方法"、"管理科学"、"决策科学"、"商务定量分析"等课程教学与科研的心得和总结。本书也是我校"资本市场与投(融)资研究创新团队"的部分成果。苏越良撰写了本书的第 1 章,朱顺泉撰写了本书的第 2 章至第 13 章,并进行了全书的统稿。书中不妥之处,恳请读者批评指正。

作 者

2011 年 5 月于广州

目 录

第 1 章 管理运筹学及其计算机工具简介 ········· 1
  1.1 管理运筹学的含义与特点 ········· 1
  1.2 本书讨论的主要内容 ········· 4
  1.3 Excel VBA 宏录制使用简介 ········· 4
  1.4 MATLAB 使用简介 ········· 8
    1.4.1 MATLAB R2007a 界面和菜单简介 ········· 9
    1.4.2 MATLAB R2007a 基本编程方法 ········· 10
  习题 ········· 17

第 2 章 线性规划单纯形方法、求解与灵敏度分析 ········· 18
  2.1 线性规划问题及其数学模型 ········· 18
    2.1.1 问题的提出 ········· 18
    2.1.2 线性规划的标准型 ········· 20
  2.2 线性规划的单纯形方法 ········· 21
    2.2.1 单纯形表 ········· 21
    2.2.2 单纯形方法的计算步骤 ········· 23
    2.2.3 单纯形方法计算举例 ········· 24
  2.3 线性规划模型的 Excel 规划求解与 Excel VBA 求解 ········· 26
  2.4 线性规划模型的 MATLAB 求解 ········· 31
    2.4.1 MATLAB 求解线性规划模型的函数 ········· 31
    2.4.2 线性规划模型的数据录入问题 ········· 32
  2.5 线性规划实例及其灵敏度分析 ········· 37
    2.5.1 一个简单的最大化问题 ········· 37
    2.5.2 线性规划问题的图解法 ········· 39
    2.5.3 线性规划问题的 Excel 规划求解法 ········· 41

2.5.4　最小化问题 ……………………………………………………… 41
　　　2.5.5　线性规划问题的解的讨论 ………………………………………… 45
　　　2.5.6　线性规划的灵敏度分析和影子价格 ……………………………… 45
　习题 ……………………………………………………………………………… 49
　案例问题 2-1　创业投资基金公司的基金比例分配 …………………………… 50

第 3 章　线性规划模型应用实例及其 VBA 与 MATLAB 求解 …………… 52

　3.1　某公司投资组合线性规划模型的建立及其 VBA 求解 ………………… 52
　3.2　线性规划模型的建立及其 MATLAB 求解 ……………………………… 57
　3.3　资源分配问题模型的建立及其 VBA 求解 ……………………………… 59
　3.4　运输问题模型的建立及其 VBA 求解 …………………………………… 62
　习题 ……………………………………………………………………………… 70
　案例问题 3-1　投资咨询公司的投资组合 ……………………………………… 71
　案例问题 3-2　国家保险联合会对股票证券风险最小的投资组合 …………… 72
　案例问题 3-3　海滨财务服务公司投资资金分配 ……………………………… 73
　案例问题 3-4　基金公司经理的理财计划 ……………………………………… 74
　案例问题 3-5　投资服务公司的投资组合 ……………………………………… 75

第 4 章　整数线性规划模型的建立及其 VBA 与 MATLAB 求解 ………… 76

　4.1　整数线性规划模型 ………………………………………………………… 76
　4.2　某项目投资决策整数规划模型及其 VBA 求解 ………………………… 77
　4.3　某公司资本受到限制的投资决策问题及其灵活性处理 ………………… 80
　4.4　配送系统设计的整数规划模型及其 VBA 求解 ………………………… 86
　4.5　指派问题模型的建立及其 VBA 求解 …………………………………… 97
　4.6　一般的整数线性规划模型的建立及其 VBA 求解 ……………………… 106
　4.7　0-1 整数线性规划模型的 MATLAB 求解 ……………………………… 110
　习题 ……………………………………………………………………………… 112

第 5 章　多目标决策模型的建立及其 VBA 与 MATLAB 求解 …………… 113

　5.1　目标规划数学模型的建立及其 VBA 与 MATLAB 求解 ……………… 113
　　　5.1.1　目标规划数学模型的建立 ………………………………………… 113
　　　5.1.2　目标规划的求解实例 ……………………………………………… 115
　5.2　层次分析法及其 VBA 求解 ……………………………………………… 119
　　　5.2.1　AHP 的引出 ………………………………………………………… 119
　　　5.2.2　AHP 的基本步骤 …………………………………………………… 121

5.2.3　AHP 的电子表格解法 …………………………………………… 128
　　5.2.4　AHP 的 VBA 程序实现 ……………………………………………… 137
　　5.2.5　AHP 在内河出入境检验检疫局进口商品检验检疫
　　　　　风险管理中的应用 ………………………………………………… 140
　　5.2.6　AHP 在毕业生工作选择中的应用 …………………………………… 150
习题 …………………………………………………………………………………………… 152

第 6 章　动态规划模型的建立及其 VBA 求解 …………………………………… 153

6.1　个人理财模型的建立及其 VBA 求解 …………………………………………… 153
6.2　贷款管理模型的建立及其 VBA 求解 …………………………………………… 159
6.3　流动资金管理模型的建立及其 VBA 求解 ……………………………………… 162
6.4　生产经营问题模型的建立及其 VBA 求解 ……………………………………… 165
6.5　采购与销售模型的建立及其 VBA 求解 ………………………………………… 168
6.6　订单与生产模型的建立及其 VBA 求解 ………………………………………… 170
习题 …………………………………………………………………………………………… 173
案例问题 6-1　保险公司的理财计划 ……………………………………………………… 173
案例问题 6-2　华南金融公司的理财计划 ………………………………………………… 174

第 7 章　网络规划模型的建立与 VBA 求解 ……………………………………… 176

7.1　最小费用流问题与 VBA 求解 …………………………………………………… 176
　　7.1.1　最小费用流问题 ………………………………………………………… 176
　　7.1.2　最小费用流问题的数学模型 …………………………………………… 177
　　7.1.3　最小费用流问题的数学模型的 VBA 求解 …………………………… 178
　　7.1.4　最小费用流问题的电子表格求解 ……………………………………… 179
7.2　最大流问题与 VBA 求解 ………………………………………………………… 184
　　7.2.1　最大流问题的基本概念 ………………………………………………… 184
　　7.2.2　最大流问题的数学模型 ………………………………………………… 185
　　7.2.3　最大流问题的数学模型的 VBA 求解 ………………………………… 186
　　7.2.4　最大流问题的电子表格求解 …………………………………………… 187
　　7.2.5　最小费用最大流问题 …………………………………………………… 190
7.3　最短路问题及其 VBA 求解 ……………………………………………………… 192
　　7.3.1　最短路问题基本概念 …………………………………………………… 192
　　7.3.2　最短路问题的数学模型 ………………………………………………… 192
　　7.3.3　最短路问题的 VBA 求解 ……………………………………………… 193
　　7.3.4　最短路问题的电子表格求解 …………………………………………… 194

习题 ··· 198

第 8 章 非线性规划模型的建立及其 VBA 与 MATLAB 求解 ············ 199

8.1 非线性规划模型及其求解 ·· 199
8.2 投资组合的非线性规划模型及其 VBA 求解 ·· 200
8.2.1 单项投资的期望回报率与风险 ·· 200
8.2.2 投资组合的期望回报与风险 ··· 201
8.2.3 用电子表格计算期望值、方差、均方差和相关系数 ··························· 202
8.2.4 投资组合优化的非线性规划模型及其 VBA 求解 ······························· 206
8.2.5 通用投资组合优化决策模型及其 VBA 求解 ····································· 214
8.2.6 投资组合优化的非线性规划模型及其 MATLAB 求解 ······················· 221
8.3 最佳现金持有量的非线性规划决策模型及其 VBA 求解 ······················ 223
8.3.1 确定最佳现金持有量的理论方法 ··· 223
8.3.2 最佳现金持有量模型的建立 ··· 224
8.3.3 最佳现金持有量的 VBA 求解 ··· 225
8.4 最佳订货批量的非线性规划决策模型及其 VBA 求解 ·························· 226
8.4.1 经济订货批量的基本原理 ··· 226
8.4.2 最优订货批量模型的建立 ··· 228
8.4.3 最优订货批量的 VBA 求解 ··· 229

习题 ··· 231

第 9 章 数据包络分析模型建立及其 MATLAB 和电子表格求解 ·········· 233

9.1 数据包络分析引例 ··· 233
9.2 数据包络分析 C^2R 模型的建立 ·· 238
9.3 含非阿基米德无穷小 ε 的 C^2R 模型和 C^2GS^2 模型 ································ 241
9.4 含非阿基米德无穷小 ε 的 C^2R 模型和 C^2GS^2 模型的 MATLAB 求解 ······ 242
9.5 数据包络分析的建模与 Excel 电子表格求解 ······································ 246
习题 ··· 254

第 10 章 模拟决策模型及其 Excel 电子表格模拟计算 ······················· 255

10.1 模拟及随机数的产生 ·· 255
10.2 库存系统模拟 ··· 256
10.3 飞机票预订决策问题模拟 ·· 266
习题 ··· 272

第11章 人工神经网络模型的建立及其 MATLAB 求解 … 273

- 11.1 BP 神经网络的拓扑结构 … 273
- 11.2 BP 神经网络的学习算法 … 274
- 11.3 BP 神经网络的学习程序 … 276
- 11.4 BP 神经网络模型在企业信用分类中应用 … 277
- 11.5 基于 BP 神经网络模型现金流量因素分析的 MATLAB 求解 … 278
- 11.6 基于径向基神经网络 RBF 的股市预测研究 … 281
  - 11.6.1 RBF 神经网络学习算法原理与步骤 … 281
  - 11.6.2 股市数据样本的径向基网络输入设计 … 282
  - 11.6.3 RBF 网络训练与测试 … 284
- 11.7 基于学习向量量化 LVQ 网络的财务危机预警研究 … 285
  - 11.7.1 问题描述 … 285
  - 11.7.2 股市数据样本的收集 … 286
- 11.8 支持向量机及其应用 … 287
- 习题 … 290

第12章 遗传算法模型应用及其 MATLAB 求解 … 291

- 12.1 遗传算法原理 … 291
- 12.2 遗传算法的应用举例 … 292
- 12.3 基于遗传算法的有投资数量约束的投资组合优化的 MATLAB 求解 … 296
- 12.4 粒子群优化算法及其应用 … 301
- 习题 … 304

第13章 预测模型的 Excel 计算 … 305

- 13.1 时间序列分析预测 … 305
- 13.2 相关性预测（回归预测）… 307
  - 13.2.1 一元线性回归模型的建立 … 307
  - 13.2.2 多元线性回归模型的建立及其有关参数的解释 … 309
- 13.3 马尔科夫过程及其预测 … 315
  - 13.3.1 期望利润的马尔科夫预测 … 315
  - 13.3.2 稳定状态时的马尔科夫预测 … 317
  - 12.3.3 应收账款分析 … 318
- 习题 … 322

参考文献 … 323

第1章 管理运筹学及其计算机工具简介

1.1 管理运筹学的含义与特点

通俗地讲,管理运筹学就是应用数学的方法来解决各类管理问题,以帮助管理决策者更好地进行决策。这里我们将管理运筹学理解为"运用数学模型,对人、财、物等进行系统和定量的分析,以作出科学决策的管理理论与方法。"有的书中也称之为管理科学。

管理决策者在处理管理问题时,往往首先遇到的是数据,可能拿到别人采集的数据,也可能自己制定出抽样调查的方案,然后必须科学、合理地在这些数据中提取所需要的信息,或建立相应的模型,最后作出决策。经济管理类学生在整个学习过程中掌握这套定量分析的方法是完全必要的。

下面我们用一个盈亏平衡分析的例子来说明管理运筹学应用数据建立模型、求解与决策的过程。盈亏平衡分析是通过分析产品产量、成本与盈利之间的关系,找出各投资方案盈利与亏损在产量、产品价格、单位产品成本方面的临界值,以判断投资方案在各种不确定因素作用下的盈亏情况,从而为决策提供依据。

【例 1-1】 盈亏平衡分析。

华丽床垫厂生产一种床垫,年固定成本为 90 000 元,生产一个床垫的可变成本为 50 元,床垫的销售单价为 100 元。假定市场条件不变,产品价格稳定,所有的产品均能被销售。确定该产品在盈亏平衡点的产量(盈亏平衡点即保本点,这时总成本等于总收益)。如果该厂生产 2400 个床垫,盈亏情况如何?

注:这里的固定成本,是总成本中不随产量变化的那部分成本;可变成本,是总成本中随产量变化而变化的那部分成本;边际成本,是总成本随产量变化的变化率,即当多生产 1 单位产品时,总成本的增加量是多少?

解:设当产量为 X 时达到盈亏平衡点。则可建立如下模型:

(1) 成本-产量模型

$$总成本为:C(X) = 90\ 000 + 50X \tag{1}$$

式(1)中,X 为床垫的产量;C 为生产 X 个床垫的总成本,是产量 X 的函数。

(2) 收益-销售量模型

$$收益为：R(X) = 100X \tag{2}$$

式(2)中,X 为床垫的销售量(这里床垫的销售量等于床垫的生产量);$R(X)$ 为销售 X 个床垫的总收益,是产量 X 的函数。

边际收益是销售量变化一个单位时的收益变化量。由式(2)可见,床垫的边际收益为 100 元。

(3) 利润-产量模型

$$总利润为：P(X) = R(X) - C(X) = 100X - (90\,000 + 50X)$$
$$= -90\,000 + 50X$$

上式中,$P(X)$ 为总利润。

(4) 盈亏平衡分析

$$X = 1000(个),\quad P(1000) = -40\,000(元)$$

即损失 40 000 元。

$$X = 2000(个),\quad P(1800) = 10\,000(元)$$

即公司盈利 10 000 元。

因此,盈亏平衡点(不亏也不盈利)应该在产量为 1000~2000 个之间。也就是说,当总利润为零时,达到盈亏平衡。即

$$P(X) = -90\,000 + 50X = 0$$

计算可得这时的产量为：$X = 1800(个)$。

若生产 2400 个床垫,则其利润为：$P(2400) = -90\,000 + 50 \times 2400 = 30\,000(元)$

当产量 X 大于 1800 个(盈亏均衡点的产量),该产品盈利;当产量 X 小于 1800 个,该产品亏损;当 X 等于 1800 个,既无盈利也无亏损。

这个例子涉及**数据**搜集、**模型**建立和**求解**,目的是帮助我们作出管理**决策**,所以这个过程又称为**数据**、**模型**与**决策**。

我国《管理百科全书》对管理运筹学的解释是：应用分析、试验、量化的方法,对经济管理系统中的人力、物力、财力等资源进行统筹安排,为决策者提供依据的最优方案,以实现最有效的管理。

该理论的主要特点包括：

(1) 管理领域的各项活动都以经济效果的优劣作为评价标准;

(2) 使衡量各项活动效果的标准定量化,借助于数学模型描述事物的现状及发展规律,并找出最优的实施方案;

(3) 强调使用先进的科学理论和管理方法,如优化方法、神经网络、遗传算法、统计预测方法等理论与方法;

(4) 强调应用计算机技术从事管理工作。在管理运筹学模型的实际应用中,往往需

要进行十分浩繁的数值计算,即便那些本身不很复杂的模型也是如此,以至手工计算根本无法胜任,必须借助于计算机技术才能完成。因此,运筹学的发展有赖于计算机技术的发展,而研究运筹学的各种计算程序也是运筹学的重要任务之一,后面我们主要介绍这个问题。

在发达国家,大部分成功企业均将定量化方法应用于企业生产和管理,并取得了很大的成功。为促进管理运筹学理论与方法在实际工作中的应用,美国大部分大学都强调计算机的应用。

自20世纪80年代以来,管理运筹学在我国得到了迅速的发展,许多大学建立了管理科学与工程学科,培养了大批技术管理人才;然而,管理运筹学在实际工作中的应用还远未普及。究其原因,除了我国的企业管理水平有待提高外,一个重要问题是我国管理运筹学教学中存在理论与实际相分离的状况,我国传统管理运筹学教学中常常过于强调数学理论与方法解释,如数学公式的推导等,而对管理运筹学的思想、从实际问题中建立模型的技术,以及定量化方法在实际管理问题中的应用有所忽略,学生学完管理运筹学后,仍然不知道解决实际的管理问题。其结果,一方面使得不少人员望而却步,将管理运筹学看成深奥的、难以掌握的、抽象的数学问题;另一方面,管理运筹学难以在实际中普及。

近年来,美国高校管理运筹学教学的思想、内容、方法和手段有了根本的转变,主要表现在美国普遍采用"计算机电子表格"这一全新的教学方法,管理运筹学已日益成为经济管理类学生最重要和最欢迎的课程之一。在教学中使用电子表格软件已经成为管理运筹学的明显的新潮流,无论是学生还是企业管理人员、财务人员等各行各业都在广泛地应用电子表格软件,这为我们进行相应的教学提供了一个舒适而愉快的环境。

本书试图改变我国管理运筹学教学过于强调数学理论的缺陷,以强调应用,解决实际问题为导向。因此,本书基于Excel环境中丰富的函数功能和便于处理的特点,将应用管理运筹学等内容,面向实际问题建立模型,并应用计算机软件工具进行求解,着重讨论管理运筹学中模型的建立与应用,并应用Excel提供的管理运筹学函数进行VBA编程。其目的是使读者能理解并掌握管理运筹学的一般理论与方法,并将其应用于管理工作的实践,以促进管理运筹学与实际工作的有机融合。

应用管理运筹学解决问题与制定决策时的主要过程是:
(1) 提出问题:认清问题;
(2) 寻求可行方案:建模;
(3) 求解;
(4) 确定评估目标及方案的标准或方法、途径。
(5) 评估各个方案:解的检验、灵敏性分析等。
(6) 选择最优方案:决策。
(7) 方案实施:回到实践中。

(8) 后评估：考察问题是否得到完满解决。

(1)、(2)、(3)、(4)是形成问题；(5)、(6)是分析问题；定性分析与定量分析相结合，构成决策。本书的定位主要是建模和求解。

1.2　本书讨论的主要内容

管理运筹学发展至今，已经成为一个十分庞大而复杂的学科，既有理论体系，又有应用体系，既有研究体系，又有教育体系，其内涵十分丰富，涉及管理的对象也非常广。例如，各行各业的人、财、物等要素的管理，非本书所能总揽。按照模型的性质，管理运筹学主要分为四类：确定型(线性规划、网络规划等)、随机型(随机过程、随机规划等)、混合型(动态规划、组合规划、模拟等)和模糊型(模糊规划、模糊对策等)。为了使本书有一定的针对性和适用性，我们将本书定位于如下几个方面模型的建立及应用与求解。

(1) 线性规划模型的建立与求解；

(2) 整数线性模型的建立与求解；

(3) 多目标决策模型的建立与求解；

(4) 动态规划模型的建立与求解；

(5) 网络规划模型的建立与求解；

(6) 非线性规划模型的建立与求解；

(7) 数据包络分析模型的建立与求解；

(8) 神经网络模型的建立与求解；

(9) 遗传算法模型的建立与求解；

(10) 预测模型的建立与计算。

1.3　Excel VBA 宏录制使用简介

这里的 VBA 是 Visual Basic for Applications 的简写，Excel VBA 是 Excel 环境中使用的编程语言，宏就是用 Excel VBA 编写的程序代码。

由于 Excel 电子表格并不能提供所有问题的解决方案，因此使用 VBA 程序来处理自动重复计算任务是相当有效的。

在求解管理运筹学模型时，要用到许多复杂公式，复杂公式计算使用 Excel VBA 中的宏求解非常方便，因此在阐述管理运筹学模型求解之前，首先简单介绍一下 Excel VBA 宏的录制。

例如，可以用宏来实现数据的求和。在 A1～A4 的单元格中分别输入 100,200,300,400，如表 1-1 所示。

第1章 管理运筹学及其计算机工具简介

表1-1 宏录制数据

	A	B	C		A	B	C
1	100			4	400		
2	200			5			
3	300			6			

我们可以用电子表格中的 SUM 函数来计算 A1~A4 的和,也可以用宏来实现,并自动把结果写到 A5 中。宏的录制过程如下。

(1) 打开菜单栏中选择"工具"|"宏"|"录制新宏",如图1-1所示。

图1-1 选取录制新宏命令

(2) 在弹出的对话框中给将要录制的宏起一个名字,如 mySum,如图1-2所示。

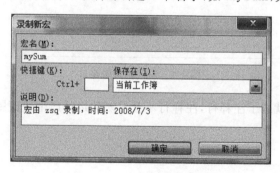

图1-2 给宏起名

(3) 在单击"确定"按钮之后,则我们已经录制了一个宏,并给其命名为 mySum,但是该宏并不能起任何作用,为使宏具备想要的功能,就要给它编写代码,编写代码的步骤如下。

(4) 继续在菜单栏中选择"工具"|"宏",这时不再选"录制新宏",而是选择"宏(M)…",则会出现如图1-3所示的对话框。

(5) 单击"编辑"按钮,出现如图1-4所示的窗口。

(6) 在 Sub mySum() 和 End Sub 之间键入如下代码。注意如果在代码的前面加上一

图 1-3 "宏"对话框

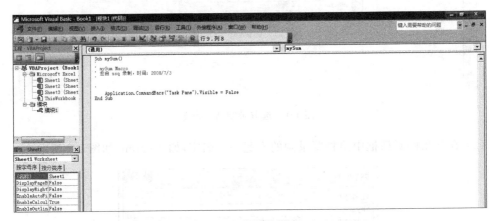

图 1-4 宏代码编辑窗口

个"'",那么这个语句就成了注释行,注释行不会对宏的运行产生任何影响。

```
Sub mySum()
'
' mySum Macro
' 宏由 zsq 录制,时间: 2008/7/3
'
    Range("a5")="=sum(a1:a4)"
End Sub
```

(7) 关闭宏代码编辑窗口。到此已经完成了一个宏的录制,而且能够完成相应的操作,那么如何运行录制好的宏呢?

(8) 重新选择菜单栏中的"工具"|"宏",同步骤(4)选择"宏(M)…",在弹出的对话框中

选择"执行"按钮,可以发现在电子表格的 A5 单元格中自动添入了一个数字"1000",如图 1-5 所示。

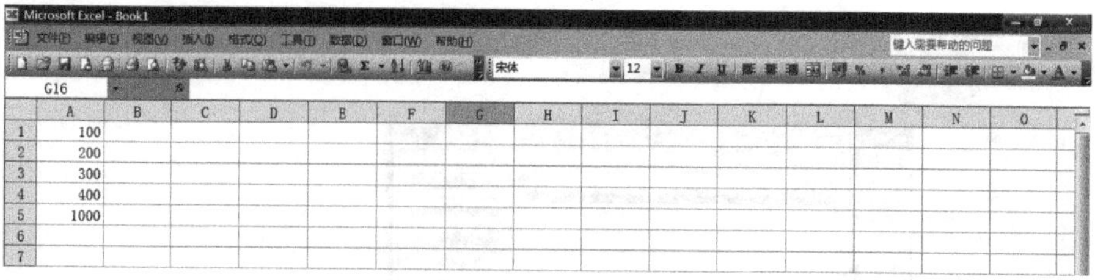

图 1-5　计算结果

下面来给这个宏加个按钮,这样可以通过这个按钮直接执行录制好的宏,使宏的执行快捷高效,和其他的 Windows 命令一样简单。

(9) 选择菜单栏中的"视图"|"工具栏"|"窗体",如图 1-6 所示。

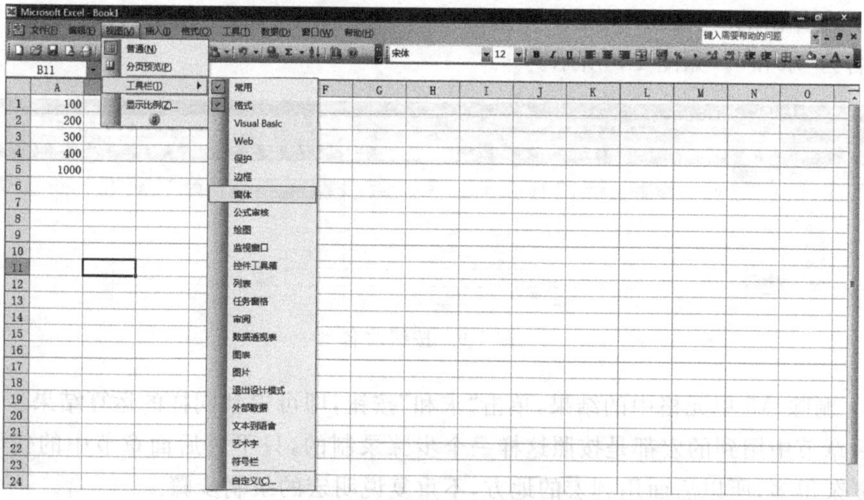

图 1-6　Visual Basic 工具栏

(10) 单击工具栏中的"窗体",就会出现如图 1-7 所示的画面。

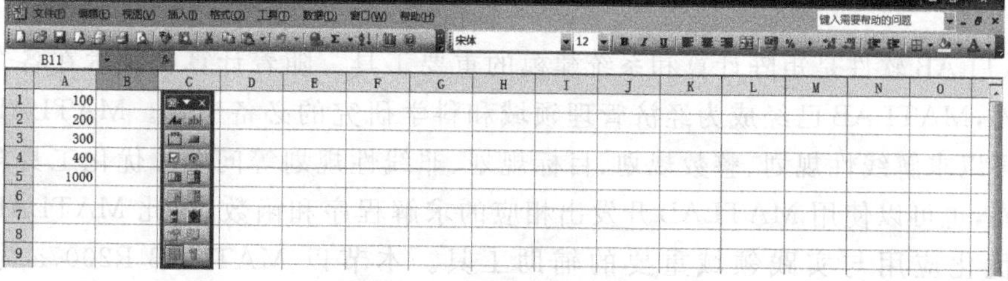

图 1-7　窗体中的工具箱

(11) 单击"命令"按钮(它的图标像一块砖),然后拖动鼠标在 b5 单元格中画出一个命令按钮,如图 1-8 所示。

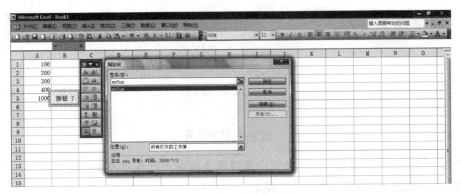

图 1-8　添加一个命令按钮

(12) 在弹出的"指定宏"对话框中选择 mySum。单击"确定"按钮,并将图 1-8 中的"按钮 7"改名为"求和"。如图 1-9 所示。

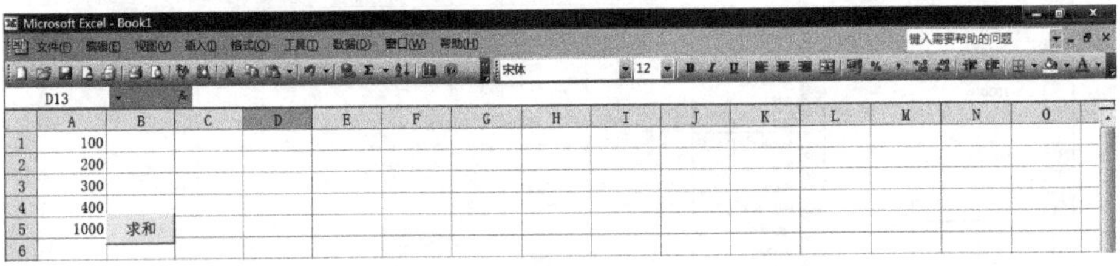

图 1-9　按钮改名

(13) 删除 A5 单元格中的结果,单击"求和"按钮,即可得到同样的运算结果。

以后章节中用到的宏都是按照这样一个步骤录制的,只不过后面章节中的代码比这个例子要复杂得多,所以后面用到宏的地方,不重复说明宏的录制步骤。

关于 Excel VBA 工具的具体应用请见第 2 章第 3 节。

1.4　MATLAB 使用简介

MATLAB 软件是矩阵计算和系统建模的重要工具。随着计算机技术在各个领域的不断深入,MATLAB 已经成为经济管理领域和科学研究的必备工具。MATLAB 的优化工具箱可以求解线性规划、整数规划、目标规划、非线性规划等问题。优化工具箱没有提供的功能,也可以使用 MATLAB 开发出相应的求解程序和函数,因此 MATLAB 已经成为运筹优化应用与实践领域重要的辅助工具。本节以 MATLAB R2007a 为例说明 MATLAB 软件的操作和编程方法。

1.4.1 MATLAB R2007a 界面和菜单简介

进入 MATLAB R2007a 后，出现如图 1-10 所示的 MATLAB R2007a 主窗口。

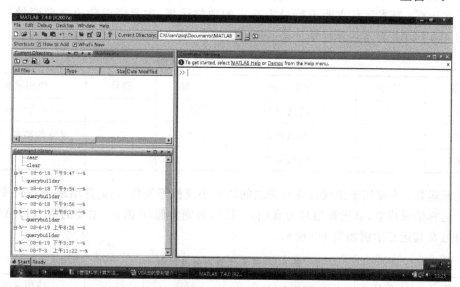

图 1-10　MATLAB R2007a 主窗口

在 MATLAB R2007a 主窗口中可以看到 MATLAB 主要窗口和菜单，这些窗口和菜单的基本功能如下。

（1）MATLAB R2007a 主要窗口

Command Window 窗口：该窗口执行各种 MATLAB 的命令、函数和表达式，并输出图形之外的运算结果。

Command History 窗口：该窗口记录已经执行过的各种命令、函数和表达式，用户可以通过在历史窗口中双击以前运行过的命令、函数和表达式，以重新执行。

Workspace 窗口：该窗口列出 MATLAB 工作空间存储的变量名称、大小和字节数。

（2）MATLAB 主要菜单

File 菜单：完成文件的打开、建立、保存、导入和打印功能。

Edit 菜单：完成对程序源代码和窗体进行编辑和整理的功能。

Debug 菜单：完成程序源代码的调试功能。

Desktop 菜单：完成管理 MATLAB 窗口的各种功能。

Window 菜单：可以用来查看系统打开的所有窗口，并实现不同窗口之间的切换功能。

Help 菜单：实现 MATLAB 的辅助功能。

1.4.2 MATLAB R2007a 基本编程方法

1. MATLAB 基本运算功能

算术运算：算术运算主要进行最为基本的数学运算，主要完成数值类型变量的运算。主要的 MATLAB 算术运算符号及其运算示例如表 1-2 所示。

表 1-2 算术运算符号及示例

运算	符号	使用示例	运算	符号	使用示例
加法	+	2+3 的结果为 5	除法	/	15/3 的结果为 5
减法	−	5−3 的结果为 2	幂次方	^	2^3 的结果为 8
乘法	*	3*5 的结果为 15			

关系运算：主要用于比较运算对象之间的大小或相等关系，其运算结果为逻辑变量，如果比较运算结果成立，其运算结果为真（非 0 值），否则为假（0 值）。主要的 MATLAB 关系运算符号及其运算示例如表 1-3 所示。

表 1-3 关系运算符号及示例

运算	符号	使用示例	运算	符号	使用示例
大于	>	3>2 的结果为真	不等于	~=	3~=2 的结果为真
小于	<	3<2 的结果为假	大于或等于	>=	3>=2 的结果为真
等于	==	3==2 的结果为假	小于或等于	<=	3<=2 的结果为假

逻辑运算：逻辑运算主要将关系表达式或逻辑表达式联系起来，构成较为复杂的逻辑表达式，以满足实际编程需要。逻辑表达式的值也是逻辑量（即表示真或假的非 0 或 0）。主要的 MATLAB 逻辑运算符号及其运算示例如表 1-4 所示。

表 1-4 逻辑运算符号及示例

运算	符号	使用示例	
		结果为真	结果为假
与	&	真&真	真&假,假&真,假&假
或	|	真&真,真&假,假&真	假&假
非	~	~假	~真

2. MATLAB 数组

MATLAB 中构造数组的方法很简单，只需要用空格或分号间隔数组元素，然后用方括号"[ ]"括起来就可以。

在MATLAB中,一维数组创建如下:

```
>>a=[1 2 3 4 5 6]
a=
    1 2 3 4 5 6
```

二维数组创建如下:

```
>>a=[1 2 3;4 5 6]
a=
    1 2 3
    4 5 6
```

MATLAB提供了多个创建数组的函数用以创建各种特殊矩阵,函数名称和功能如表1-5所示。

表1-5 函数名称及功能

函数	功 能
ones	创建一个所有元素全部为1的数组
zeros	创建一个所有元素全部为0的数组
eye	创建一个对角线元素为1,其余所有元素全部为0的数组

这些函数的使用示例如下:

```
>>a=ones(2,3)
a=
    1 1 1
    1 1 1
>>a=ones(1,3)
a=
    1 1 1
>>a=zeros(2,3)
a=
    0 0 0
    0 0 0
>>a=zeros(1,3)
a=
    0 0 0
>>a=eye(3)
a=
    1 0 0
    0 1 0
    0 0 1
```

3. MATLAB 矩阵运算

(1) 矩阵转置运算示例

输入矩阵 a：

\>\>a=[1 2 3;4 5 6]
a=
    1 2 3
    4 5 6

计算矩阵 a 的转置矩阵 b：

\>\>b=a'

b=
    1 4
    2 5
    3 6

(2) 矩阵加法运算示例

输入矩阵 a：

\>\>a=[1 2 3;4 5 6]
a=
    1 2 3
    4 5 6

输入矩阵 b：

\>\>b=[3 2 1;6 5 4]
b=
    3 2 1
    6 5 4

计算矩阵 a 与矩阵 b 的和 c：

\>\>c=a+b
c=
    4 4 4
    10 10 10

(3) 矩阵乘法运算示例

输入矩阵 a：

```
>>a=[1 2 3;4 5 6]
a=
    1  2  3
    4  5  6
```

输入矩阵 b：

```
>>b=[1 2;3 4;5 6]
b=
    1  2
    3  4
    5  6
```

计算矩阵 a 与矩阵 b 的乘积矩阵 c：

```
>>c=a*b
c=
    22  28
    49  64
```

(4) 矩阵的乘方运算示例

输入矩阵 a：

```
>>a=[1 2 3;4 5 6;7 8 9]
a=
    1  2  3
    4  5  6
    7  8  9
```

计算矩阵 a 的三次方矩阵 b：

```
>>b=a^3
b=
     468   576   684
    1062  1305  1548
    1656  2034  2412
```

4. MATLAB 的程序结构

(1) 顺序结构

MATLAB 顺序结构就是表达式构成的语句，MATLAB 从上到下顺序执行各行语句。复合表达式由几个逗号或分号隔开的表达式构成。

(2) 分支结构

If-end 结构为：

```
If 逻辑表达式
   语句体
End
```

当逻辑表达式为真时,执行语句体,否则不执行。

If-else-end 结构为:

```
If 逻辑表达式
   语句体 1
Else
   语句体 2
End
```

当逻辑表达式为真时,执行语句体 1,否则执行语句体 2。

If-elseif……end 结构为:

```
If 逻辑表达式 1
   语句体 1
Elseif 逻辑表达式 2
   语句体 2
Elseif 逻辑表达式 3
   语句体 3
   ……
Else
   语句体 n
End
```

当逻辑表达式 i(i<n)为真时,执行语句体 i。当所有表达式为假时,执行语句体 n。

switch 结构为:

```
switch 表达式
case 常量表达式 1
   语句体 1
case 常量表达式 2
   语句体 2
   ……
case 常量表达式 n
   语句体 n
Otherwise
   语句体 n+1
End
```

当表达式的值为常量表达式 i(i<=n)时,执行语句体 i。当表达式的值与常量表达式 i

(i<=n)都不相等时,执行语句体 n+1。

(3) 循环结构

For-end 结果为：

For i=m: s: n
　语句体
End

在上面的格式中,m 为初值,n 为终值,s 为步长,当步长为 1 时可以省去。循环变量 i 的值从 m 开始,每执行一次语句体,i 值都增加 s,当 i 小于或等于 n 时就循环执行语句体。

While 逻辑表达式
　语句体
End

当逻辑表达式的值为真时,就循环执行语句体。

5. MATLAB 的 M 文件

当我们在 MATLAB 的 Command Window 输入指令后,系统会立即执行该指令,这种命令的方式为命令行方式。当我们需要处理复杂问题和大量数据时,使用命令行方式会很不方便,这时可以使用文件驱动方式。在文件驱动方式下,可将需要执行的语句序列以扩展名 m 来存储文件,然后在 Command Window 输入该 M 文件名,即可执行 M 文件中的语句(语句后有分号其结果不在 Command Window 显示,没有分号则显示)。当编制 M 文件时,可以按照 File→New→M-File 顺序打开 MATLAB 的文本编辑器,如图 1-11 所示,在其中编辑语句后,存盘即可。

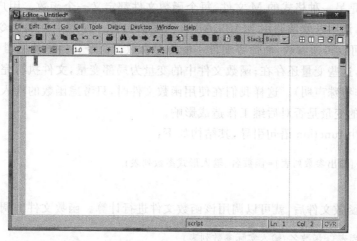

图 1-11　文本编辑窗口

从功能上来看,M 文件可以分为两类：命令文件和函数文件。

(1) 命令文件

命令文件又称为脚本文件,它没有输入和输出参数,实际为一串命令的集合。用户只要在命令窗口输入 M 文件名(将 MATLAB 当前目录改为 M 文件所在目录),这一串指令即可执行。

【例 1-2】 已知 Fibonacci 数列满足 Fibonacci 规则:$F_{k+2}=F_k+F_{k+1}$,其中 $F_1=F_2=1$,求元素小于 200 的 Fibonacci 数列。

解:求解该问题的 M 文件如下:

```
fibon=[1 1];
k=1;
while fibon(k)+fibon(k+1)<200
  fibon(k+2)=fibon(k+1)+fibon(k);
  k=k+1;
end
fibon
```

将 MATLAB 当前目录调整到该文件所在目录,在 Command Window 窗口输入 Fibonacci,按回车键后就得到该 M 文件的运行结果。

```
>>Fibonacci
fibon=
    1   1   2   3   5   8   13   21   34   55   89   144
```

(2) 函数文件

函数文件是另一种格式的 M 文件,每个函数文件都定义一个函数。用户可以根据需要定义函数文件,调用时就像调用 MATLAB 自身函数一样。函数文件和命令文件的区别在于:函数文件可以传递参数,而命令文件不能传递参数。命令文件中的变量为全局变量,文件执行完成后,这些变量还存在;函数文件中的变量为局部变量,文件执行完成后,这些变量将被清除(除非特殊声明)。这样我们在使用函数文件时,只考虑函数的输入和输出即可,不用担心函数中的变量是否对后继工作造成影响。

函数文件由 function 语句引导,其结构如下:

```
function [输出参数列表]=函数名(输入形式参数列表)
语句体
```

当编写好函数文件后,就可以调用该函数文件进行计算。函数文件的调用格式如下:

```
[输出参数列表]=函数名(输入实际参数列表)
```

【例 1-3】 编制计算小于某数的 Fibonacci 数列。

解:小于 x 的 Fibonacci 数列计算函数如下:

```
function [fval]=fibonf(x)
fibon=[1 1];
k=1;
while fibon(k)+fibon(k+1)<x
  fibon(k+2)=fibon(k+1)+fibon(k);
  k=k+1;
end
fval=fibon;
```

将 MATLAB 当前目录调整到该文件所在目录，在 Command Window 窗口输入 Fibonacci，按回车键后就得到该 M 文件的运行结果。

```
>>[fval]=fibonf(200)
fval=
     1   1   2   3   5   8   13   21   34   55   89   144
```

关于 MATLAB 工具的具体应用请见第 2 章第 4 节。

习　题

用 Excel 对【例 1-2】建立的模型进行求解。

第 2 章 线性规划单纯形方法、求解与灵敏度分析

在讨论管理运筹学模型的建立、应用与求解之前,首先,我们对线性规划模型的单纯形方法作一简单介绍,因为这是后面许多问题(如:线性规划、整数线性规划、目标规划、动态规划、网络规划、数据包络分析等)的基础。然后,我们对线性规划的图解法、计算机求解方法及灵敏度分析做一个介绍。

2.1 线性规划问题及其数学模型

2.1.1 问题的提出

在管理运筹学的理论研究和实践应用中,经常面临如何利用有限的资源达到最好效果的问题,例如,怎样合理使用有限的人力、物力和财力,以使经济效果达到最大化。

【例 2-1】 某公司使用 M1、M2、M3 三种原材料,生产 P1、P2 两种产品。现有原材料数、每单位产品所需原材料数和每单位产品可得利润等数据如表 2-1 所示。问:如何组织生产才能使利润总额最大?

表 2-1 数据表

原材料	单位产品所需原材料/t		现有原材料数/t
	P1	P2	
M1	2	5	8
M2	6	3	12
M3	0	4	16
单位产品利润/万元	400	600	

解:设生产产品 P1 的数量为 x_1 单位,生产产品 P2 的数量为 x_2 单位,则可以得到的利润 z 为

$$z = 400x_1 + 600x_2$$

我们的目标是要使利润达到最大,因此记为
$$\max z = 400x_1 + 600x_2$$
上式中,z 是 x_1 和 x_2 的线性函数,称为目标函数,$\max z$ 表示目标函数取最大值。

另外,由于各种原材料数量的限制,不管如何安排产量 x_1 和 x_2,都应当满足下述三个条件:
$$2x_1 + 5x_2 \leqslant 8$$
$$6x_1 + 3x_2 \leqslant 12$$
$$4x_2 \leqslant 16$$
此外,由于产量 x_1 和 x_2 不能为负值,所以 x_1 和 x_2 还应满足非负条件,即
$$x_1, x_2 \geqslant 0$$
上述三个不等式和变量的非负条件一起称为约束条件。

根据上述讨论,求解【例 2-1】的问题就变为在满足约束条件下,求解使目标函数达到最大的变量 x_1 和 x_2 的值。其数学模型如下:
$$\max z = 400x_1 + 600x_2$$
$$\begin{cases} 2x_1 + 5x_2 \leqslant 8 \\ 6x_1 + 3x_2 \leqslant 12 \\ 4x_2 \leqslant 16 \\ x_1, x_2 \geqslant 0 \end{cases}$$

这就是求解【例 2-1】的线性规划模型。

【例 2-2】 某工厂生产 A 和 B 两种产品,生产每件产品 A,产值 0.5 万元,但是要排放某种污染物 20 μg;生产每件产品 B,产值 1.5 万元,但是要排放某种污染物 40 μg。已知根据以往客户订货状况,产品 A 每月需求大于或等于 200 件,小于或等于 300 件;产品 B 每月需求大于或等于 150 件,按照总公司要求,每月工厂必须完成的产值指标为 1000 万元。问:如何组织生产才能使完成生产任务的污染物排放达到最小?

解:设生产产品 A 的数量为 x_1 件,生产产品 B 的数量为 x_2 件,则可以得到污染物排放量 z 为
$$z = 20x_1 + 40x_2$$
我们的目标是要使污染物排放量最小,因此记为
$$\min z = 20x_1 + 40x_2$$
上式中,z 是 x_1 和 x_2 的线性函数,称为目标函数,$\min z$ 表示目标函数取最小值。

另外,不管如何安排生产,产量 x_1 和 x_2 都应当满足下述四个条件:
$$x_1 \geqslant 200$$
$$x_1 \leqslant 300$$
$$x_2 \geqslant 150$$
$$0.5x_1 + 1.5x_2 = 1000$$

此外,由于产量 x_1 和 x_2 不能为负值,所以 x_1 和 x_2 还应满足非负条件,即
$$x_1, x_2 \geqslant 0$$
根据上述讨论,求解【例 2-2】的问题 就变为在满足约束条件下,求解使目标函数达到最小的变量 x_1 和 x_2 的值。其数学模型如下:
$$\min z = 20x_1 + 40x_2$$
$$\text{s.t.} \begin{cases} x_1 \geqslant 200 \\ x_1 \leqslant 300 \\ x_2 \geqslant 150 \\ 0.5x_1 + 1.5x_2 = 1000 \\ x_1, x_2 \geqslant 0 \end{cases}$$

这就是求解【例 2-2】的线性规划模型。

2.1.2 线性规划的标准型

由【例 2-1】和【例 2-2】可知,线性规划问题有各种不同的形式,目标函数有的要求取最大值(max),有的要求取最小值(min);约束条件可以是"≤"或"≥"形式的不等式,还可以是等式。决策变量一般是非负约束,但也允许在 $(-\infty, \infty)$ 范围内取值,即无约束。为了求解方便,需要将上述多种形式的数学模型统一为标准形式。这里规定的标准形式为
$$\max z = c_1 x_1 + \cdots + c_n x_n$$
$$\text{s.t.} \begin{cases} a_{11} x_1 + \cdots + a_{1n} x_n = b_1 \\ a_{21} x_1 + \cdots + a_{2n} x_n = b_2 \\ \vdots \\ a_{m1} x_1 + \cdots + a_{mn} x_n = b_m \\ x_1, x_2, \cdots, x_n \geqslant 0 \end{cases}$$

也可以将上述标准形式记为
$$\max z = \sum_{j=1}^{n} c_j x_j$$
$$\text{s.t.} \begin{cases} \sum_{j=1}^{n} a_{ij} x_j = b_i, & i = 1, 2, \cdots, m \\ x_j \geqslant 0, & j = 1, 2, \cdots, n \end{cases}$$

在标准形式中的规定各约束条件的右端项 $b_i \geqslant 0$。若约束条件的右端项 $b_i \leqslant 0$,可以通过在等式的两端乘以 -1 化为标准形式。

标准形式也可以使用向量和矩阵符号表示。令
$$c = (c_1, \cdots, c_n), \quad x = \begin{bmatrix} x_1 \\ \vdots \\ x_n \end{bmatrix}, \quad p_j = \begin{bmatrix} a_{1j} \\ \vdots \\ a_{mj} \end{bmatrix}, \quad b = \begin{bmatrix} b_1 \\ \vdots \\ b_m \end{bmatrix}$$

向量 p_j 对应的决策变量是 x_j，这时用向量表示的标准形式为

$$\max z = cx$$
$$\text{s.t.} \begin{cases} \sum_{j=1}^{n} p_j x_j = b \\ x_j \geqslant 0, \quad j=1,2,\cdots,n \end{cases}$$

令

$$A = \begin{bmatrix} a_{11} & \cdots & a_{1n} \\ \vdots & & \vdots \\ a_{m1} & \cdots & a_{mn} \end{bmatrix} = (p_1, p_2, \cdots, p_n), \quad \mathbf{0} = \begin{bmatrix} 0 \\ \vdots \\ 0 \end{bmatrix}$$

这时标准形式的矩阵表示为

$$\max z = cx$$
$$\text{s.t.} \begin{cases} Ax = b \\ x \geqslant 0 \end{cases}$$

其中 A 为 $m \times n$ 约束条件系数矩阵，一般 $m < n$；b 为资源向量；c 为价值向量；x 为决策变量向量。

2.2 线性规划的单纯形方法

2.2.1 单纯形表

设线性规划的标准形为

$$\max z = c_1 x_1 + \cdots + c_n x_n$$
$$\text{s.t.} \begin{cases} a_{11} x_1 + \cdots + a_{1n} x_n = b_1 \\ a_{21} x_1 + \cdots + a_{2n} x_n = b_2 \\ \vdots \\ a_{m1} x_1 + \cdots + a_{mn} x_n = b_m \\ x_1, \cdots, x_n \geqslant 0 \end{cases}$$

用单纯形计算最优解得第一步是确定初始基可行解，首先要找出初始可行基，其方法如下。

(1) 直接观察。若从线性规划问题

$$\max z = \sum_{j=1}^{n} c_j x_j$$

$$\text{s.t.} \begin{cases} \sum_{j=1}^{n} p_j x_j = b \\ x_j \geqslant 0, \quad j=1,2,\cdots,n \end{cases}$$

的 $p_j, j=1,\cdots,n$ 中能直接观察到存在一个初始可行基矩阵 $\boldsymbol{B}$，经重新编号，且采用初等行变换，可令

$$\boldsymbol{B}=(p_1,p_2,\cdots,p_m)=\begin{bmatrix}1&0&\cdots&0\\0&1&\cdots&0\\\vdots&\vdots&&\vdots\\0&0&\cdots&1\end{bmatrix}$$

(2) 对于所有约束条件是"$\leqslant$"形式的不等式，可以利用化为标准形的方法，在每个约束条件的左端加上一个松弛变量。经过整理，重新对 x_j 及 $a_{ij}(i=1,\cdots,m;j=1,\cdots,n)$ 进行编号，则可得下列方程组：

$$\begin{cases}x_1+a_{1,m+1}x_{m+1}+\cdots+a_{1n}x_n=b_1\\x_2+a_{2,m+1}x_{m+1}+\cdots+a_{2n}x_n=b_2\\\vdots\\x_m+a_{m,m+1}x_{m+1}+\cdots+a_{mn}x_n=b_m\\x_j\geqslant 0,\quad j=1,\cdots,n\end{cases}$$

显然得到一个初始可行基矩阵

$$\boldsymbol{B}=(p_1,p_2,\cdots,p_m)=\begin{bmatrix}1&0&\cdots&0\\0&1&\cdots&0\\\vdots&\vdots&&\vdots\\0&0&\cdots&1\end{bmatrix}$$

将上述方程组与目标函数组成 n 个变量，$m+1$ 个方程的方程组

$$\begin{cases}x_1+a_{1,m+1}x_{m+1}+\cdots+a_{1n}x_n=b_1\\x_2+a_{1,m+1}x_{m+1}+\cdots+a_{1n}x_n=b_2\\\vdots\\x_m+a_{1,m+1}x_{m+1}+\cdots+a_{1n}x_n=b_m\\-z+c_1x_1+\cdots+c_mx_m+c_{m+1}x_{m+1}+\cdots+c_nx_n=0\end{cases}$$

为了便于迭代运算，可将上述方程组写成增广矩阵

$$\begin{array}{c}\quad -z\ \ x_1\ \ x_2\ \cdots\ x_m\ \ x_{m+1}\ \cdots\ x_n\ \ \boldsymbol{b}\\\left[\begin{array}{cccccccc|c}0&1&0&\cdots&0&a_{1,m+1}&\cdots&a_{1n}&b_1\\0&0&1&\cdots&0&a_{2,m+1}&\cdots&a_{2n}&b_2\\\vdots&\vdots&\vdots&&\vdots&\vdots&&\vdots&\vdots\\0&0&0&\cdots&1&a_{m,m+1}&\cdots&a_{mn}&b_m\\1&c_1&c_2&\cdots&c_m&c_{m+1}&\cdots&c_n&0\end{array}\right]\end{array}$$

若将 z 看做不参与基变换的基变量，它与 $x_1,x_2,\cdots,x_m$ 的系数构成一个基，这时可采用初等行变换将 $c_1,c_2,\cdots,c_m$ 变换为零，使其对应的系数矩阵为单位矩阵，得到

第 2 章 线性规划单纯形方法、求解与灵敏度分析

$$\begin{array}{c} -z \quad x_1 \quad x_2 \quad \cdots \quad x_m \quad\quad x_{m+1} \quad\quad \cdots \quad\quad x_n \quad\quad b \\ \begin{bmatrix} 0 & 1 & 0 & \cdots & 0 & a_{1,m+1} & \cdots & a_{1n} & b_1 \\ 0 & 0 & 1 & \cdots & 0 & a_{2,m+1} & \cdots & a_{2n} & b_2 \\ \vdots & \vdots & \vdots & & \vdots & \vdots & & \vdots & \vdots \\ 0 & 0 & 0 & \cdots & 1 & a_{m,m+1} & \cdots & a_{mn} & b_m \end{bmatrix} \\ 1 \quad c_1 \quad c_2 \quad \cdots \quad c_m \quad c_{m+1} - \sum_{i=1}^{m} c_i a_{i,m+1} \quad \cdots \quad c_n - \sum_{i=1}^{m} c_i a_{i,n} \quad -\sum_{i=1}^{m} c_i b_i \end{array}$$

为便于理解单纯形方法,可以根据上述增广矩阵设计求解线性规划问题的单纯形表,如表 2-2 所示,其功能与增广矩阵的相似。

表 2-2 初始单纯形表

	$c_j \rightarrow$		c_1	$\cdots$	c_m	c_{m+1}	$\cdots$	c_n	θ_i
c_B	x_B	b	x_1	$\cdots$	x_m	x_{m+1}	$\cdots$	x_n	
c_1	x_1	b_1	1	$\cdots$	0	$a_{1,m+1}$	$\cdots$	a_{1n}	θ_1
c_2	x_2	b_2	0	$\cdots$	0	$a_{2,m+1}$	$\cdots$	a_{2n}	θ_2
$\vdots$	$\vdots$	$\vdots$	$\vdots$		$\vdots$	$\vdots$		$\vdots$	$\vdots$
c_m	x_m	b_m	0	$\cdots$	1	$a_{m,m+1}$	$\cdots$	a_{mn}	θ_m
$-z$		$-\sum_{i=1}^{m} c_i b_i$	0	$\cdots$	0	$c_{m+1}-\sum_{i=1}^{m} c_i a_{i,m+1}$	$\cdots$	$c_n - \sum_{i=1}^{m} c_i a_{i,n}$	

x_B 列中填入基变量,这里是 $x_1, x_2, \cdots, x_m$;
c_B 列中填入基变量的价值系数,这里 $c_1, c_2, \cdots, c_m$,它们是与基变量相对应的;
b 列中填入约束方程组右端的常数;
c_j 行中填入基变量的价值系数 $c_1, c_2, \cdots, c_n$;
θ_i 列的数字是在确定换入变量后,按 θ 规则计算后填入的;
最后一行称为检验数行,对应各非基变量 x_j 的检验数是

$$c_j - \sum_{i=1}^{m} c_i a_{ij}, \quad j=1,2,\cdots,n$$

表 2-2 称为初始单纯形表,每迭代一步构造一个新的单纯形表。

2.2.2 单纯形方法的计算步骤

(1) 找出初始可行基,确定初始基可行解,建立初始单纯形表。
(2) 检验各非基变量 x_j 的检验数是

$$\sigma_j = c_j - \sum_{i=1}^{m} c_i a_{ij}$$

若 $\sigma_j \leqslant 0, j = m+1, \cdots, n$,则已得到最优解,可停止计算;否则转入下一步。

(3) 在 $\sigma_j > 0, j = m+1, \cdots, n$ 中,若有某个 σ_k 对应 x_k 的系数列向量 $\boldsymbol{p}_k \leqslant \boldsymbol{0}$,则此问题无解,停止计算;否则,转入下一步。

(4) 根据 $\max\{\sigma_j | \sigma_j > 0\} = \sigma_k$,确定 x_k 为换入变量,按 θ 规则计算

$$\theta = \min\left\{\frac{b_i}{a_{ik}} \middle| a_{ik} > 0 \right\} = \frac{b_l}{a_{lk}}$$

(5) 以 a_{lk} 为主元素进行迭代(即用高斯消去方法或称为旋转运算),把 x_k 所对应的列向量 $\boldsymbol{p}_k$ 作如下变换:

$$\boldsymbol{p}_k = \begin{bmatrix} a_{1k} \\ \vdots \\ a_{lk} \\ \vdots \\ a_{mk} \end{bmatrix} \xrightarrow{变换为} \begin{bmatrix} 0 \\ \vdots \\ 1 \\ \vdots \\ 0 \end{bmatrix} \leftarrow 第\ l\ 行$$

将单纯形表中 $\boldsymbol{x}_B$ 列中的 x_l 换位 x_k,得到新的单纯形表。

(6) 重复(2)~(5),直到终止。

2.2.3 单纯形方法计算举例

【例 2-3】 已知某公司计划推出 A 和 B 两种服务。已知 A 服务每次收益 2 万元,B 服务每次收益 3 万元,两种服务的推出需要企业提供相应的人员和计算机,每种服务需要的人员和计算机等相关数据如表 2-3 所示。问:应当如何安排各种服务的次数,才能使公司收益最大?

表 2-3 数据表

	A 服务	B 服务	公司现有人员和设备数量
前台服务人员/人	1	2	8
技术支持人员/人	4	0	16
计算机/台	0	4	12

解:根据上述问题,可以构建如下的线性规划模型:

$$\max z = 2x_1 + 3x_2$$

$$\begin{cases} x_1 + 2x_2 \leqslant 8 \\ 4x_1 \leqslant 16 \\ 4x_2 \leqslant 12 \\ x_1, x_2 \geqslant 0 \end{cases}$$

上述线性规划模型的标准形为

$$\max z = 2x_1 + 3x_2 + 0x_3 + 0x_4 + 0x_5$$
$$\begin{cases} x_1 + 2x_2 + x_3 = 8 \\ 4x_1 + x_4 = 16 \\ 4x_2 + x_5 = 12 \\ x_1, \cdots, x_5 \geqslant 0 \end{cases}$$

下面根据单纯形方法的求解步骤计算上述模型的最优解。

(1) 取 x_3, x_4, x_5 为基变量,它对应的单位矩阵为基。这就得到初始基可行解
$$\boldsymbol{x}^{(0)} = (0,0,8,16,12)'$$
将有关数据填入初始单纯形表,如表 2-4 所示。

表 2-4 单纯形表

c_B	x_B	b	$c_j \to$ 2 x_1	3 x_2	0 x_3	0 x_4	0 x_5	θ_i
0	x_3	8	1	2	1	0	0	4
0	x_4	16	4	0	0	1	0	—
0	x_5	12	0	[4]	0	0	1	3
	$-z$	0	2	3	0	0	0	

表 2-4 中左上角的 c_j 是表示目标函数中各变量的价值系数。在 c_B 列填入初始基变量的价值系数,它们都为零,各非基变量的检验数为
$$\sigma_1 = c_1 - (c_3 a_{31} + c_4 a_{41} + c_5 a_{51}) = 2 - (0 \times 1 + 0 \times 4 + 0 \times 0) = 2$$
$$\sigma_2 = c_2 - (c_3 a_{32} + c_4 a_{42} + c_5 a_{52}) = 3 - (0 \times 2 + 0 \times 0 + 0 \times 4) = 3$$

(2) 因检验数都大于零,且 $\boldsymbol{p}_1, \boldsymbol{p}_2$ 有正分量存在,转入下一步。

(3) $\max\{\sigma_1, \sigma_2\} = \max\{2,3\} = 3$,对应的变量 x_2 为换入变量,计算 θ:
$$\theta = \min_i \left\{ \frac{b_i}{a_{i2}} \middle| a_{i2} > 0 \right\} = \min\left\{\frac{8}{2}, \frac{12}{4}\right\} = 3$$
它所在行对应的 x_5 为换出变量。x_2 所在列和 x_5 所在行的交叉处[4]称为主元素。

(4) 以[4]为主元素进行旋转运算,即初等行变换,使 $\boldsymbol{p}_2$ 变为 $(0,0,1)'$,在 $\boldsymbol{x}_B$ 列中将 x_2 替换 x_5,于是得到新单纯形表,如表 2-5 所示。

表 2-5 单纯形表

c_B	x_B	b	$c_j \to$ 2 x_1	3 x_2	0 x_3	0 x_4	0 x_5	θ_i
0	x_3	2	[1]	0	1	0	$-1/2$	2
0	x_4	16	4	0	0	1	0	4
3	x_2	3	0	1	0	0	$1/4$	—
	$-z$	-9	2	0	0	0	$-3/4$	

于是得到新的基可行解
$$x^{(1)} = (0,3,2,16,0)'$$
目标函数的取值
$$z = 9$$

(5) 检查表 2-5 的所有 σ_j，这时有 $\sigma_1 = 2$，说明 x_1 应为换入变量。重复(2)~(4)的计算步骤，得表 2-6。

表 2-6 单纯形表

c_B	x_B	b	$c_j \to$ 2 x_1	3 x_2	0 x_3	0 x_4	0 x_5	θ_i
2	x_1	2	1	0	1	0	$-1/2$	—
0	x_4	8	0	0	-4	1	[2]	4
3	x_2	3	0	1	0	0	1/4	12
	$-z$	-13	0	0	-2	0	1/4	

重复(2)~(4)的计算步骤，得表 2-7。

表 2-7 单纯形表

c_B	x_B	b	$c_j \to$ 2 x_1	3 x_2	0 x_3	0 x_4	0 x_5	θ_i
2	x_1	4	1	0	0	1/4	0	—
0	x_5	4	0	0	-2	1/2	1	4
3	x_2	2	0	1	1/2	$-1/8$	0	12
	$-z$	-14	0	0	$-3/2$	$-1/8$	0	

(6) 表 2-7 最后一行的所有检验数都已为负或零。这表示目标函数值已不可能再最大，于是得到最优解
$$x^* = x^{(3)} = (4,2,0,0,4)'$$
目标函数值
$$z^* = 14$$

因此该公司应当推出 A 服务 4 次，B 服务 2 次，可以使公司最大收益达到 14 万元。

2.3 线性规划模型的 Excel 规划求解与 Excel VBA 求解

本节对【例 2-1】问题应用 Excel 的规划求解功能及其丰富的规划求解函数，来说明一般的线性规划的求解方法问题。

1. 用电子表格问题描述与建模

首先用 Excel 电子表格描述问题与建立模型，如表 2-8 所示。

表 2-8 问题建模与求解

	A	B	C	D
4	原材料	单位产品所需原材料/t		现有原材料数/t
5		产品1	产品2	
6	M1	2	5	8
7	M2	6	3	12
8	M3	0	4	16
9	单位产品利润/万元	400	600	
10	模型			
11				
12		决策变量		
13		产品1	产品2	
14	产量	1.5	1	
15				
16	总利润最大化	1200		
17				
18	约束	使用量（左边）		可提供量（右边）
19	M1	8	<=	8
20	M2	12	<=	12
21	M3	4	<=	16

表 2-8 的上半部分是问题描述。问题描述是将已知的相关信息用简明的语言与数据表达出来，本题中就是对例题中的有关产品生产数量等信息的描述。表 2-8 的下半部分是建模部分。建立模型时键入该问题的目标函数计算公式、确定决策变量、描述与计算约束条件的过程。其具体过程如下：

① 设单元格 B14 和 C14 分别表示决策变量 x_1（产品 1 的生产数量）和 x_2（产品 2 的生产数量）。

② 设单元格 B16 表示目标函数，它的值 $=400x_1+600x_2$，因此，在单元格 B16 中键入：

=SUMPRODUCT(B9:C9,B14:C14)

上述公式中的命令"＝SUMPRODUCT(B9:C9,B14:C14)"表示将 B9:C9 中的元素与 B14:C14 中的相应元素分别相乘后再求和。

③ 设单元格 B19、B20 和 B21 分别表示三个约束条件左边的值。其中,第一个约束条件左边是原材料 1 的实际使用量 $2x_1+5x_2$,所以在单元格 B19 中键入：

=SUMPRODUCT(B6:C6,$B$14:$C$14)

得到第一个约束条件左边的值。

同理,在单元格 B20 和 B21 中分别键入：

=SUMPRODUCT(B7:C7,$B$14:$C$14)
=SUMPRODUCT(B8:C8,$B$14:$C$14)

分别得到第二个和第三个约束条件左边的值。或者将 B19 中的公式复制到单元格 B20 和 B21 中,即可得到第二个和第三个约束条件左边的值。

④ 设 D19、D20、D21 分别表示三个约束条件右边的值,即可提供的资源数量。它们分别等于单元格 D5、D6、D7 的值。因此在单元格 D19 中输入下述公式：

=D6

即可得到第一个约束条件右边的值。然后将上述公式复制到单元格 D20 和 D21,分别得到第二个和第三个约束条件右边的值。

表 2-9 给出了相应的公式。

表 2-9 求解公式

	A	B	C	D
4	原材料	单位产品所需原材料/t		现有原材料数/t
5		产品 1	产品 2	
6	M1	2	5	8
7	M2	6	3	12
8	M3	0	4	16
9	单位产品利润/万元	400	600	
10	模型			
11				
12		决策变量		
13		产品 1	产品 2	
14	产量	1.5	1	

续表

	A	B	C	D
15				
16	总利润最大化	=SUMPRODUCT(B6:C6,$B$14:$C$14)		
17				
18	约束	使用量（左边）		可提供量（右边）
19	M1	=SUMPRODUCT(B6:C6,$B$14:$C$14)	<=	=D6
20	M2	=SUMPRODUCT(B7:C7,$B$14:$C$14)	<=	=D7
21	M3	=SUMPRODUCT(B8:C8,$B$14:$C$14)	<=	=D8

2. 用电子表格的规划求解功能求解线性规划问题

用电子表格的规划求解功能求解 2.2 节中的模型的步骤如下：

（1）打开 Excel 菜单中的工具菜单，出现一个子菜单。

（2）单击该子菜单中的规划求解选项，出现一个矩形对话框，它是"规划求解参数"对话框，如图 2-1 所示。该对话框用来输入规划的目标函数、决策变量和约束条件。

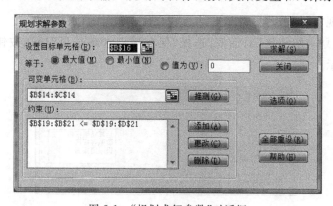

图 2-1 "规划求解参数"对话框

在可变单元格一栏内，填入决策变量的单元格地址 B14:C14。

（3）单击"添加"按钮，出现"添加约束"对话框，在单元格引用位置一栏内，填入约束条件左边的值所在的单元格地址 B19:B21；选择<=；在约束值一栏内，填入约束条件左边的值的单元格地址 D19:D21。如图 2-2 所示，单击"确定"按钮。得到一个填写完毕的规划求解参数对话框，如图 2-1 所示。

（4）单击对话框内的"选项"按钮，弹出"规划求解选项"对话框。该对话框用来输入规划

图 2-2 输入约束条件

求解运算中的有关参数,例如是否线性模型、是否假定非负、迭代次数、精度等。

(5) 在"规划求解选项"对话框内,大部分参数已经按一般要求设置好了,只需设置是否线性模型、是否假定非负。本题中,选择"采用线性模型"和"假定非负",单击"确定"按钮,如图 2-3 所示。

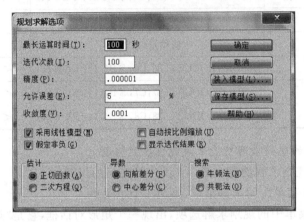

图 2-3 "规划求解选项"对话框

(6) 重新出现"规划求解参数"对话框,单击对话框内的"求解"按钮。

(7) 出现"规划求解结果"对话框,选择"保存规划求解结果"单选按钮;单击"确定"按钮。如图 2-4 所示。

图 2-4 "规划求解结果"对话框

这时,在电子表格中的决策变量单元格内已自动写入所求出的最优解,在目标函数单元格中已自动写入对应的最优值,如表 2-8 所示。

由表 2-8 可见,当产品 1 的产量数量为 1.5 单位,产品 2 的产品数量为 1 单位时,得到最大利润 1200 万元。

3. Excel VBA 求解方法

在 Excel 环境中,提供了丰富的管理运筹学求解函数。上面的 Excel 规划求解功能是对单元格操作完成的,这是很容易出错的,为了避免误操作,我们可编制如下的 Excel VBA 程序,来简化上述的操作。VBA 程序如下:

```
Sub js()
Cells(16,2)="=SUMPRODUCT(B9:C9,B14:C14)"
Cells(19,2)="=SUMPRODUCT(B6:C6,$B$14:$C$14)"
Cells(20,2)="=SUMPRODUCT(B7:C7,$B$14:$C$14)"
Cells(21,2)="=SUMPRODUCT(B8:C8,$B$14:$C$14)"
Cells(19,4)="=D6"
Cells(20,4)="=D7"
Cells(21,4)="=D8"
SolverReset
Call SolverOptions(AssumeLinear:=True, AssumeNonNeg:=True)
Call SolverOk("$b$16", 1, 0, "$b$14:$c$14")
Call SolverAdd("$b$19:$b$21", 1, "$d$19:$d$21")
SolverSolve (True)
End Sub
```

其中：函数 SolverOptions(AssumeLinear：=True，AssumeNonNeg：=True)是说明该问题是线性规划问题，且所有变量非负；函数 SolverOk("＄b＄16"，1，0，"＄b＄14：＄c＄14")是说明目标单元＄b＄16 最小，可变单元是"＄b＄14：＄c＄14"；SolverSolve（True）是求解的实现。

注意：在使用规划求解函数如 SolverOk()、SolverAdd()等编制程序进行求解之前，首先必须建立对规划求解加载宏的引用，方法是：在 Visual Basic 编辑器界面下，选择"工具"菜单中的"引用"命令，打开"引用－VBAProject"对话框，然后选中"可使用的引用"列表框中的 SOLVER 复选框。如果 SOLVER 未出现在"可使用的引用"列表框中，则需要单击"浏览"按钮，并打开"\Office\Library\SOLVER"子文件夹中的"Solver.xla"。

2.4 线性规划模型的 MATLAB 求解

2.4.1 MATLAB 求解线性规划模型的函数

在 MATLAB 优化工具箱中，求解线性规划使用 linprog 函数。linprog 能求解下述线性规划的标准型：

$$\min c'x$$
$$\text{s.t.} \begin{cases} Ax \leqslant b \\ A_{eq} \times x = b_{eq} \\ l_b \leqslant x \leqslant u_b \end{cases}$$

其中，c 为列向量；A 为不等式约束矩阵；b 为不等式资源向量；A_{eq} 为等式约束矩阵；b_{eq} 为等式资源向量；l_b 和 u_b 为决策向量 x 的上界和下界。

linprog 函数的调用格式如下：

(1) x＝linprog(c,A,b)，用于求解问题：

$$\min c'x$$
$$s.t.\ Ax \leqslant b$$

(2) x＝linprog(c,A,b,Aeq,beq)，用于求解问题：

$$\min c'x$$
$$s.t.\ \begin{cases} Ax \leqslant b \\ Aeq \times x = beq \end{cases}$$

如果不等式不存在，则令 A＝[ ],b＝[ ]。这时的调用格式为

$$x = linprog(c,[],[],Aeq,beq)$$

(3) x＝linprog(c,A,b,Aeq,beq,lb,ub)，用于求解问题：

$$\min c'x$$
$$s.t.\ \begin{cases} Ax \leqslant b \\ Aeq \times x = beq \\ lb \leqslant x \leqslant ub \end{cases}$$

如果等式不存在，则令 Aeq＝[ ],beq＝[ ]。这时的调用格式为

$$x = linprog(c,A,b,[],[],lb,ub)$$

(4) [x,fval,exitfalg,output,lambda]＝linprog(…)，将最优目标值返回到变量 fval 中，退出状态返回到变量 exitfalg 中，将最优化信息返回到变量 output 中，将拉格朗日乘子返回到 lambda 参数中。

2.4.2 线性规划模型的数据录入问题

MATLAB 在处理向量和矩阵时，应当将向量和矩阵作为数组录入。由于管理实践中的线性规划问题往往变量和约束都很多，这时需要录入的矩阵和向量也很大。为了方便准确地将数据输入到 MATLAB 软件中，建议将线性规划模型的数据先录入到 Excel 中，然后再从 Excel 导入数据到 MATLAB 中。

下面举例来说明将模型数据导入到 MATLAB 的步骤。

(1) 模型转化

由于 MATLAB 线性规划计算函数 linprog() 假设的数学模型为

$$\min c'x$$
$$s.t.\ \begin{cases} Ax \leqslant b \\ Aeq \times x = beq \\ lb \leqslant x \leqslant ub \end{cases}$$

所以应当先将线性规划模型转变为 MATLAB 形式的数学模型。

例如：
$$\max z = 400x_1 + 600x_2$$
$$\begin{cases} 2x_1 + 5x_2 \leqslant 8 \\ 6x_1 + 3x_2 \leqslant 12 \\ 4x_2 \leqslant 16 \\ x_1, x_2 \geqslant 0 \end{cases}$$

将其转变为 MATLAB 形式的数学模型如下：
$$\min z = -400x_1 - 600x_2$$
$$\begin{cases} 2x_1 + 5x_2 \leqslant 8 \\ 6x_1 + 3x_2 \leqslant 12 \\ 4x_2 \leqslant 16 \\ x_1, x_2 \geqslant 0 \end{cases}$$

根据上述模型，可以知道：

$$c = (-400, -600), \quad A = \begin{bmatrix} 2 & 5 \\ 6 & 3 \\ 0 & 4 \end{bmatrix}, \quad b = \begin{bmatrix} 8 \\ 12 \\ 16 \end{bmatrix}, \quad lb = \begin{bmatrix} 0 \\ 0 \end{bmatrix}$$

(2) 录入到 Excel 中

在 Excel 中建立名字为 c,A,b 和 lb 的 4 个工作表，如图 2-5 所示。

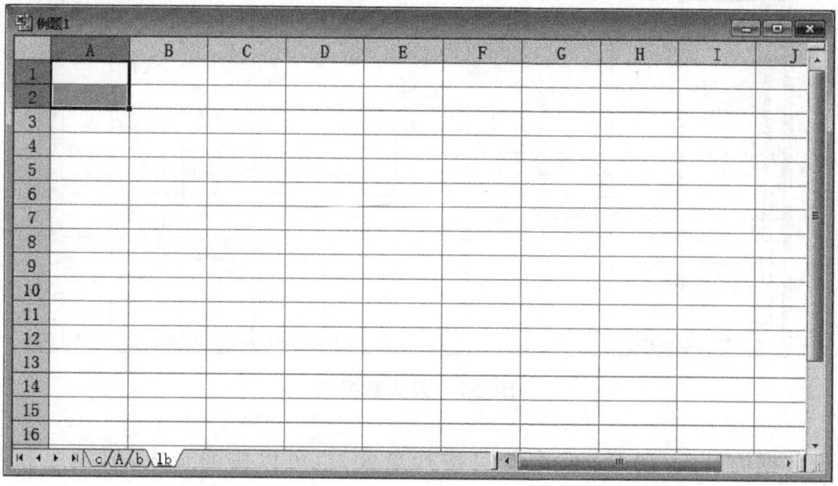

图 2-5 命名

将 $c = (-400, -600)$,$A = \begin{bmatrix} 2 & 5 \\ 6 & 3 \\ 0 & 4 \end{bmatrix}$,$b = \begin{bmatrix} 8 \\ 12 \\ 16 \end{bmatrix}$,$lb = \begin{bmatrix} 0 \\ 0 \end{bmatrix}$ 录入到相应的工作表中,如图 2-6~图 2-9 所示。

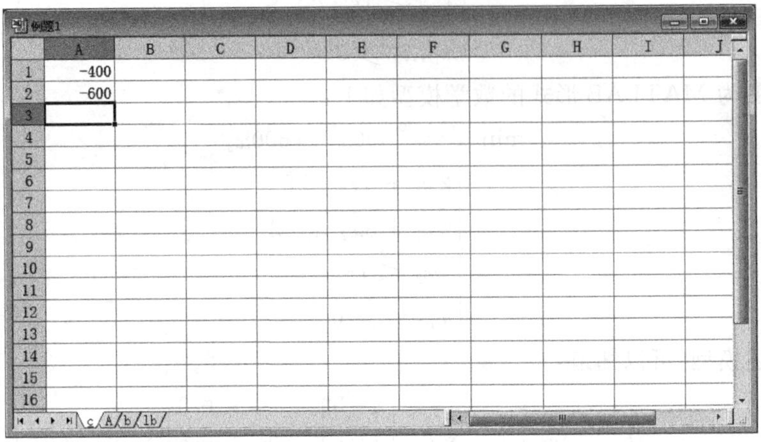

图 2-6 录入数据 c

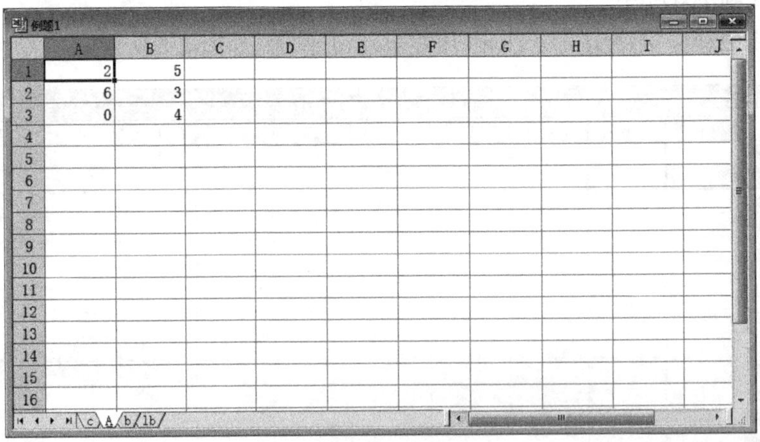

图 2-7 录入数据 A

对向量数据的录入,在 Excel 中既可按行录入,也可以按列录入,但顺序和长度(既个数)要保持一致。

对于矩阵数据的录入,行、列必须完全对应,即其元素的列号或行号要与它在 Excel 中的列号或行号完全一样,不得放在其他格子中。

将上述文件保存为【例 2-1】的 Excel 文件。

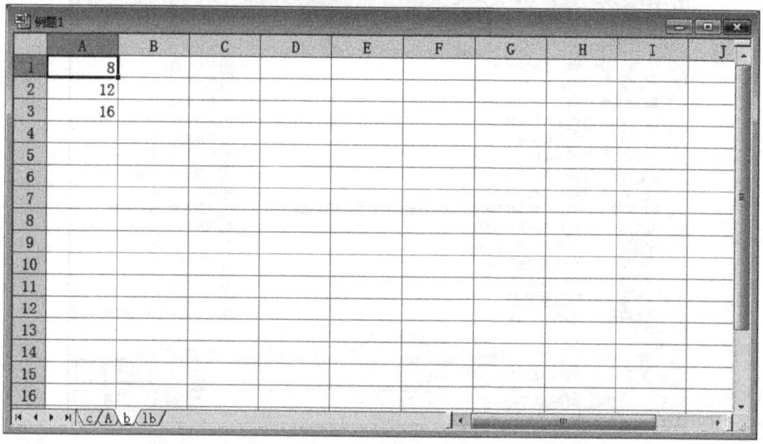

图 2-8　录入数据 b

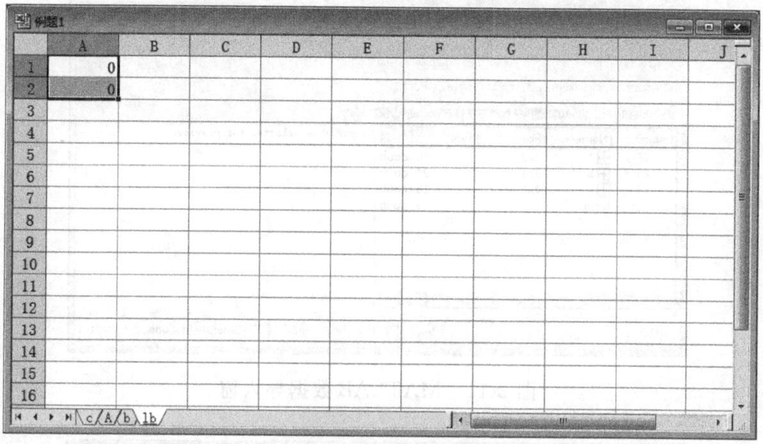

图 2-9　录入数据 lb

(3) 数据导入到 MATLAB 中

运行 MATLAB 软件,按照 File→Import Data 打开数据导入窗口,如图 2-10 所示。

打开文件名为"例 2-1"的 Excel 文件,出现如图 2-11 所示的 MATLAB 数据导入窗口。

单击 Finish 按钮,则数据导入到 MATLAB 中,如图 2-12 所示。

在 MATLAB 右边的命令窗口(Command Window)中输入【例 2-1】的函数,如图 2-13 所示。

按回车键后,线性规划输出结果如图 2-14 所示。

由 MATLAB 计算结果可知,当 x1=1.5,x2=1.0 时,优化结果的最大值为 1200。

图 2-10 选择【例 2-1】

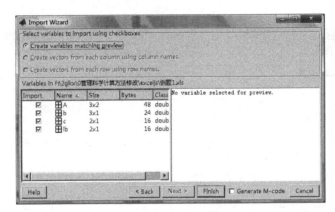

图 2-11 MATLAB 数据导入窗

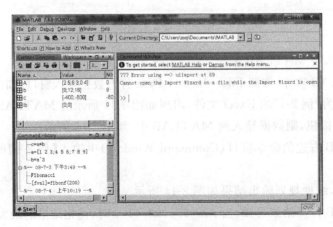

图 2-12 数据导入到 MATLAB

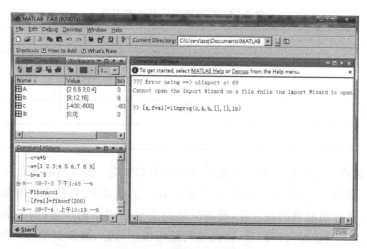

图 2-13 计算【例 2-1】的函数

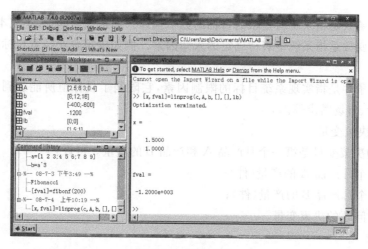

图 2-14 计算结果

2.5 线性规划实例及其灵敏度分析

本节讨论最大(小)化线性规划问题。

2.5.1 一个简单的最大化问题

【例 2-4】 广州电器厂生产 A、B 两种电器需要用到原材料 1 和原材料 2，有关的数据如表 2-10 所示。

表 2-10 广州电器厂月生产安排

项目	1件产品 A	1件产品 B	总量
原材料 1	6	2	1800
原材料 2	0	1	350
劳动时间	2	4	1600
利润	3	8	

根据市场调查知道两种产品的市场需求状况可以确定,按当前的定价可确保所有产品均能销售出去。问第一个月内产品 A 与产品 B 各应生产多少,可使总利润最大?

此问题中,目标是总利润最大化,所要决策的变量是产品的产量,而产品的产量则受到可提供的原材料与劳动时间的约束,因此该问题可以用目标、决策变量和约束条件三个因素加以描述。实际上,所有的线性规划问题都包含这三个因素。现对这三个因素简单说明如下:

(1) 目标函数是指系统所追求的目标的数学描述。如最大利润、最小成本等。

(2) 决策变量是指系统中有待确定的未知因素。例如决定企业经营目标的各产品的产量等。

(3) 约束条件是指实现系统目标的限制因素,它限制了目标值所能达到的程度。例如原材料供应量、市场需求等。

解:(1) 决策变量

本问题的决策变量是第一个月产品 A 和产品 B 的产量。可设:

x 为第一个月产品 A 的产量(件);

y 为第一个月产品 B 的产量(件);

x、y 为本问题的决策变量。

目标函数

本问题的目标函数是总利润最大。由于产品 A 与 B 每件利润分别为 3 元与 8 元,而其产量分别为 x 与 y,所以总利润可计算如下:

$$总利润 = 3x + 8y(元)$$

(2) 约束条件

本问题有四个约束。第一个约束是原材料 1 的约束。每件产品 A 与产品 B 对原材料 1 的消耗量分别为 6 与 2,而两种产品的产量分别为 x 与 y,所以该两种产品在第一个月对原材料 1 的总消耗量为 $6x+2y$。由题意,原材料 1 的可提供量为 1800。因此,

$$6x + 2y \leqslant 1800$$

同样可得第二个约束如下:

$$y \leqslant 350$$

同样可得第三个约束如下：
$$2x+4y \leqslant 1600$$
第四个约束是非负约束。由于产量不可能为负值，所以有：
$$x \geqslant 0, \quad y \geqslant 0$$
由上述可建立本问题的线性规划模型如下：

$$\text{o.b.} \quad \max 3x+8y$$
$$\text{s.t.} \quad 6x+2y \leqslant 1800$$
$$y \leqslant 350$$
$$2x+4y \leqslant 1600$$
$$x \geqslant 0, y \geqslant 0$$

下一步就是要找出决策变量 x 与 y 的值，使得在同时满足所有约束条件的前提下目标函数值达到最优，这就是线性规划的求解。

上面讨论的是线性规划问题，所谓线性规划，是指如果目标函数是关于决策变量的线性函数，而且约束条件也都是关于决策变量的线性等式或线性不等式。

2.5.2 线性规划问题的图解法

1. 可行域与最优解

在【例 2-4】中所要寻求的解是产品 A 产品 B 的产量组合。实际上，给出产品 A 与产品 B 的任意一组产量组合，就可得到该问题的一个解，因此可以得到无穷多个解，但是其中只有满足所有约束条件的解才是符合题意的。满足所有约束条件的解称为该线性规划问题的可行解，全体可行解组成的集合称为该线性规划问题的可行域。其中使目标函数达到最优的可行解称为最优解。在【例 2-4】中，如果能够找到一组能够满足所有约束条件的产量组合，则这个产量组合就是一个可行解；如果这个可行的产量组合能够使总利润最大，则这个组合就是所求的最优解。

2. 线性规划的图解法

【例 2-4】的可行域如图 2-15 所示。该问题的四个约束：

$$6x+2y \leqslant 1800 \quad ①$$
$$y \leqslant 350 \quad ②$$
$$2x+4y \leqslant 1600 \quad ③$$
$$x \geqslant 0, y \geqslant 0 \quad ④$$

利用它们可画一个图，如图 2-15 所示。

本问题是利润最大化，所以应在可行域内选择使利润达到最大值的解。

不妨考虑一下哪些解可以使利润达到 $3x+8y=1200$，可作出等利润线 $3x+8y=2400$；可得出：$3x+8y=k$，k 取不同的值表示不同的利润，如图 2-16 所示。

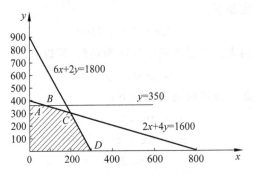

图 2-15 用图解法确定线性规划的可行域

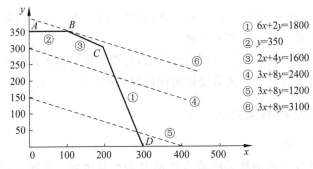

① $6x+2y=1800$
② $y=350$
③ $2x+4y=1600$
④ $3x+8y=2400$
⑤ $3x+8y=1200$
⑥ $3x+8y=3100$

图 2-16 用图解法确定线性规划问题的最优解

不难发现所有的等利润都相互平行,且离原点越远的等利润线,利润最高。因此,最优解应是在可行域内离原点最远的那条等利润直线上的点。可见 B 点就是。而 B 点是直线②和直线③的交点。解此方程组可得:$x=100, y=350$。

图解法适合于求解含有两个决策变量的线性规划问题。归纳步骤如下:

(1) 在坐标图上作出代表各约束条件的直线;
(2) 确定满足所有约束条件的可行域;
(3) 作出任意一条等利润直线,可令利润函数值等于任意一个特定值;
(4) 朝着使目标函数最优化的方向,平行移动该等利润直线,直到再继续移动就会离开可行域为止。此时,该等利润直线在可行域的那些点,就是最优解。

3. 松弛变量与线性规划模型的标准式

将 $x=100, y=350$ 代入

$$6x+2y=1300 \leqslant 1800 \qquad ①$$
$$y=350 \leqslant 350 \qquad ②$$
$$2x+4y=1600 \leqslant 1600 \qquad ③$$

可见原材料 1 有多余,原材料 2 和劳动时间刚好用完。约束①称为非紧的约束,表示资源尚有多余；约束②和③称为紧的约束，表示资源已经全部使用完毕。

若在约束条件左边加上一个变量，使不等式变为等式。

$$6x + 2y + S_1 = 1800 \quad ①$$

$$y + S_2 = 350 \quad ②$$

$$2x + 4y + S_3 = 1600 \quad ③$$

其中 x, y, S_1, S_2, S_3 大于 0。

上述等式形式的模型称为标准型线性规划模型。变量 S_1, S_2, S_3 称为松弛变量。如上面的松弛变量的值为

$$S_1 = 1800(\text{右边的值}) - 1300(\text{左边的值}) = 500$$

$$S_2 = 350(\text{右边的值}) - 350(\text{左边的值}) = 0$$

$$S_3 = 1600(\text{右边的值}) - 1600(\text{左边的值}) = 0$$

2.5.3　线性规划问题的 Excel 规划求解法

线性规划的最大化问题具体的 Excel 规划求解法见 2.3 节。此问题的求解结果如图 2-17 所示。

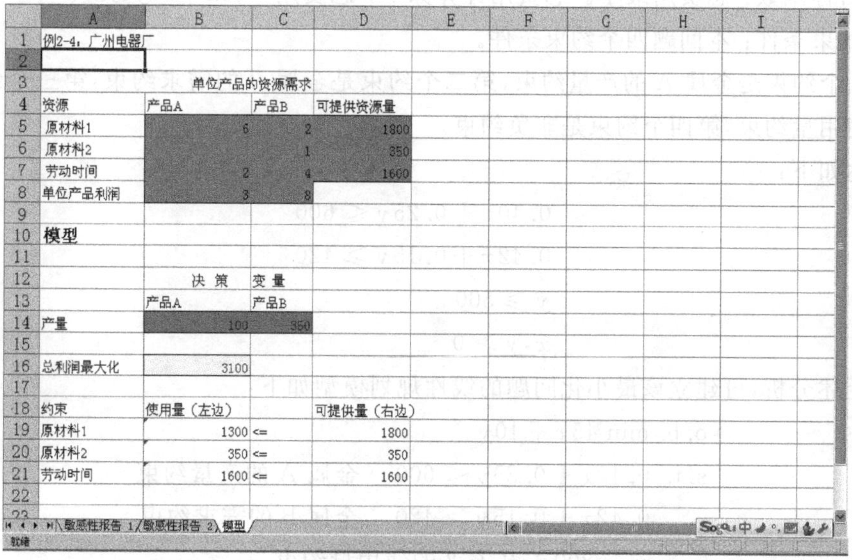

	A	B	C	D
1	例2-4：广州电器厂			
2				
3		单位产品的资源需求		
4	资源	产品A	产品B	可提供资源量
5	原材料1	6	2	1800
6	原材料2		1	350
7	劳动时间	2	4	1600
8	单位产品利润	3	8	
9				
10	模型			
11				
12		决 策	变 量	
13		产品A	产品B	
14	产量	100	350	
15				
16	总利润最大化	3100		
17				
18	约束	使用量（左边）		可提供量（右边）
19	原材料1	1300	<=	1800
20	原材料2	350	<=	350
21	劳动时间	1600	<=	1600

敏感性报告 1 / 敏感性报告 2 / 模型

图 2-17　最大化问题

2.5.4　最小化问题

本节讨论最小化问题。

1. 最小化线性规划问题

【例 2-5】 广州金属厂成本优化问题。

广州金属厂从 1、2 两种矿石中提炼 A、B 两种金属。已知每吨矿石中金属 A、B 的含量和两种矿石的价格如表 2-11 所示。

表 2-11 矿石成分与价格表

矿石金属	A	B	价格/(元/t)
1	0.40	0.42	45
2	0.25	0.15	10

据预测,金属 B 的需求量不少于 420 kg,金属 A 由于销路问题,该厂决定,其产量不得超过 600 kg。此外,矿石 2 由于库存积压,要求其使用量不得少于 800 t,问应使用各种矿石各多少吨,使得在满足要求的前提下总费用最小?

解: ① 决策变量:两种矿石的使用量,可设:x 为矿石 1 的使用量(t),y 为矿石 2 的使用量(t)。

② 目标函数:总费用最小。总费用计算如下:总费用 $=45x+10y$(元)。

③ 约束条件:本问题四个约束条件。

第一个约束是金属 A 的产量约束,第二个约束是金属 B 的需求约束,第三个约束是矿石 2 的使用量约束,第四个约束是非负约束。

表达如下:

$$0.40x + 0.25y \leqslant 600$$
$$0.42x + 0.15y \geqslant 420$$
$$y \geqslant 800$$
$$x, y \geqslant 0$$

由上述分析,可建立该最小化问题的线性规划模型如下:

o. b. min $45x + 10y$

s. t. $0.40x + 0.25y \leqslant 600$ 金属 A 的产量约束

$0.42x + 0.15y \geqslant 420$ 金属 B 的需求约束

$y \geqslant 800$ 矿石 2 的使用量约束

$x, y \geqslant 0$ 非负约束

2. 最小化问题图解法

利用

$0.40x + 0.25y \leqslant 600$ 金属 A 的产量约束 ①

$0.42x + 0.15y \geqslant 420$ 金属 B 的需求约束 ②

$y \geqslant 800$ 矿石2的使用量约束

$x, y \geqslant 0$ 非负约束

可画一个图,如图2-18所示。

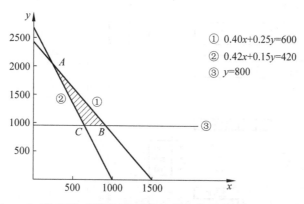

图2-18 用图解法确定最小化问题的可行域

本问题的目标是最小化,所以应在可行域内选择使得费用达到最小值的解。作等费用直线族 $45x+10y=k$(k可取不同的常数),对于等费用直线族来说,越靠近原点的等费用直线对应的费用越小。因此,最优解应是在可行域内的、最接近原点的那条等费用直线上的点。本问题中,既在可行域内的、又最接近原点的那条等费用直线上的点是 A 点,如图2-19所示。所有 A 点的坐标就是最优解。而 A 点直线①和②的交点。解此线性方程组,得到:$x=333.3$ t,$y=1866.7$ t。相应的最优解为:$45x+10y=33\ 666$(元)。

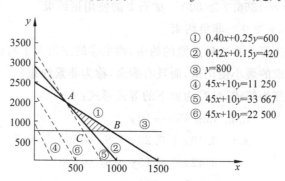

图2-19 用图解法确定最小化问题的最优解

3. 最小化问题Excel规划求解法

线性规划的最小化问题具体的Excel规划求解法见2.3节。此问题的求解结果如图2-20所示。

	A	B	C	D	E	F	G	H	I	J	K
1	例2-5		广州金属厂成本优化问题								
2											
3	问题描述										
4											
5	每吨矿石中金属的含量					金属需求量					
6	（千克/吨）	I	II			（千克）					
7	金属A	0.4	0.25			600					
8	金属B	0.42	0.15			420					
9											
10	矿石II最小使用量		800								
11	矿石价格（元/吨）	45	10								
12											
13											
14	模型										
15											
16	矿石使用量（吨）	333.3	1866.7								
17											
18	金属A产量（千克）		600	<=	600						
19	金属B产量（千克）		420	>=	420						
20	矿石使用量约束		1867	>=	800						
21											
22	总费用（元）		33666								

图 2-20 最小化问题

4. 剩余变量

在【例 2-5】中，将 $x=333.3$ t，$y=1866.7$ t，代入约束条件：

$$0.40x+0.25y=600\leqslant 600 \quad \text{金属 A 的产量约束} \qquad ①$$

$$0.42x+0.15y=420\geqslant 420 \quad \text{金属 B 的需求约束} \qquad ②$$

$$y=1866.7\geqslant 800 \quad \text{矿石 2 的使用量约束} \qquad ③$$

$$x,y\geqslant 0 \quad \text{非负约束}$$

约束①与②的左边等于右边称为紧的约束，约束③的左边大于右边，说明矿石 2 的使用量不仅能够满足所要求的最小使用量，而且有剩余，称为非紧约束。

使上面的不等式变为等式，可写为如下的等式形式：

$$\begin{aligned} \text{o.b.}\ & \min 45x+10y \\ \text{s.t.}\ & 0.40x+0.25y+S_1=600 \\ & 0.42x+0.15y-S_2=420 \\ & y-S_3=800 \\ & x,y,S_1,S_2,S_3\geqslant 0 \quad \text{非负约束} \end{aligned}$$

上式模型称为标准型线性规划模型。变量 S_2，S_3 称为剩余变量，变量 S_1 称为松弛变量。

$$S_1=600(\text{右边的值})-600(\text{左边的值})=0$$

$$S_2=420(\text{左边的值})-420(\text{右边的值})=0$$

$$S_3 = 1867(左边的值) - 800(右边的值) = 1067$$

2.5.5 线性规划问题的解的讨论

在前面的讨论中,都得到了唯一的最优解,但是,并不是所有的线性规划问题都达到最优解。

1. 唯一解

如【例 2-4】。

2. 无穷多解

在【例 2-4】中,将产品 A 的单位产品利润从 3 增加到 4,这时该问题的解将发生变化,用图解法可求出该问题的最优解。

3. 线性规划问题无可行域的情况

如在【例 2-4】中,若再要求产品 A 的产量不得小于 400,显然同时在两个区域的,是不可能的,可见这时无可行域。因此该线性规划问题无解。

注意:有无可行域取决于约束条件,而与目标函数无关。

4. 线性规划问题可行域无界的情况

线性规划问题的可行域无界,是指最大化问题中的目标函数值可以无限增大或最小化问题中的目标函数值可以无限减小。

如在【例 2-4】中,若没有原材料与劳动时间的约束,但要求产品 A 与产品 B 的总产量不得少于 350 单位,则该模型为

$$\text{o. b. } \max 3x + 8y$$
$$\text{s. t. } x + y \geqslant 350 \quad 产量约束$$
$$x \geqslant 0, y \geqslant 0 \quad 非负约束$$

利用上述约束条件可画一个图,从图可见,该问题的可行域是位于直线 AB 右边上部分的半平面。在该可行域内,目标函数值(利润)可无限增大,因此该规划问题的可行域无界。

2.5.6 线性规划的灵敏度分析和影子价格

本节讨论线性规划问题的灵敏度分析的内容、灵敏度报告的获得与使用以及影子价格的概念。

在【例 2-4】中,假定市场状况或生产工艺发生了变化,使得目标函数中的系数发生了变化,例如产品 A 的利润系数从 3 元/单位产品增至 3.5 元/单位产品,那么已求得的最优解、最优目标值会发生变化吗? 目标函数的系数在什么范围内变化,才不会影响最优解?

另外,如果原材料或劳动时间的供应量增加,最大利润将会如何变化? 这些问题在实际生产管理中是十分重要的,它也是灵敏度分析所要回答的问题。

1. 灵敏度分析的内容

灵敏度分析是研究当目标函数中的系数发生变化,以及当约束条件右边发生变化时,原有的最优解、最优目标值受到的影响。

(1) 目标函数中系数的变化对最优解与最优目标值的影响

当目标函数中的系数变化时,等利润直线变得陡峭或平坦,它与可行域的交点也可能随之变化。目标函数中的系数改变足够大时,可使最优解发生变化。见【例2-4】中的图2-21,若等利润线在 AE 和 BF 之间变化时,则 B 点仍然是既在可行域上、又离原点最远的顶点,此时最优解保持不变;若等利润线变得足够陡峭或平坦超出了直线 AE 和 BF 之间的范围,则该等利润线将与可行域相交于另一顶点 C 点(或 A 点),这时最优解将从顶点 B 点变为另一个顶点 C 点(或 A 点)。

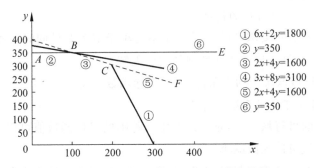

图2-21 目标函数中系数的变化对最优解的影响

可见当目标函数中的系数发生变化时,若变化量在某个范围内,则最优解不变;若变化足够大,则最优解将发生变化。而当最优解发生变化时,通常最优目标值也将随之发生变化。

(2) 约束条件右边的变化对最优解与目标值的影响

当约束条件右边变化时,相应的表示约束的直线将平行移动,可行域将发生变化。当该移动足够大,最优解、目标值也可能随之变化。图2-22描绘了【例2-4】中的约束条件③右边发生变化,可行域的变化。如当劳动时间减少时,表示劳动时间约束条件的直线 BC 移动至图中虚线 $B'C'$ 所示的位置,可行域亦随之变化,从多边形 $OABCD$ 变为 $OAB'C'D$。这时,最优解与目标值均将发生变化。但是约束条件①(原材料1约束)的右边发生变化,而且变化不太大,则可行域的变化不会影响最优解与目标值,该约束是非紧的。当然如果变化很大,以致使该约束条件成为紧的,这时,最优解与最优目标值均可能发生变化。

可见,当约束条件右边发生变化时,最优解与最优目标值可能会发生变化。综上所述,灵敏度分析的主要内容包括:

(1) 目标函数中的系数变化时,表示目标函数的直线族变得陡峭或平坦,它与可行域的交点也可能随之变化。灵敏度分析是研究目标函数中的系数变化对最优解与目标值的影响

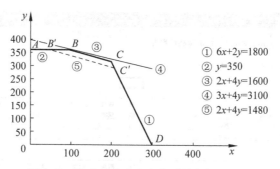

图 2-22 约束条件右边变化对最优解的影响

以及目标函数中的系数改变多少,方可使最优解发生变化。

(2) 约束条件右边变化时,相应的表示约束条件的直线将平行移动,可行域发生变化,最优解与最优目标值也可能随之变化。灵敏度分析是研究约束条件右边变化时对目标值和最优解的影响状况。

下面讨论如何获得敏感性报告,并利用敏感性报告进行灵敏度分析。

2. 敏感性报告

灵敏度分析所要解决的问题可通过数学方法进行分析,例如可用数学公式计算目标函数的系数或约束条件右边变化对最优解与目标值的影响。不过这种计算一般比较复杂。运用 Excel 的规划求解功能可得到敏感性报告。

(1) Excel 得到敏感性报告如图 2-23 所示。

(2) 敏感性报告中各项指标的含义

如【例 2-4】,运用 Excel 的规划求解功能可得到敏感性报告如图 2-24 所示。

敏感性报告由两部分组成。位于报告上部的表格(单元格 A6:H10)是关于目标函数中的系数变化对最优解产生的影响;位于报告下部的表格(单元格 A12:H17)是关于约束条件右边变化对目标值的影响。

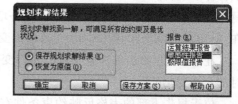

图 2-23 规划求解结果

位于报告上部的表格是关于目标函数中的系数变化对最优解产生的影响。表格中前三列是关于该问题中决策变量的信息,其中单元格是指决策变量,所在单元格的地址名字是指这些决策变量的名称,终值是决策变量的终值,即最优解。本题中,有两个决策变量:产品 A 的产量和产品 B 的产量,它们在电子表格上的地址分别是 $B$14 和 $C$14,其最优解分别为 100 单位和 350 单位。第四列是递减成本,它的绝对值表示目标函数中决策变量的系数必须改进多少,才能得到该决策变量的正数解。这里的"改进",在最大化问题中是指增加,在最小化问题中是指减少。本题中,两个决策变量均已得到正数解,所以它们的递减成

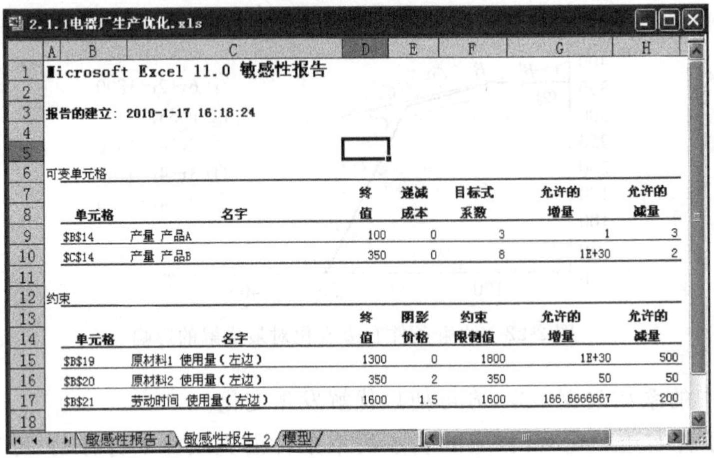

图 2-24 敏感性报告

本均为零。第五列目标式系数是指目标函数中的系数,它是题目中的已知条件。本例中目标函数中两个决策变量的系数分别为 3 和 8。第六列和第七列分别是允许的增量和运行的减量,它们表示目标函数中的系数在允许的增量与减量范围内变化时,最优解不变。本例中,第一个决策变量(产品 A 的产量)的目标系数为 3,允许增量为 1,允许的减量为 3,因此该目标系数在[3−3,3+1]即[0,4]范围内变化,该问题的最优解不变。同理第二个决策变量(产品 B 的产量)的目标系数为 8,允许增量为 1E+30,允许的减量为 2,因此该目标系数在[8−2,8+1E+30]即[6,+∞]范围内变化,该问题的最优解不变。

注意:这里给出的决策变量的允许变化范围是指其他条件不变,仅在该决策变量变化时的允许变化范围。

位于报告下部的表格反映约束条件右边变化对目标值的影响。表格中的前三列是关于约束条件左边的信息,其中单元格是指约束条件左边所在单元格的地址,名字是约束条件左边的名称,终值是约束条件左边的终值。在本题中,有三个约束条件,它们分别是原材料 1 的使用量、原材料 2 的使用量和劳动时间的使用量,它们在电子表格上对应的地址分别是 \$B\$19,\$B\$20,\$B\$21,其终值分别为 1300,350 和 1600。第四列是阴影价格即影子价格,后面讨论。第五列为约束限制值,指约束条件右边的值,通常是题目给定的已知条件,本题中三个约束条件右边的值分别是原材料 1,原材料 2,劳动时间的供应量,它们分别是 1800,350,1600。第六列与第七列是允许的增量和允许的减量,它们表示约束条件右边在允许的增量与减量范围内变化时,影子价格不变。例如本题中,第一个约束条件右边的值为 1800,允许的增量为 1E30,允许的减量为 500,因此该约束条件右边在[1800−500,1800+1E30]即[1300,+∞]范围内变化时,原材料 1 的影子价格不变。注意:这里给出的决策变量的允许变化范围是指其他条件不变,仅在该决策变量变化时的允许变化范围。同理第二个约束条件右边在[350−50,350+50]即[300,400]范围内变化时,原材料2的影子价格不变。第三个约束条件右边在[1600−200,1600+166.7],即[1400,1766.7]范围内变化时,劳动时间的影子价格不变。

(3) 影子价格

在敏感性报告中,第四列是影子价格,这是一个十分重要的概念,影子价格是指约束条件右边增加(或减少)一个单位,目标值增加(或减少)的数量。

在【例2-4】中有三个资源约束,每种资源的影子价格是该种资源供应量增加(或减少)一个单位时,总利润增加(或减少)的数量。例如,从敏感性报告可知,第一个约束条件(原材料1供应量约束)的影子价格为0,这说明在允许的范围[1300,+∞]内,再增加一个单位(减少)一个单位的原材料1供应量,总利润不变。第二个约束条件(原材料2供应量约束)的影子价格为2,这说明在允许的范围[300,400]内,再增加一个单位(减少)一个单位的原材料2供应量,总利润将增加(或减少)2元。第三个约束条件(劳动时间供应量约束)的影子价格为1.5,这说明在允许的范围[1400,1766.7]内,再增加一个单位(减少)一个单位的劳动时间供应量,总利润将增加(或减少)1.5元。

(4) 使用敏感性报告进行敏感度分析

下面采用敏感性报告对【例2-4】进行灵敏度分析,并回答开始提出的问题。

① 若产品A的利润系数从3元/单位产品增至3.5元/单位产品,那么,已求得的最优解、最优目标值会变化吗? 该系数在什么范围内,才不会影响最优解?

如图2-24所示,可知敏感性报告上部的表格可知,产品A的系数在允许的变化范围[3−3,3+1],即[0,4]区间变化时,不会影响最优解。现在产品A的利润系数是3.5,是在允许的变化范围内,所以最优解不变,仍然是 $x=100, y=350$。

要注意的是,最优目标值将发生变化。原来是3100,现在是 $3.5 \times 100 + 8 \times 350 = 3150$。

② 如果原材料2供应量增加30 kg,最大利润将为多少?

由图2-24的敏感性报告下部可知,当原材料2的约束条件右边在允许变化的范围[350−50,350+50],即[300,400]范围内变化时,原材料2的影子价格不变。现在原材料2的供应量增加了30 kg,变为380 kg,在允许增加的范围内,所以其影子价格不变,仍然等于2。这就是说,原材料2的供应量每增加1 kg,将使最大利润增加2元。当原材料2的供应量增加30 kg时,最大利润将增加 $2 \times 30 = 60$ 元,最大利润 $= 3100 + 60 = 3160$(元)。

习 题

1. 广州某财务分析公司是为许多客户管理股票资产组合的投资公司。一名新客户要求该公司处理80 000元的投资组合。作为个人投资战略,该客户希望限制他的资产组合在下面两个股票的混合中,如表2-12所示。

表 2-12　两种股票的有关数据表

股　票	每股价格/元	每股最大预期年收益/元	可能的投资/元
西北石油	50	6	50 000
西南石油	30	4	45 000

决策变量,目标函数,约束条件。

设 $x=$ 西北石油的股份数;$y=$ 西南石油的股份数。

(1) 假设客户希望最大化总的年收益,则目标函数是什么?

(2) 写出在下面 3 个条件下的每一个的数学表达式:

① 总的投资基金是 80 000 元。

② 对西北石油的最大投资是 50 000 元。

③ 对西南石油的最大投资是 45 000 元。

2. 某投资公司的财务顾问得知有两家公司很可能有并购计划。西部电缆公司是制造建筑光缆方面的优秀公司,而康木交换公司是一家数字交换系统方面的新公司。西部电缆公司股票的现在每股交易价是 40 元,而康木交换公司的每股交易价是 25 元。如果并购发生了,财务顾问预测西部电缆公司每股价格将上涨到 55 元,康木交换公司每股价格将上涨到 43 元。财务顾问确认投资康木交换公司的风险比较高。假设投资在这两种股票上的资金的最大值 50 000 元,财务顾问希望至少在西部电缆公司上投资 15 000 元,至少在康木交换公司投资 10 000 元。又因为康木交换公司的风险比较高,所有财务顾问建议对康木交换公司的最大投资不能超过 25 000 元。

(1) 建立线性规划模型,决定对西部电缆公司和康木交换公司应该各投资多少才能使总投资回报最大?

(2) 画出可行域。

(3) 确定每个极点的坐标。

(4) 找出最优解。

案例问题 2-1　创业投资基金公司的基金比例分配

广州某创业投资基金公司为计算机软件和互联网的应用发展提供创业基金。目前该基金公司有两个投资机会:一个是需要资金去开发互联网安全软件的公司;另一个是需要资金去开发对顾客满意度进行调查的应用软件的公司,开发安全软件的公司要求该基金运作公司必须在接下来 3 年给其第 1 年提供 600 000 元,第 2 年提供 600 000 元,第 3 年提供 250 000 元。开发调查应用软件的公司要求基金公司在接下来 3 年给其第 1 年提供 500 000 元,第 2 年提供 350 000 元,第 3 年提供 400 000 元。该基金公司认为这两项投资都是值得尝试的。但是,由于其他的投资,公司只能在第 1 年共 800 000 元,第 2 年投资 700 000 元,第 3 年投资

500 000元。

该基金运作公司的金融分析小组对这两项计划进行了调查,建议公司的目标应该是追求总投资利润现值最大化。净现值应考虑到3年后两家公司的股票价值和3年内的资金流出量。按8%的回报率计算,该基金公司的金融分析小组估计,如果对开发安全软件的公司进行100%的投资,净现值应该是1 800 000元;对开发调查软件的公司进行100%的投资,净现值应该是1 600 000元。

该基金公司对安全公司和市场调查的公司投入任何比例的资金。比如,如果基金公司对安全公司投资40%的资金,那么第1年就需要0.40×600 000=240 000元,第2年需要0.40×600 000=240 000元,第1年需要0.40×250 000=100 000元,在这种情况下,净利润的值就是0.40×180 000=720 000元。对市场分析公司的投资计算方法相同。

案例报告

对该基金公司的投资问题进行分析,准备一个报告介绍你的建议和结论。报告包括如下内容:

(1) 这两种投资各应该占多大的比例?总投资的净现值是多少?

(2) 接下来3年的为两个公司的资金分配计划是什么?基金公司每年投资的总额是多少?

(3) 如果基金公司愿意在第1年追加100 000元投资,会对投资计划产生什么影响?

(4) 制定追加100 000元投资以后的投资分配计划。

(5) 你是否建议第1年再追回投资100 000元。

在该报告中应该包括线性规划模型和图形的求解等。

第 3 章　线性规划模型应用实例及其 VBA 与 MATLAB 求解

在社会经济活动中，人们总是希望通过某种途径，追求可能达到的最佳结果，这就是管理运筹学所要研究的问题，其基本思路往往是在满足一定的约束条件下，使预定的目标值达到最优。

线性规划最初是为第二次世界大战的后勤问题而产生的，自 1947 年 Dantzig 提出线性规划的单纯形方法(见第 2 章)后，线性规划的理论体系和计算方法日趋系统和完善。随着计算机技术的高速发展，线性规划模型已广泛应用于商业领域，如金融财务投资决策分析、物流运输问题计划、人力资源分配等。

线性规划问题有各种不同的形式，其具体的一般形式见第 2 章。本章我们通过几个例子来说明线性规划数学模型的建立及其计算机的 Excel VBA 和 MATLAB 求解方法。

要成功建立好管理运筹学模型，作为管理决策者，必须掌握好如下三个重要的要素，即：

(1) 决策变量；

(2) 目标函数；

(3) 约束条件。

下面举例说明。

3.1　某公司投资组合线性规划模型的建立及其 VBA 求解

投资组合线性规划问题研究如何选择投资对象，例如：如何选择不同的债券或股票，在满足某些要求的前提下使得收益最大或风险最小。因此，其决策变量是对各种可能的投资对象的投资组合，其目标函数通常是期望回报最大化或风险最小化，而约束条件则可包括总投资额、公司政策、法律法规等约束。本节讨论的是如何进行投资组合收益优化问题的求解问题。

【例 3-1】　某公司投资组合线性规划问题。

某公司董事会决定将 20 万元进行债券投资。经咨询，现有五种债券是比较好的投资对象，它们是：黄河汽车、长江汽车、华南电器、西南电器、缜山纸业。它们的投资回报率如表 3-1 所示。为减少风险，董事会要求，对汽车业的投资不得超过12万元，对电器业的投资不得超过 8 万元,其中对长江汽车业的投资不得超过对汽车业投资的 65%,对纸业的投资不得低于对汽车业投资的 20%,该公司应如何投资,才能在满足董事会要求的前提下使得总回报额最大?

表 3-1 五种债券回报率表

债券名称	黄河汽车	长江汽车	华南电器	西南电器	缜山纸业
回报率	0.065	0.092	0.045	0.055	0.042

解:根据题意,本问题的**决策变量**是对五种投资对象的投资额。

设该公司对五种债券的投资额分别为 x_1, x_2, x_3, x_4, x_5。

本问题的目标是获得最大的债券回报额。债券回报额等于回报率投资额。由表 3-1 可知,五种债券的回报率分别为 0.065, 0.092, 0.045, 0.055, 0.042,所以总回报额应等于各种债券回报额之和,即

$$总回报额 = 0.065x_1 + 0.092x_2 + 0.045x_3 + 0.055x_4 + 0.042x_5$$

公司的**目标函数**是使得上述总回报额最大化,即

$$\max 0.065x_1 + 0.092x_2 + 0.045x_3 + 0.055x_4 + 0.042x_5$$

本问题的**约束条件**包括:总投资额约束,以及对汽车业、电器业、长江汽车业、纸业的投资限制。因此,本问题的线性规划模型如下:

o. b. $\max 0.065x_1 + 0.092x_2 + 0.045x_3 + 0.055x_4 + 0.042x_5$ (总投资额最大化)

s. t. $x_1 + x_2 + x_3 + x_4 + x_5 = 200\,000$ (总投资额约束)

$x_1 + x_2 \leqslant 120\,000$ (汽车业投资约束)

$x_3 + x_4 \leqslant 80\,000$ (电器业投资约束)

$x_2 \leqslant 0.65(x_1 + x_2)$ (长江汽车业投资约束)

$x_5 \geqslant 0.20(x_1 + x_2)$ (纸业投资约束)

$x_1, x_2, x_3, x_4, x_5 \geqslant 0$ (非负约束)

用 Spreadsheet 可描述本问题并建立模型(见表 3-2),其决策模型的表达公式见表 3-3。

表 3-2 某公司投资决策模型

	A	B	D	E	F	G
1	【例 3-1】 某公司投资决策问题					
2						
3						
4	基金名称	投资回报率				
5	黄河汽车	0.065	可提供资金/元		200 000	
6	长江汽车	0.092	汽车业最大投资/元		120 000	

续表

	A	B	D	E	F	G
7	华南电器	0.045	电器业最大投资/元		80 000	
8	西南电器	0.055	长江汽车占汽车业的投资比例上限		0.65	
9	缜山纸业	0.042	纸业占汽车业的投资比例下限		0.2	
10						
11	模型					
12						
13	基金名称	投资额/元	约束条件	左边		右边
14	黄河汽车	42 000	可提供资金	200 000	=	200 000
15	长江汽车	78 000	汽车业	120 000	<=	120 000
16	华南电器	0	电器业	56 000	<=	80 000
17	西南电器	56 000	长江汽车	78 000	<=	78 000
18	缜山纸业	24 000	纸业	24 000	>=	24 000
19						
20	总回报额最大化	13 994				

表 3-3　某公司投资决策模型的公式表示

	A	B	D	E	F	G
1	【例 3-1】 某公司投资决策问题					
2						
3						
4	基金名称	投资回报率				
5	黄河汽车	0.065	可提供资金/元		200 000	
6	长江汽车	0.092	汽车业最大投资/元		120 000	
7	华南电器	0.045	电器业最大投资/元		80 000	
8	西南电器	0.055	长江汽车占汽车业的投资比例上限		0.65	
9	缜山纸业	0.042	纸业占汽车业的投资比例下限		0.2	
10						
11	模型					
12						

续表

	A	B	D	E	F	G
13	基金名称	投资额/元	约束条件	左 边		右 边
14	黄河汽车	42 000	可提供资金	=SUM(B14:B18)	=	=F5
15	长江汽车	78 000	汽车业	=SUM(B14:B15)	<=	=F6
16	华南电器	0	电器业	=SUM(B16:B17)	<=	=F7
17	西南电器	56 000	长江汽车	=B15	<=	=F8*(B14+B15)
18	缙山纸业	24 000	纸业	=B18	>=	=F9*(B14+B15)
19						
20	总回报额最大化	=SUMPRODUCT(B5:B9,B14:B18)				

用 Excel 中的规划求解功能求出本问题的解。"规划求解参数"对话框如图 3-1 所示。

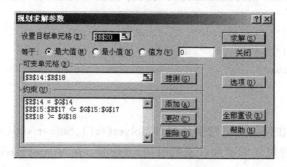

图 3-1 "规划求解参数"对话框

由表 3-2 可得该公司的最优投资组合,如表 3-4 所示。

表 3-4 五种债券回报额

债券名称	黄河汽车	长江汽车	华南电器	西南电器	缙山纸业
回报额/元	42 000	78 000	0	56 000	24 000

这时,满足所有的约束条件,且总回报额最大,达到 13 994 元。

上面的计算是对单元格的操作来实现的,这是很麻烦的,稍不小心,就很容易出错,为避免出错,我们编制了一个 VBA 程序,来简化上述的操作。VBA 程序如下:

```
Sub js()

Cells(14, 5)="=SUM(B14:B18)"
Cells(15, 5)="=SUM(B14:B15)"
```

```
Cells(16, 5)="=SUM(B16:B17)"
Cells(17, 5)="=B15"
Cells(18, 5)="=B18"

Cells(14, 7)="=F5"
Cells(15, 7)="=F6"
Cells(16, 7)="=F7"
Cells(17, 7)="=F8 * (B14+B15)"
Cells(18, 7)="=F9 * (B14+B15)"

Cells(20, 2)="=SUMPRODUCT(B5:B9,B14:B18)"

SolverReset

Call SolverOk("$B$20", 1, 0, "$B$14:$B$18")
Call SolverOptions(AssumeLinear:=True, AssumeNonNeg:=True)
Call SolverAdd("$E$14", 2, "$G$14")
Call SolverAdd("$E$15:$E$17", 1, "$G$15:$G$17")
Call SolverAdd("$E$18", 3, "$G$18")
SolverSolve (True)

End Sub
```

需要注意的是：在使用规划求解函数如 SolverOk()、SolverAdd()等编制程序进行求解之前，首先必须建立对规划求解加载宏的引用，方法是：在 Visual Basic 编辑器界面下，选择"工具"菜单中的"引用"命令（见图 3-2），打开"引用-VBAProject"对话框（见图 3-3），然后选中"可使用的引用"列表框中的 SOLVER 复选框。

图 3-2 执行引用命令

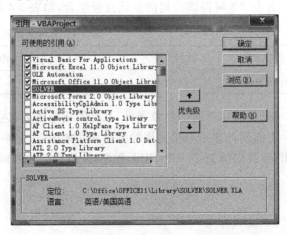

图 3-3 "引用-VBAProject"对话框

如果 SOLVER 未出现在"可使用的引用"列表框中,则需要单击"浏览"按钮,并打开"\Office\Library\SOLVER"子文件夹中的"Solver.xla"。

3.2 线性规划模型的建立及其 MATLAB 求解

线性规划的标准形式如下:
$$\min_{Ax=b;x\geqslant 0} Cx$$

其中,C 是目标函数矩阵,A 是约束条件矩阵,x 是向量。

标准形式线性问题简称 LP(Linear Programming),MATLAB 中用 lp 函数求解线性规划问题。

MATLAB 中的线性规划形式如下:

```
min fx
s.t. Ax≤b
     Aeq=beq
     lb≤x≤ub
```

其中,f,x,b,lb,ub 是向量;A,Aeq 的形式是矩阵。

调用方式

```
(x,y)=linprog(f,A,b)
(x,y)=linprog(f,A,b,Aeq,beq,lb,ub)
```

其中,f、A、b、Aeq、beq 分别为标准线性规划模型中的参数;参数 ub、lb 分别为变量 x 的上界与下界。

【例 3-2】 某投资组合中有 3 种资产,各资产的收益率分别为 0.2、0.1、0.15。要求资产 1 与资产 3 的权重小于资产 2 的权重,且没有卖空。求解使得上述收益率最大的投资组合。

首先,确定目标函数为
$$\max 0.2x_1+0.1x_2+0.15x_3$$

资产的约束条件为
$$x_1+x_3\leqslant x_2,\quad x_1+x_2+x_3=1,\quad 0\leqslant x_1,\quad x_2\leqslant 1,\quad 0.1\leqslant x_3\leqslant 1$$

我们建立一个名为 xxgh.m 的 M 文件,代码如下:

```
f=[-0.2 -0.1 -0.15];
   a=[1 -1 1];
   b=[0];
   aeq=[1 1 1];
   beq=[1];
   lb=[0 0 0.1];
```

```
    ub=[1 1 1];
    x=linprog(f,a,b,aeq,beq,lb,ub)
```

在 MATLAB 状态下输入 xxgh,得到下列结果:

```
Optimization terminated.
x=
    0.4000
    0.5000
    0.1000
```

结果表明:资产1、资产2、资产3的权重分别为 0.4、0.5、0.1。

下面以 3.1 节的某公司投资组合收益线性规划问题来举例。

本问题的线性规划模型如下:

  o.b. $\max 0.065x_1 + 0.092x_2 + 0.045x_3 + 0.055x_4 + 0.042x_5$　（总投资额最大化）

  s.t. $x_1 + x_2 + x_3 + x_4 + x_5 = 200\,000$　（总投资额约束）

       $x_1 + x_2 \leqslant 120\,000$　（汽车业投资约束）

       $x_3 + x_4 \leqslant 80\,000$　（电器业投资约束）

       $x_2 \leqslant 0.65(x_1 + x_2)$　（长江汽车业投资约束）

       $x_5 \geqslant 0.20(x_1 + x_2)$　（纸业投资约束）

       $x_1, x_2, x_3, x_4, x_5 \geqslant 0$　（非负约束）

根据上面的数学模型和 MATLAB 求解线性规划模型的标准形式,我们建立一个名为 xxgh1.m 的 M 文件,代码如下:

```
f=[-0.065 -0.092 -0.045 -0.055 -0.042];
a=[1 1 0 0 0;
    0 0 1 1 0;
   -0.65 0.35 0 0 0;
    0.2 0.2 0 0 -1];
b=[120000 80000 0 0];
aeq=[1 1 1 1 1];
beq=[200000];
lb=[0 0 0 0 0];
[x,f]=linprog(f,a,b,aeq,beq,lb)
```

在 MATLAB 状态下输入 xxgh1,得到下列结果:

```
Optimization terminated.
x=
  1.0e+004 *
    4.2000
```

```
   7.8000
   0.0000
   5.6000
   2.4000
f=
-1.3994e+004
```

结果表明：该公司的最优投资组合如下表所示。

债券名称	黄河汽车	长江汽车	华南电器	西南电器	缜山纸业
回报额/元	42 000	78 000	0	56 000	24 000

这时，满足所有的约束条件，且总回报额最大，达到 13 994 元。

3.3 资源分配问题模型的建立及其 VBA 求解

【例 3-3】 某公司是商务房地产开发项目的主要投资商。目前，该公司有机会在三个建设项目中投资分别如下：项目1，建造高层办公楼；项目2，建造宾馆；项目3，建造购物中心。每个项目都要求投资者在四个不同的时期投资，在当前预付定金，以及一年、二年、三年后分别追加投资。表 3-5 显示了四个时期每个项目所需要的资金。投资者可以按一定的比例进行投资并获得相应比例的收益。

表 3-5 四个时期每个项目所需要资金   百万元

年份	办公楼项目	宾馆项目	购物中心项目	可用资金
0(现在)	40	80	90	25
1	60	80	50	45
2	90	80	20	65
3	10	70	60	80
净现值	45	70	50	

公司目前有 2500 万元资金可供投资，预计一年后，又可获得 2000 万元，两年后获得的另外 2000 万元，三年后还有 1500 万元可供投资。那么，该公司要在每个项目上按多大比例投资，才能使投资组合获得最大的总现值？

解：(1) 决策变量：本问题的决策是公司要在每个项目上按多大比例投资。设 x_1 为办公楼项目中的投资比例；x_2 为宾馆项目中的投资比例；x_3 为购物中心项目中的投资比例。

(2) 目标函数

本问题的目标是总现值最大，即

$$\text{o. b. } \max z = 45x_1 + 70x_2 + 50x_3$$

(3) 约束条件

本问题的约束条件是公司在各期可获得的资金限制(资源约束)。但要注意的是：前一期尚未使用的资金，可以在下一期使用(为了简化问题，不考虑资金可获得的利息)。因此，每一时点的资金限制就表现为累计的资金，如图 3-2 所示。

① 现在的总投资不超过可获得的资金 25 百万元，即：$40x_1 + 80x_2 + 90x_3 \leqslant 25$

② 1 年后的总投资不超过累计可获得的资金 45 百万元，即：$100x_1 + 160x_2 + 140x_3 \leqslant 45$

③ 2 年后的总投资不超过累计可获得的资金 65 百万元，即：$190x_1 + 240x_2 + 160x_3 \leqslant 65$

④ 3 年后的总投资不超过累计可获得的资金 80 百万元，即：$200x_1 + 310x_2 + 220x_3 \leqslant 80$

⑤ 非负：$x_i \geqslant 0 (i=1,2,3)$

由此得到数学模型：

$$\text{o. b. } \max z = 45x_1 + 70x_2 + 50x_3$$

$$\begin{cases} 40x_1 + 80x_2 + 90x_3 \leqslant 25 \\ 100x_1 + 160x_2 + 140x_3 \leqslant 45 \\ 190x_1 + 240x_2 + 160x_3 \leqslant 65 \\ 200x_1 + 310x_2 + 220x_3 \leqslant 80 \\ x_i \geqslant 0 \quad (i=1,2,3) \end{cases}$$

上述模型用电子表格可描述的计算公式如表 3-6 所示。

表 3-6　求解公式

	B	C	D	E	F	G	H
1							
2							
3		办公楼项目	宾馆项目	购物中心项目			
4	单位净现值	45	70	50			
5							
6		单位累计资金需求量			实际使用		可用资金
7	现在	40	80	90	=SUMPRODUCT(C7:E7,$C$13:$E$13)	<=	25
8	一年后	100	160	140	=SUMPRODUCT(C8:E8,$C$13:$E$13)	<=	45
9	二年后	190	240	160	=SUMPRODUCT(C9:E9,$C$13:$E$13)	<=	65

续表

	B	C	D	E	F	G	H
10	三年后	200	310	220	=SUMPRODUCT(C10：E10,$C$13:$E$13)	<=	80
11							
12		办公楼项目	宾馆项目	购物中心项目			总现值
13	投资比例						=SUMPRODUCT(C4:E4,C13:E13)

计算结果如图 3-4 所示。

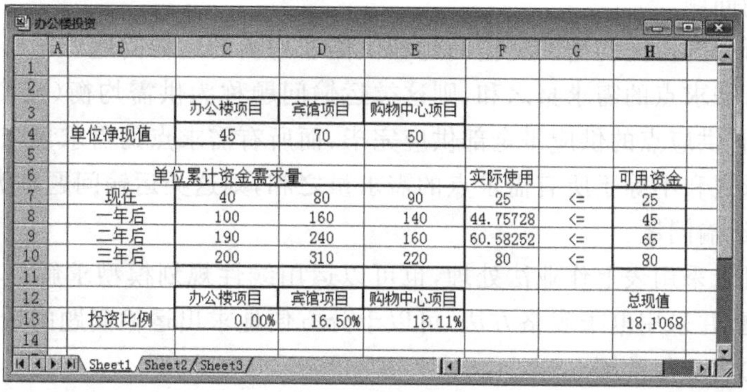

图 3-4 计算结果

从图 3-4 可知,不投资办公室项目,宾馆项目的投资比例为 16.5%,购物中心项目的投资比例为 13.11%,此时获得的总净现值为 1811 万元。

上面的计算是对单元格的操作来实现的,稍不小心就很容易出错。为避免出错,我们编制了一个 VBA 程序,来简化上述的操作。VBA 程序如下:

```
Sub js()
Cells(7, 6)="=SUMPRODUCT(C7:E7,$C$13:$E$13)"
Cells(8, 6)="=SUMPRODUCT(C8:E8,$C$13:$E$13)"
Cells(9, 6)="=SUMPRODUCT(C9:E9,$C$13:$E$13)"
Cells(10, 6)="=SUMPRODUCT(C10:E10,$C$13:$E$13)"
Cells(13, 8)="=SUMPRODUCT(C4:E4,C13:E13)"
SolverReset
Call SolverOk("$h$13", 1, 0, "$c$13:$e$13")
Call SolverOptions(AssumeLinear:=True, AssumeNonNeg:=True)
Call SolverAdd("$f$7:$f$10", 1, "$h$7:$h$10")
SolverSolve (True)
End Sub
```

3.4 运输问题模型的建立及其 VBA 求解

若一家公司拥有多个工厂,这些工厂在不同的地点,但生产同一产品。这些产品要运输到不同的地点,以满足用户的需求。这些工厂称作供应节点,它们是运输的起点。用户所在地则称为需求节点,它们是运输的终点或目的地。对于各个供应节点(即工厂)而言,它们可提供的数量是有限的;对于各个需求节点(即用户)而言,它们的需求量是某个特定的值。假定产品既不能从一个供应节点运输到另一个供应节点,也不能从一个需求节点运输到另一个需求节点,而只能从供应节点运至需求节点。公司面临的问题是:应如何组织运输,才能在满足供应节点的供应量约束与需求节点的需求量约束的前提下,使得运输成本最低。这类问题就是运输问题。

运输问题可分为供需均衡的运输问题和供需非均衡的运输问题。若所有供应点的供应量之和等于所有需求点的需求量之和,则这类运输问题称为供需均衡(或产销均衡)的运输问题。这时,所有供应点的供应量全部供应完毕,而所有需求点的需求量全部满足。若所有供应点的供应量之和不等于所有需求点的需求量之和,则这类运输问题称为供需非均衡(或产销非均衡)的运输问题。

运输问题可以采用表上作业法处理,也可以运用线性规划模型求解。本节运用线性规划分析运输问题,并采用电子表格方法,可以十分方便地求出运输问题的最优解。下面举例说明运输模型的建立与求解。

【例 3-4】 广州某设备厂均衡运输问题。

某设备厂下设三个不同地点的分厂 A,B,C,该三个分厂生产同一种设备,设每月的生产能力分别为 20 台、30 台和 40 台。该设备厂有四个固定用户,该四个用户下月的设备需求量分别为 20 台、15 台、23 台和 32 台。设备分厂的生产成本相同,从各分厂至各用户的单位设备运输成本如表 3-7 所示,而且各分厂本月末的设备库存量为 0。问该厂应如何安排下月的生产与运输,才能在满足四个用户需求的前提下使总运输成本最低。

表 3-7 某设备厂运输成本表

分厂名称	运输成本/(元/台)				月生产能力/t
	用户 1	用户 2	用户 3	用户 4	
工厂 A	70	40	80	60	20
工厂 B	70	100	110	50	30
工厂 C	80	70	130	40	40
下月设备需求量/t	20	15	23	32	

解：本题可用如图 3-5 所示网络图描述。网络图左边的节点表示三个分厂，右边的节点表示四个用户，左、右节点间的连线表示从左边某分厂生产的设备运输到右边某用户，线段上的数字表示单位设备的运输成本。网络图最左边的数字分别为三个分厂的生产能力，最右边的四个数字分别为四个用户的需求量。

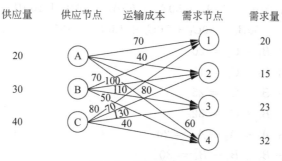

图 3-5 运输网络图

本题中的总供应量＝20＋30＋40＝90（台），总需求量＝20＋15＋23＋32＝90（台），即所有供应点的供应量之和等于所有需求点的需求量之和。所以本问题是供需均衡的运输问题。这时，所有供应点的供应量全部完毕，而所有需求点的需求量全部满足。根据题意，本问题的决策变量是下月各分厂为各用户生产与运输的设备数量。可设：

分厂 A 下月为四个用户生产和运输的设备数量分别为 A_1, A_2, A_3, A_4（台）；
分厂 B 下月为四个用户生产和运输的设备数量分别为 B_1, B_2, B_3, B_4（台）；
分厂 C 下月为四个用户生产和运输的设备数量分别为 C_1, C_2, C_3, C_4（台）。

本问题的目标函数是使总运输成本最小化。总运输成本的计算公式如下：

总运输成本 $= \sum$（各分厂至各用户的设备运输成本）×（各分厂至各用户的运输量）

因此，该问题的目标函数为

$$\text{o.b. min } 70A_1 + 40A_2 + 80A_3 + 60A_4 + 70B_1 + 100B_2 + 110B_3 \\ + 50B_4 + 80C_1 + 70C_2 + 130C_3 + 40C_4$$

本问题的约束条件有两个部分，第一部分是需求约束，即各用户从各分厂收到的设备总数不得少于它们的需求量：

$A_1 + B_1 + C_1 = 20$ （用户 1 从三个分厂收到的设备总数应等于其需求量）
$A_2 + B_2 + C_2 = 15$ （用户 2 从三个分厂收到的设备总数应等于其需求量）
$A_3 + B_3 + C_3 = 23$ （用户 3 从三个分厂收到的设备总数应等于其需求量）
$A_4 + B_4 + C_4 = 32$ （用户 4 从三个分厂收到的设备总数应等于其需求量）

第二部分是生产能力约束，即各分厂生产和运输的设备总数不得超过其生产能力：

$A_1 + A_2 + A_3 + A_4 = 20$ （分厂 A 下月生产与运输的设备总数应等于其月生产能力）
$B_1 + B_2 + B_3 + B_4 = 30$ （分厂 B 下月生产与运输的设备总数应等于其月生产能力）

$C_1 + C_2 + C_3 + C_4 = 40$ （分厂C下月生产与运输的设备总数应等于其月生产能力）

最后还有非负约束，即：

$A_1, A_2, A_3, A_4, B_1, B_2, B_3, B_4, C_1, C_2, C_3, C_4 \geq 0$ （非负约束）

综上所述，本问题的线性规划模型如下：

o.b. min $70A_1 + 40A_2 + 80A_3 + 60A_4 + 70B_1 + 100B_2 + 110B_3$
$+ 50B_4 + 80C_1 + 70C_2 + 130C_3 + 40C_4$

s.t. $A_1 + B_1 + C_1 = 20$
$A_2 + B_2 + C_2 = 15$
$A_3 + B_3 + C_3 = 25$
$A_4 + B_4 + C_4 = 32$
$A_1 + A_2 + A_3 + A_4 = 20$
$B_1 + B_2 + B_3 + B_4 = 30$
$C_1 + C_2 + C_3 + C_4 = 40$
$A_1, A_2, A_3, A_4, B_1, B_2, B_3, B_4, C_1, C_2, C_3, C_4 \geq 0$ （非负约束）

本问题的电子表格如图 3-6 所示。

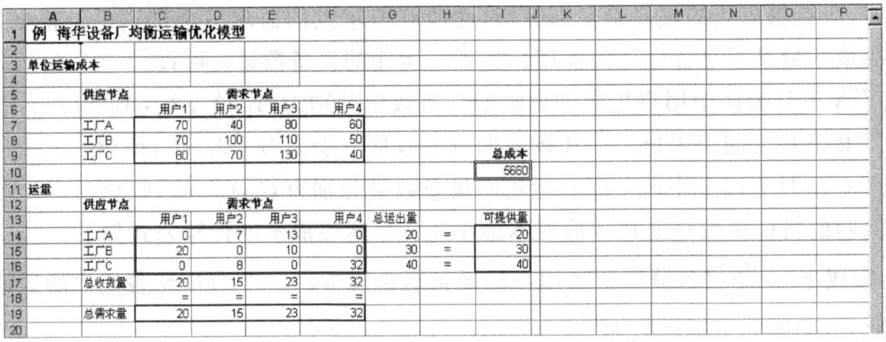

图 3-6 设备厂均衡运输优化模型

模型的公式定义如表 3-8 所示。

表 3-8 海华设备厂运输线性规划模型的公式表示

	A	B	C	D	E	F	G	H	I
5		供应节点	需求节点						
6			用户1	用户2	用户3	用户4			
7		工厂A	70	40	80	60			
8		工厂B	70	100	110	50			

续表

	A	B	C	D	E	F	G	H	I
9		工厂C	80	70	130	40			总成本
10									=SUMPRODUCT(C7:F9,C14:F16)
11	运量								
12		供应节点		需求节点					
13			用户1	用户2	用户3	用户4	总运出量		可提供量
14		工厂A	0	7	13	0	=SUM(C14:F14)	=	20
15		工厂B	20	0	10	0	=SUM(C15:F15)	=	30
16		工厂C	0	8	0	32	=SUM(C16:F16)	=	40
17		总收货量	=SUM(C14:C16)	=SUM(D14:D16)	=SUM(E14:E16)	=SUM(F14:F16)			
18			=	=	=	=			
19		总需求量	20	15	23	32			

然后用规划求解功能求出本问题的解。"规划求解参数"对话框如图3-7所示。

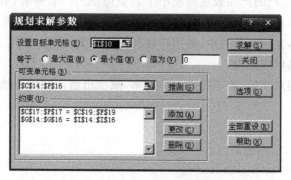

图3-7 均衡运输问题"规划求解参数"对话框

模型运行结果如表3-8所示。由表3-8可知,该设备厂下月的生产运输决策如表3-9所示。这时,满足所有的约束条件,且运输总成本最低,为5660元。

表 3-9 运算结果

分厂名称	运输量/台			
	用户 1	用户 2	用户 3	用户 4
工厂 A	0	7	13	0
工厂 B	20	0	10	0
工厂 C	0	8	0	32

以上决策可用网络图描述，如图 3-8 所示。

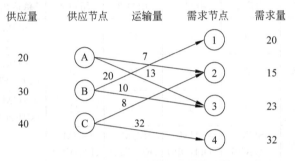

图 3-8 运算结果网络图

以上是对供需均衡的运输问题的分析。当供需为非均衡时，模型中的约束条件将发生变化。这时，若所有供应点之和大于所有需求点的需求量之和，则所有需求点的需求量全部满足，而某些供应点的供应量未供应完毕，所以，在约束条件中，各用户收到的产品数量应等于其需求量，而各厂生产的产品数量则应小于其供应能力。若所有供应点的供应量之和小于所有需求点的需求量之和，则所有供应点的供应量全部供应完毕，而某些需求点的需求量不能全部满足，所以，在约束条件中，各用户收到的产品数量应小于其需求量，而各厂生产的产品数量则应等于其供应能力。

上面的计算是很麻烦的，为了提高工作效率，减少出错，我们编制如下程序：

```
Sub js()

Cells(14, 7)="=SUM(C14:F14)"
Cells(15, 7)="=SUM(C15:F15)"
Cells(16, 7)="=SUM(C16:F16)"
Cells(17, 3)="=SUM(C14:C16)"
Cells(17, 4)="=SUM(D14:D16)"
Cells(17, 5)="=SUM(E14:E16)"
Cells(17, 6)="=SUM(F14:F16)"
```

```
Cells(10, 9)="=SUMPRODUCT(C7:F9,C14:F16)"

SolverReset
Call SolverOptions(AssumeLinear:=True, AssumeNonNeg:=True)
Call SolverOk("$i$10", 2, 0, "$c$14:$f$16")
Call SolverAdd("$G$14:$G$16", 2, "$I$14:$I$16")
Call SolverAdd("$c$17:$f$17", 2, "$c$19:$f$19")
SolverSolve (True)

End Sub
```

下面例子是一个总供应量大于总需求量的非均衡运输问题。

【例 3-5】 某设备厂非均衡运输问题。

若【例 3-4】中的三个分厂经过技术改造，每月的生产能力均增加了 5 台，即分别从 20 台、30 台和 40 台增加为 25 台、35 台和 45 台，其他条件不变。问该厂应如何安排下月的生产与运输，才能在满足四个用户需求的前提下使总运输成本最低。

解：本问题的网络图如图 3-9 所示。

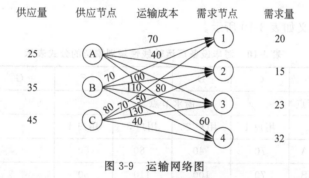

图 3-9 运输网络图

本题中的总供应量 = 25+35+45 = 105（台），总需求量 = 20+15+23+32 = 90（台），即所有供应点的供应量之和大于所有需求点的需求量之和。所以本问题是供需非均衡的运输问题。这时，各需求点收到的产品总数等于其总需求量，而各供应点发出的产品总数则小于其总供应能力。

$$A_1, A_2, A_3, A_4, B_1, B_2, B_3, B_4, C_1, C_2, C_3, C_4 \geq 0 \quad （非负约束）$$

综上所述，本问题的线性规划模型如下：

o. b. $\min 70A_1 + 40A_2 + 80A_3 + 60A_4 + 70B_1 + 100B_2 + 110B_3$
$+ 50B_4 + 80C_1 + 70C_2 + 130C_3 + 40C_4$

s. t. $A_1 + B_1 + C_1 = 20$

$A_2 + B_2 + C_2 = 15$

$A_3 + B_3 + C_3 = 23$

$$A_4 + B_4 + C_4 = 32$$

$$A_1 + A_2 + A_3 + A_4 \leqslant 25$$

$$B_1 + B_2 + B_3 + B_4 \leqslant 35$$

$$C_1 + C_2 + C_3 + C_4 \leqslant 45$$

$$A_1, A_2, A_3, A_4, B_1, B_2, B_3, B_4, C_1, C_2, C_3, C_4 \geqslant 0 \quad \text{（非负约束）}$$

本问题的电子表格如图 3-10 所示。

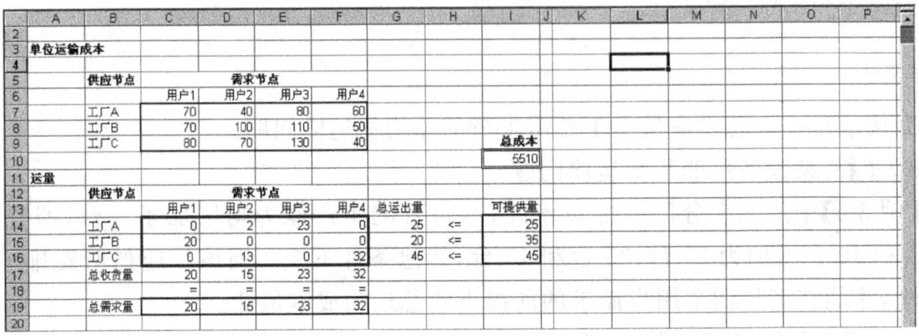

	A	B	C	D	E	F	G	H	I
2									
3	单位运输成本								
4									
5		供应节点		需求节点					
6			用户1	用户2	用户3	用户4			
7		工厂A	70	40	80	60			
8		工厂B	70	100	110	50			
9		工厂C	80	70	130	40			总成本
10									5510
11	运量								
12		供应节点		需求节点					
13			用户1	用户2	用户3	用户4	总运出量		可提供量
14		工厂A	0	2	23	0	25	<=	25
15		工厂B	20	0	0	0	20	<=	35
16		工厂C	0	13	0	32	45	<=	45
17		总收货量	20	15	23	32			
18			=	=	=	=			
19		总需求量	20	15	23	32			
20									

图 3-10　设备厂非均衡运输优化模型

模型的公式定义如表 3-10 所示。

表 3-10　海华设备厂运输线性规划模型的公式表示

	A	B	C	D	E	F	G	H	I
5		供应节点	需求节点						
6			用户 1	用户 2	用户 3	用户 4			
7		工厂 A	70	40	80	60			
8		工厂 B	70	100	110	50			
9		工厂 C	80	70	130	40			总成本
10									=SUMPRODUCT(C7:F9,C14:F16)
11	运量								
12		供应节点	需求节点						
13			用户 1	用户 2	用户 3	用户 4	总运出量		可提供量
14		工厂 A	0	2	23	0	=SUM(C14:F14)	<=	25

续表

	A	B	C	D	E	F	G	H	I
15		工厂B	20	0	0	0	=SUM(C15:F15)	<=	35
16		工厂C	0	13	0	32	=SUM(C16:F16)	<=	45
17		总收货量	=SUM(C14:C16)	=SUM(D14:D16)	=SUM(E14:E16)	=SUM(F14:F16)			
18			=	=	=	=			
19		总需求量	20	15	23	32			

然后用规划求解功能求出本问题的解。"规划求解参数"对话框如图 3-11 所示。

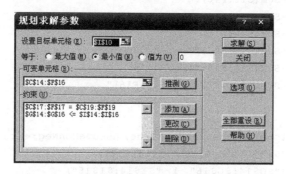

图 3-11　非均衡运输问题"规划求解参数"对话框

模型运行结果如表 3-10 所示。由表 3-10 可知，该设备厂下月的生产运输决策如表 3-11 所示。这时，满足所有的约束条件，且运输总成本最低，为 5510 元。

表 3-11　运算结果

分厂名称	运输量/台			
	用户1	用户2	用户3	用户4
工厂A	0	2	23	0
工厂B	20	0	0	0
工厂C	0	13	0	32

以上决策可用网络图描述，如图 3-12 所示。

上面的计算是很麻烦的，为了提高工作效率，减少出错，我们编制如下的 VBA 程序：

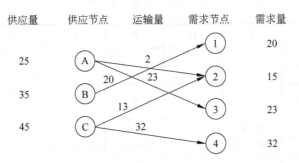

图 3-12 运算结果网络图

```
Sub js1()
Cells(14, 7)="=SUM(C14:F14)"
Cells(15, 7)="=SUM(C15:F15)"
Cells(16, 7)="=SUM(C16:F16)"
Cells(17, 3)="=SUM(C14:C16)"
Cells(17, 4)="=SUM(D14:D16)"
Cells(17, 5)="=SUM(E14:E16)"
Cells(17, 6)="=SUM(F14:F16)"
Cells(10, 9)="=SUMPRODUCT(C7:F9,C14:F16)"

SolverReset
Call SolverOptions(AssumeLinear:=True, AssumeNonNeg:=True)
Call SolverOk("$i$10", 2, 0, "$c$14:$f$16")
Call SolverAdd("$G$14:$G$16", 1, "$I$14:$I$16")
Call SolverAdd("$c$17:$f$17", 2, "$c$19:$f$19")
SolverSolve (True)
End Sub
```

习　　题

1. 在 Excel 环境中,对【例 3-1】中公司投资组合线性规划模型进行计算。
2. 在 Excel 环境中,对【例 3-4】中的均衡运输问题线性规划模型进行计算。
3. 在 Excel 环境中,对【例 3-5】中的非均衡运输问题线性规划模型进行计算。
4. 根据韩国和日本技术引进和消化吸收的经验,结合我国技术引进同消化吸收之间的关系,可以确定我国技术引进同消化经费比例应当在 2∶1 到 1∶8 之间。另外,根据测算,我国研究开发投入每万元获得发明专利数量 0.006 件,技术引进每万元使发明专利下降 0.006 件,对引进技术的消化吸收的经费总计 12 980 571 万元。问当年如何投资才能获得最大的发明专利数量?
5. 某工厂生产某种产品,该产品由甲、乙、丙三种原料混合而成,并且要求产品三种元素 A、B 和 C 分别不少于 18 单位、36 单位和 27 单位。各种原料每公斤含三种元素的数量和各种原料的价格如表 3-12 所示。问：如何进行配料，才能使产品中元素含量满足要求又使成本最低？

表 3-12　数据表

元素	原料/kg			含量需求
	甲	乙	丙	
A	2	1	1	18
B	3	2	4	36
C	1	3	2	27
单价/(元/kg)	12	12	14	

6. 某家具厂生产四种小型家具，由于该四种家具具有不同的大小、形状、重量和风格，所以它们所需要的主要原料（木材和玻璃）、制作时间、最大销售量与利润均不相同。该厂每天可提供的木材、玻璃与工人劳动时间分别为 600 单位、1000 单位、400 h，如表 3-13 所示。问：

(1) 应如何安排该四种家具的日产量，使得该厂的日利润最大？
(2) 该厂是否愿意付出 10 元的加班费，让某工人加班 1 h？
(3) 如果提供的工人劳动时间变为 398 h，该厂的日利润将有何变化？
(4) 该厂应优先考虑购买何种资源？
(5) 若因市场变化，第一种家具的单位利润从 60 元下降到 55 元，问该厂的生产计划及日利润将如何变化？

表 3-13　某家具厂基本数据

家具类型	劳动时间/(h/件)	木材/(单位/件)	玻璃/(单位/件)	单位产品利润/(单位/件)	最大销售量/件
1	2	3	6	60	100
2	1	2	2	20	200
3	3	1	1	40	50
4	2	2	2	30	100
可提供量	400 h	600 单位	1000 单位		

案例问题 3-1　投资咨询公司的投资组合

广州某投资咨询公司，为大量的客户管理高达 1.2 亿元的资金。公司运用一个很有价值的模型，为每个客户安排投资量，分别投资在股票增长基金、收入基金和货币市场基金。

为了保证客户投资的多元化，公司对这三种投资的数额加以限制。一般来说，投资在股票方面的资金应该占总投资的 20%～40%，投资在收入基金方面的资金应该确保在 20%～50%，货币市场方面的投资至少应该占 30%。

此外，公司还尝试着引入了风险承受能力指数，以迎合不同投资者的需求。如该公司的一位新客户希望投资 800 000 元。对其风险承受能力进行评估得出其风险指数为 0.05。公司的风险分析人员计算出，股票市场的风险指数是 0.10，收入基金的风险指数是 0.07，货币市场的风险指数是 0.01，整个投资的风险指数是各项投资占投资的百分率与其风险指数乘积的代数和。

此外该公司预测股票基金的年收益是 18%，收入基金的收益率是 12.5%，货币市场基金的收益率是 7.5%。现在基于以上信息，公司应该如何安排这位客户的投资呢？建立线性规划模型，求出使总收益最大的解，并根据模型写出管理报告。

案例报告

(1) 如何将 800 000 元投资于这三种基金。按照你的计划，投资的年收益是多少？

(2) 假设客户的风险承受指数提高到 0.055，那么投资计划更改后，收益将增加多少？

(3) 假设客户的风险承受指数不变，仍然是 0.05，而股票成长基金的年收益率从 16% 下降到 14%，那么新的最佳投资方案是什么？

(4) 假设现在客户认为投资在股票方面的资金太多了，如果增加一个约束条件即投资于股票增长基金的资金不可以超过投资于收入基金的资金，那么新的最佳方案是什么？

(5) 当遇到预期收益率变化时，你所建立的线性规模模型应该可以对客户的投资方案做出修改，那么这个模型的适用范围是什么？

案例问题 3-2　国家保险联合会对股票证券风险最小的投资组合

国家保险联合会对股票证券领域进行投资。现有一笔 200 000 元的资金需要将其投资于股票市场。拟投资的股票以及相应的财务数据如表 3-14 所示。

表 3-14　投资的股票以及相应的财务数据

	股票			
	A	B	C	D
每股价格/元	100	50	80	40
年收益率	0.12	0.08	0.06	0.10
单元投资风险指数	0.10	0.07	0.05	0.08

风险指数是衡量股票年预期年收益的相对不确定性，数值越高，风险越大。风险指数

是由公司的高级财务顾问制定的。国家保险联合会的高级管理层制定了以下的投资方针：总的年收益率至少为9％，任何一种股票投入资金量都不可以超过总资金量的50％。

案例报告

（1）建立一个线性规划模型来确定风险最小的投资组合。

（2）如果公司忽略风险，以最大年收益率作为投资目标，那么应如何投资？

（3）上述两部分的投资组合在投资金额上相差多少元，为什么公司可能会更偏好（1）的选择？

案例问题 3-3 海滨财务服务公司投资资金分配

海滨财务服务公司的一名投资顾问想要开发一个用于分配投资资金的模型。公司有以下4种投资选择股票、债券、共同基金和现金。该公司预估了在下一个投资期里以上4种投资的年收益率和相应的风险如表3-15所示。

表 3-15 投资的资产以及相应的数据

投资	年收益率/％	风险
股票	10	0.8
债券	3	0.2
基金	4	0.3
现金	1	0.0

风险是用介于0~1之间的一个指数来衡量的，更高的风险值意味着更大的波动性和不确定性。由于现金是一种货币市场资金，它的年收益较低，但同时它是无风险的。我们的目的是确定投资组合中每种选择的资金比例，以使总投资组合的年回报最大化（针对客户所能承受的各个风险水平）。

总风险是所有投资选择的风险之和。比如，一个客户将40％资金投资于股票，30％投资于债券，20％投资于基金，10％投资于现金，那么他的总风险是：0.4×0.8+0.3×0.2+0.2×0.3+0.1×0=0.44。有一名投资顾问将会与每名投资者商讨其投资目标并决定一个最大风险值。对于一个谨慎的投资者，最大风险值不超过0.3；对于一个中度冒险的投资者，最大风险值介于0.3~0.5之间；对于一个偏爱风险的投资者，最大风险值介于0.5以上。

此外，对于所有的投资客户，海滨财务公司还制定了特别的方针，这些方针是：（1）对股票的投资不超过总资金的75％；（2）对基金的投资不少于对债券的投资；（3）对现金的投资介于总资金的10％~30％。

案例报告

（1）假定某客户的最大风险是0.4，那么最优投资组合是什么？它的年收益率和总风险分别是多少？

（2）假定某一个比较谨慎的客户的最大风险值是0.18，那么最优投资组合是什么？它的年收益率和总风险分别是多少？

（3）假定某一个比较好冒险的客户的最大风险值是0.7，那么最优投资组合是什么？它的年收益率和总风险分别是多少？

（4）参照(3)的结果，该客户是否有兴趣让投资顾问增加对股票允许投资的最大比例或是减少对现金数量至少为10%比例的约束，请加以解释。

（5）相对于直接用投资资金的数量，即金额来表示决策变量，我们前面用投资比例来表示决策变量有什么优势？

案例问题 3-4　基金公司经理的理财计划

假设你是某基金管理公司的经理，基金现有 100 000 美元现金，根据基金顾问的建议，共有5个投资机会如表3-16所示。

表3-16　投资的基金以及相应的数据

投资机会		预期收益率/%
A	东海石油	7.3
B	南海石油	10.3
C	西北钢铁	6.4
D	东南钢铁	7.5
E	政府债券	4.5

基于以前的教训，持有人大会通过了决议，确立了投资方针如表3-17所示。

表3-17　投资基金的限制条件

条件数	投资限制
1	在任何行业（石油或钢铁）的投资不多于50 000美元
2	对政府债券的投资至少相当于对钢铁行业投资的25%
3	对南海石油这样高风险的投资项目，投资额不得多于投资石油行业总额的60%

案例报告

给出此问题的最优资产组合。

案例问题 3-5　投资服务公司的投资组合

广州某投资服务公司愿意建立一个投资组合模型,能用于确定一个混合 6 种共同基金的最佳投资组合。可以用多种方法代表风险,但是对金融资产的投资组合,所有方法都与回报的变化性相关。如表 3-18 所示,6 种基金的 5 种一年期的年回报率(%)。第 1 年表示所有基金的年回报都是好的,第 2 年内大部分基金的年回报也是好的,但是第 3 年小市值价值基金的年回报不好,第 4 年的中期债券基金的年回报不好,第 5 年 6 种基金中有 4 种的年回报不好。

表 3-18　5 个选定的基金绩效(用于做接下来的 12 个月的计划)

基金名称	年回报率/%				
	第 1 年	第 2 年	第 3 年	第 4 年	第 5 年
外国股票	10.06	13.12	13.47	45.42	−21.93
中期债券	17.64	3.25	7.51	−1.33	7.36
大市值成长	32.41	18.71	33.28	41.46	−23.26
大市值价值	32.36	20.61	12.93	7.06	−5.37
小市值成长	33.44	19.40	3.85	58.68	−9.02
小市值价值	24.56	25.32	−6.70	5.43	17.31

精确预测任一基金在接下来 12 个月的回报是不可能的,但该公司的投资组合管理者认为上表的这五种回报可用于代表下一年投资回报的可能性。出于为他们的客户建立投资组合的目的,该公司的投资组合管理者将选择这六种基金的一个投资组合,并假定这五个可能方案中有一个能描述接下来 12 个月的回报。

案例报告

该公司的投资组合管理者被要求为公司的保守客户建立一个投资组合。这类客户对风险有很强的规避意识。经理的任务是决定投资在这 6 种基金上各个比例,以使投资组合能以最小的风险提供最大可能的回报。

第 4 章 整数线性规划模型的建立及其 VBA 与 MATLAB 求解

4.1 整数线性规划模型

整数线性规划是要求部分或全部变量必须为整数的线性规划。这时，应该在原来的线性规划模型中添加"决策变量为整数"的约束条件。

整数线性规划可分为纯整数规划与混合整数规划。纯整数规划是要求所有变量必须为整数的线性规划；混合整数规划是要求部分变量必须为整数的线性规划。

整数线性规划的一个重要特例是 0-1 规划。它是指所有变量都必须为 0 或 1 的线性规划。如果在整数规划中，只要求部分变量必须为 0 或 1，则称为 0-1 混合整数规划。

0-1 整数规划常常可以用来表示某种逻辑关系，一般用"1"表示"是"，用"0"表示"非"，来反映实际问题中对于变量必须满足某种逻辑关系的约束。

整数规划与一般规划相比，其可行解不是连续的，而是离散的。

用 Excel 方法求解整数规划的基本步骤与求解一般线性规划问题相同，只是在约束条件中添加一个"整数"约束。在 Excel 的规划求解的参数对话框中，用"int"表示整数。因此，只要在参数对话框中添加一个约束条件，在左边输入的要求取整数的决策变量的单元格地址，然后选择"int"。如图 4-1 所示。

0-1 整数规划模型的建立和求解方法与一般线性规划模型相同，只是增加了一个"决策变量必须为 0 或 1"的约束条件。为反映这一约束条件，在求解时应在 Excel 的规划求解对话框中添加关于决策变量取值为 1 或 0 的约束条件。在 Excel 规划求解功能中是用"bin"表示 0 和 1 两者取一的，因此，只要在约束条件左边输入要求取 0 或 1 的决策变量的单元格地址，然后选择"bin"，如图 4-2 所示。

图 4-1　在规划求解对话框中添加整数约束

图 4-2　在规划求解对话框中添加 0-1 约束

下面我们通过例子来讨论 0-1 整数规划在投资预算决策、物流配送系统设计等方面的应用。

4.2 某项目投资决策整数规划模型及其 VBA 求解

首先我们来讨论 0-1 整数规划在项目投资预算中的应用。

【例 4-1】 某通信公司投资决策问题。

某通信公司在制定今后 4 年的发展计划中,面临着若干个发展项目的选择。这些项目是:引进新设备、研制新产品、培训人才和增加广告数量。这 4 个项目在今后 4 年内的年投资额和预计在 4 年内可获得的利润如表 4-1 所示。

表 4-1 公司发展项目投资、利润与预算表

项目	引进新设备	研制新产品	培训人才	增加广告数量	资金预算
第一年投资(净现值)	25	20	10	8	60
第二年投资(净现值)	0	15	10	8	50
第三年投资(净现值)	20	20	10	8	50
第四年投资(净现值)	0	10	10	8	35
第五年投资(净现值)	40	80	40	20	

该公司每年可为这些发展项目提供的资金预算如表 4-1 所示。该公司应当如何投资,可在预算允许的情况下获得最大利润?

解: 根据题意,本问题要求在现有的四个发展项目中选择出在不超出资金预算条件下使得总利润最大的那些投资项目进行投资,这就是说,决策变量是对各个项目应当"投资"或"不投资"。这种逻辑关系可以用 0-1 变量表示。设本问题的决策变量为 X_1, X_2, X_3, X_4,它们均为 0-1 变量,分别表示对四个项目的"投资"或"不投资"决策,即当变量为 1 时,表示投资,当变量为 0 时,表示不投资。

本问题的目标函数是总利润最大。已知四个项目的利润分别为 40,80,40,20 万元,而总利润应等于各项目利润与其 0-1 决策变量的乘积之和。这是因为当某个项目未被选中时,它的决策变量为 0,该项目的利润与决策变量的乘积也等于 0,说明这时该项目对总利润没有贡献;而当某个项目被选中时,它的决策变量为 1,该项目的利润与决策变量的乘积就等于其利润值,说明这时该项目对总利润的贡献等于该项目的利润值。所以总利润表达式为:$40x_1 + 80x_2 + 40x_3 + 20x_4$。

本问题的约束条件有两个。第一个约束是资金约束,即各年总投资额不得超过预算额,例如第一年的总投资额等于所选中项目的投资之和,即各项目在第一年的投资额与其 0-1 决策变量乘积之和,它等于 $25x_1 + 20x_2 + 10x_3 + 8x_4$,该值应不大于第一年的资金预算(60 万元)。同理可得第二年至第四年的资金约束。第二个约束是 0-1 约束,即决策变量只能取 1 或 0。

由此得到整数规划模型如下：

o.b. max $40x_1 + 80x_2 + 40x_3 + 20x_4$

s.t. $25x_1 + 20x_2 + 10x_3 + 8x_4 \leqslant 60$ （第一年资金约束）

$15x_2 + 10x_3 + 8x_4 \leqslant 50$ （第二年资金约束）

$20x_1 + 20x_2 + 10x_3 + 8x_4 \leqslant 50$ （第三年资金约束）

$10x_2 + 10x_3 + 8x_4 \leqslant 35$ （第四年资金约束）

x_1, x_2, x_3, x_4 为 0 或 1 （0-1 整数规划）

上述问题的 Spreadsheet 如表 4-2 所示。

表 4-2 运算结果

	A	B	C	D	E	F	G	H	I	J
1	【例 4-1】某通信公司投资决策问题									
2		数据								
3										
4							单元/元			
5			引进新设备	研制新产品	培训人才	增加广告	可供资金（净现值）			
6		第一年投资（净现值）	25	20	10	8	60			
7		第二年投资（净现值）	0	15	10	8	50			
8		第三年投资（净现值）	20	20	10	8	50			
9		第四年投资（净现值）	0	10	10	8	35			
10		项目利润(净现值)	40	80	40	20				
11										
12		模型								
13										
14		总利润净现值最大化		160				左边		右边
15								55	<=	60
16								25	<=	50
17			引进新设备	研制新产品	培训人才	增加广告		50	<=	50
18		投资决策	1	1	1	0		20	<=	35

具体求解步骤如下。

第一步，输入已知数据

与解一般线性规划问题相同，首先在 Excel 的工作表上输入已知数据：在单元格 C6：F9 中输入四个项目在各年所需要的投资，在单元格 G6：G9 中分别输入各年可提供的资金，在单元格 C10：F10 中分别输入四个项目的利润。

第二步：建立 0-1 整数规划模型

在 Spreadsheet 上描述规划问题的决策变量、目标函数与约束条件。

本问题的决策变量是对四个项目"投资"或"不投资"决策，分别用单元格 C18：F18 中的 0-1 变量表示。

本问题的目标函数是总利润最大，用单元格 D14 表示总利润，它应等于所选中项目的利润之和，即在单元格 D14 中输入下述公式：

=sumproduct(C10:F10,C18:F18)

本问题共有两个约束条件。第一个约束条件是资金约束，即各年投资额不得超过预算额。第一年资金约束条件的左边是第一年投资额。用单元格 H15 表示第一年的投资额，它应等于每个项目在第一年所需投资与其 0-1 决策变量乘积之和，即在单元格 H15 中输入下述公式：

=sumproduct(C6:F6,$C$18:$F$18)

将上述公式复制到单元格 H16：H18，得到第二年到第四年的投资额。

在约束条件右边输入可提供资金额。用单元格 J15 表示可提供资金额，并输入下述公式：

=G6

将上述公式复制到 J16：J18，得到第二年到第四年的可提供金额。

第二个约束条件是决策变量必须为 0-1 变量。该约束条件在下一步规划求解时输入。

第三步：在 Excel 规划求解功能中输入 0-1 整数约束并求解。

在"规划求解参数"对话框中输入目标单元格（目标函数地址）、可变单元格（决策变量地址）和第一、第二个约束条件。其中第二个约束条件是 0-1 变量约束，只要在约束条件左边输入要求取 0 或 1 的决策变量的单元格地址（本题中为 C18：F18），然后选择"bin"。其"规划求解参数"对话框如图 4-3 所示。

然后在规划求解选项参数框中"采用线性模型"和"假定非负"，最后在"规划求解参数"对话框单击"求解"按钮，得到本问题的最优解。

由表 4-2 可见，本问题的最优解为：$x_1=1, x_2=1, x_3=1, x_4=0$，最优值为 160 万元。这就是说，该公司的最优投资决策是：对"研制新设备"，"研制新产品"，"培训人才"三个项目投资，而对"增加广告数量"项目不投资，可获利润 160 万元。

图 4-3 项目投资决策问题"规划求解参数"对话框

上面的计算是很麻烦的,为了提高工作效率,减少出错,我们编制如下的 VBA 程序:

```
Sub js()
Cells(15, 8)="=SUMPRODUCT(C6:F6,$C$18:$F$18)"
Cells(16, 8)="=SUMPRODUCT(C7:F7,$C$18:$F$18)"
Cells(17, 8)="=SUMPRODUCT(C8:F8,$C$18:$F$18)"
Cells(18, 8)="=SUMPRODUCT(C9:F9,$C$18:$F$18)"
Cells(15, 10)="=G6"
Cells(16, 10)="=G7"
Cells(17, 10)="=G8"
Cells(18, 10)="=G9"
Cells(14, 4)="=SUMPRODUCT(C10:F10,C18:F18)"
SolverReset
Call SolverOk("$D$14", 1, 0, "$C$18:$F$18")
Call SolverOptions(AssumeLinear:=True, AssumeNonNeg:=True)
Call SolverAdd("$H$15:$H$18", 1, "$J$15:$J$18")
Call SolverAdd("$C$18:$F$18", 5, "二进制")
SolverSolve (True)
End Sub
```

注意:在调用任何包含 SolverOk()、SolverAdd() 等函数的宏之前,必须先建立一个对规划求解的引用,保持 Visual Basic 模块在激活状态,点击工具菜单中的引用,然后浏览并找到 Solver.xla(这个工具通常放在\Office\Library 目录下)。

4.3 某公司资本受到限制的投资决策问题及其灵活性处理

大型公司每年都要面临着复杂的投资项目选择的问题,其中每一个备选项目净现值大于 0,作为单一项目都可以上马。但在资本供应受到限制的情形下,不可能都上马。财务经理的任务是在限制的条件下,上马适当的项目以使总的净现值 NPV 最大化。

第 4 章　整数线性规划模型的建立及其 VBA 与 MATLAB 求解

实际问题中,资本供应的限制可能不止一期,此外备选项目之间的技术或市场关系亦可能构成一些新的限制,如预备关系,多择一关系和互斥关系等。项目选择问题可建立 0-1 规划数学模型,大型问题借助于计算机求解。

1. 项目投资实例

下面通过一个实例来讨论整数规划在项目投资选择中的应用。

【例 4-2】　某通讯公司投资决策问题。

某公司是一家工业公司,2005 年它有 6 个备选项目通过了单个项目评估,项目都是大型项目,投资分两期进行:0 期(2005 年)和 1 期(2006 年),按照公司的长期财务计划,这两期的总投资限额分别为 8 亿 5 千元和 6 亿元,每个项目的净现值已估算完毕(折现率不尽相同),另外,由于技术工艺或市场原因,项目 A、B 和 C 为三择一项目,项目 B 为 D 的预备项目,项目 E 和 F 为互斥项目,问该公司应如何选择以使投资总净现值最大化?有关数据列成如表 4-3 所示。

表 4-3　某公司备选项目数据　　　　　　　　　　百万元

项目	投资额		净现值
	0 期	1 期	
A	100	100	150
B	180	50	100
C	200	150	260
D	150	180	200
E	160	120	130
F	500	100	280
资本限制	850	600	

我们首先建立上述项目选择问题的数学模型:0-1 规划模型。

项目 A 若被选择上马,令 $x_A=1$,否则 $x_A=0$,项目 B,C,D,E,F 类推。这样我们有 6 个决策变量 x_A,x_B,x_C,x_D,x_E,x_F,每一个只取两个值 0 或 1。这时总的上马项目净现值为

$$\sum \text{NPV} = \text{NPV}(A)x_A + \text{NPV}(B)x_B + \cdots + \text{NPV}(F)x_F$$
$$= 150x_A + 100x_B + 260x_C + 200x_D + 130x_E + 280x_F$$

该公司的目标是使 $\sum \text{NPV}$ 最大化。

在限制方面,首先是资本供应限制,第 0 年为

$$100x_A + 180x_B + 200x_C + 150x_D + 160x_E + 500x_F \leqslant 850$$

第 1 年为

$$100x_A + 50x_B + 150x_C + 180x_D + 120x_E + 100x_F \leqslant 600$$

上两式左端和右端分别是第 0 期和第 1 期的资本需求量和供应量(即限制量)。

其次是技术和其他限制。由题设,A,B,C 为三择一项目,即此三项目之中有一个且仅有一个被选中,于是

$$x_A + x_B + x_C = 1$$

由于项目 B 为项目 D 的预备项目(或称紧前项目),也就是说若项目 D 上马的话,项目 B 必亦上马,故

$$x_D \leqslant x_B$$

或

$$x_D - x_B \leqslant 0$$

另外,项目 E 和 F 为互斥项目,即势不两立,故

$$x_E + x_F \leqslant 1$$

总结上述内容,该公司的项目选择问题化为典型的 0-1 规划:

$$\max \sum \text{NPV} = 150x_A + 100x_B + 260x_C + 200x_D + 130x_E + 280x_F$$

$$\text{s. t.} \quad 100x_A + 180x_B + 200x_C + 150x_D + 160x_E + 500x_F \leqslant 850$$

$$100x_A + 50x_B + 150x_C + 180x_D + 120x_E + 100x_F \leqslant 600$$

$$x_D - x_B \leqslant 0$$

$$x_E + x_F \leqslant 1$$

$$x_A + x_B + x_C = 1$$

$$x_A, x_B, x_C, x_D, x_E, x_F = 0 \text{ 或 } 1$$

上述问题的计算机求解方法求解结果如表 4-4 所示。

表 4-4 运算结果

	A	B	C	D	E	F	G	H	I	J	K
1											
2	【例 4-2】 某公司投资决策问题										
3		数据									
4									单位:百万元		
5				A	B	C	D	E	F	资本限制	
6		第 0 期(净现值)		100	180	200	150	160	500	850	
7		第 1 期(净现值)		100	50	150	180	120	100	600	
8		净现值		150	100	260	200	130	280		
9											

续表

	A	B	C	D	E	F	G	H	I	J	K
10											
11											
12		模型									
13											
14		总利润净现值最大化		580					左边		右边
15									830	<=	850
16									330	<=	600
17			A	B	C	D	E	F	0	<=	0
18		投资决策	0	1	0	1	0	1	1	<=	1
19									1	=	1

具体求解步骤如下。

第一步，输入已知数据

与解一般线性规划问题相同，首先在 Excel 的工作表上输入已知数据：在单元格 C6：H7 中输入 6 个项目在各年所需要的投资，在单元格 I6：I7 中分别输入各年可提供的资本，在单元格 C8：H8 中分别输入 6 个项目的净现值。

第二步：建立 0-1 整数规划模型

在 Spreadsheet 上描述规划问题的决策变量、目标函数与约束条件。

本问题的决策变量是对 6 个项目"投资"或"不投资"决策，分别用单元格 C18：H18 中的 0-1 变量表示。

本问题的目标函数是总的净现值最大，用单元格 D14 表示总的净现值，它应等于所选中项目的净现值之和，即在单元格 D14 中输入下述公式：

=SUMPRODUCT(C8:H8,C18:H18)

本问题共有 6 个约束条件。第一个约束条件是资本约束，即各年投资额不得超过资本限制。第 0 年资本约束条件的左边是第 0 年投资额。用单元格 I15 表示第 0 年的投资额，它应等于每个项目在第一年所需投资与其 0-1 决策变量乘积之和，即在单元格 I15 中输入下述公式：

=SUMPRODUCT(C6:H6,C18:H18)

在约束条件右边输入可提供资本额。用单元格 K15 表示可提供资本额，并在其中输入数据 850。

用单元格 I16 表示第 1 年的投资额,在单元格 I16 中输入下述公式:

=SUMPRODUCT(C7:H7,C18:H18)

在约束条件右边输入可提供资本额。用单元格 K16 表示可提供资本额,并在其中输入数据 600。

用单元格 I16 表示第 1 年的投资额,在单元格 I16 中输入下述公式:

=SUMPRODUCT(C7:H7,C18:H18)

在 I17 中输入＝F18－D18。在单元格 K17 输入数据 0。

在 I18 中输入＝G18＋H18。在单元格 K18 输入数据 1。

在 I19 中输入＝SUM(C18:E18)。在单元格 K19 输入数据 1。

还有一个约束条件是决策变量必须为 0-1 变量。该约束条件在规划求解时输入。我们在 Excel 规划求解功能中输入 0-1 整数约束并求解。

在"规划求解参数"对话框中输入目标单元格(目标函数地址)、可变单元格(决策变量地址)和第一、第二个、第三、第四、第五个约束条件。其中第六个约束条件是 0-1 变量约束,只要在约束条件左边输入要求取 0 或 1 的决策变量的单元格地址(本题中为 C18:F18),然后选择"bin"。其"规划求解参数"对话框如图 4-4 所示。然后在规划求解选项参数框中"采用线性模型"和"假定非负",最后在"规划求解参数"对话框中单击"求解"按钮,得到本问题的最优解。

图 4-4 项目投资决策问题"规划求解参数"对话框

由表 4-4 中可见,本问题的最优解为 $x_A=0, x_B=1, x_C=0, x_D=1, x_E=0, x_F=1$,即项目 B,D,F 上马为最优选择,这是三个项目的总净现值为 580 百万元,第 0 期占用资本 850,第 1 期占用资本 330,分别有 20 和 270 的剩余。

上面的计算是很麻烦的,为了提高工作效率,减少出错,我们编制如下程序:

```
Sub js()
Cells(15, 9)="=SUMPRODUCT(C6:H6,C18:H18)"
Cells(16, 9)="=SUMPRODUCT(C7:H7,C18:H18)"
```

```
Cells(17, 9)="=F18-D18"
Cells(18, 9)="=G18+H18"
Cells(19, 9)="=SUM(C18:E18)"
Cells(15, 11)=850
Cells(16, 11)=600
Cells(17, 11)=0
Cells(18, 11)=1
Cells(19, 11)=1
Cells(14, 4)="=SUMPRODUCT(C8:H8,C18:H18)"
SolverReset
Call SolverOk("$D$14", 1, 0, "$C$18:$H$18")
Call SolverOptions(AssumeLinear:=True, AssumeNonNeg:=True)
Call SolverAdd("$I$15:$I$18", 1, "$K$15:$K$18")
Call SolverAdd("$I$19", 2, "$K$19")
Call SolverAdd("$C$18:$H$18", 5, "二进制")
SolverSolve (True)
End Sub
```

上述问题,假定公司对第 0 期和第 1 期的资本供应都是限制死了的,彼此不能串换。如果公司灵活一点,说这两年额度都拨给你投资部门了,今年花不完的钱可以明年再花,那么第 0 年投资的余额

$$y = 850 - (100x_A + 180x_B + 200x_C + 150x_D + 160x_E + 500x_F)$$

可以存入银行,第 1 年变成 $y(1+r)$,其中 r 为年利率,则第 1 年资本供应为

$$600 + y(1+r)$$

这样,上述投资项目选择问题就化为 0-1 混合规划问题

$$\max \sum \text{NPV} = 150x_A + 100x_B + 260x_C + 200x_D + 130x_E + 280x_F$$

$$\text{s.t.} \quad 100x_A + 180x_B + 200x_C + 150x_D + 160x_E + 500x_F + y \leqslant 850$$

$$100x_A + 50x_B + 150x_C + 180x_D + 120x_E + 100x_F \leqslant 600 + 600 + y(1+r)$$

$$x_D - x_B \leqslant 0$$

$$x_E + x_F \leqslant 1$$

$$x_A + x_B + x_C = 1$$

$$x_A, x_B, x_C, x_D, x_E, x_F = 0 \text{ 或 } 1$$

$$y \geqslant 0, \text{实数}$$

如果公司进一步允许第 0 期可以借款,突破 850 的限制,但第 1 期必须平账,则上述模型中 y 可正、可负。

2. 项目投资决策选择问题总结

上面的例子我们给出了在财力受到限制时进行投资决策的几种方法。然而在完全的资本市场上,这种限制并不必然发生。在资本结构允许的情况下,多数公司在有合适的项目时,应该筹集到所需要的资本。

许多公司的资本限制是"软限额",这并不是由于资本市场的不完善,而是基于公司的投资计划,进行财务控制的需要。

在公司内部,部门经理有时出于自己部门的需要而高估投资的机会,总部往往不细加考察,而是简单地给各个部门一个投资上限。这种方法的好处之一是可能避免有偏的现金流预测给公司带来损失,另一方面,又能避免粗放式发展。

由于这种限制不是由资本市场不完全导致,而只是人为加上的,因此称为"软限额"。

当资本市场不完全时,公司会拥有 NPV 大于 0 的项目,却筹集不到充足的资金,这样称为"硬限额"。

有时公司从银行借款或发行债券而资金仍不够用,拟发行股票却遭到怕失去控制权的老股东的反对时,也会遇到硬限额。这时的硬限额并不是由于资本市场不完全导致的。

无论是软限额,还是硬限额,都使决策的财力受到限制,这时都可采取上述介绍的方法进行投资项目选择。

4.4 配送系统设计的整数规划模型及其 VBA 求解

配送系统设计是物流系统的重要组成部分,该系统将生产厂的产品运送到分配中心,然后由这些分配中心将产品送到用户。其中,合理地选择生产厂与分配中心对降低物流成本至关重要。配送系统设计就是要在综合考虑生产厂和分配中心的固定成本、生产厂至分配中心的运费、分配中心至用户的运费、生产厂的生产能力、满足需求等因素的基础上,对系统进行优化,以使总成本最小。下面通过例子来说明配送系统的设计方法。

【例 4-3】 某服装集团的童衣配送系统设计。

某服装集团考虑生产一种童衣系列。童衣产品将先运至分配中心,再由分配中心将产品运送至分销点。该集团有五家工厂均可生产这类童衣,有三家分配中心可以分配童衣产品,有四家分销店可以经营童衣产品。这些工厂与分配中心的年固定成本如表 4-5 所示。从各工厂至分配中心的运费与各工厂的生产能力如表 4-6 所示。从各分配中心至分销店的运费与各分销店对童衣的需求量如表 4-7 所示。假定各分配中心的库存政策为"零库存",即分配中心将从工厂得到的产品均分配给分销店,不留作库存。集团要设计一种童衣分配系统,在满足需求的前提下,确定使用哪些工厂与分配中心进行童衣的生产与分配,以使得总成本最小。

表 4-5 工厂与分配中心的年固定成本

单位	工厂1	工厂2	工厂3	工厂4	工厂5	分配中心1	分配中心2	分配中心3
年固定成本/元	35 000	45 000	40 000	42 000	40 000	40 000	20 000	60 000

表 4-6 各工厂至分配中心的运费与各工厂的生产能力

起点＼终点	运输成本/(元/箱)			生产能力/箱
	分配中心1	分配中心2	分配中心3	
工厂1	800	1000	1200	300
工厂2	700	500	700	200
工厂3	800	600	500	300
工厂4	500	600	700	200
工厂5	700	600	500	400

表 4-7 各分配中心至分销店的运费与各分销店对童衣的需求量

起点＼终点	运输成本/(元/箱)			
	分销店1	分销店2	分销店3	分销店4
分配中心1	40	80	90	50
分配中心2	70	40	60	80
分配中心3	80	30	50	60
需求量/箱	200	300	150	250

解：根据题意，所要确定的问题是：如何选择生产厂和分配中心，如何确定各生产工厂运至各分配中心的产品数量以及从各分配中心运至分销店的产品数量，才能在满足所要求的条件下使得总成本最小。该问题可以用 0-1 整数规划来解决。

对生产厂和分配中心的选择，实际上就是对它们"使用"或"不使用"的决策，这种逻辑关系可以用 0-1 变量表示。设本问题的决策变量为 $X_{ij}(i=1,2,\cdots,5;j=1,2,3)$，$F_i(i=1,2,\cdots,5)$，$Y_{ij}(i=1,2,3;j=1,2,\cdots,4)$，$D_i(i=1,2,3)$。其中 X_{ij} 表示从生产厂 i 运至分配中心 j 的产品数量；F_i 为 0-1 变量，表示使用或不使用第 i 个生产厂的决策，当变量为 1 时，表示"使用"，当变量为 0 时表示"不使用"；Y_{ij} 表示从分配中心 i 运至分销店 j 的产品数量；D_i 为 0-1 变量，表示使用或不使用第 i 个分配中心的决策，当变量为 1 时，表示使用，当变量为 0 时表示"不使用"。

本问题的目标函数是总成本最小，这里的总成本应包含四个部分：第一部分是从各工厂至各分配中心的运输费用，第二部分是从各分配中心至各分销店的运输费用，这两部分费用均与所运输的产品数量有关。将各工厂至各分配中心的运输成本(由表 4-6 给出)分别乘以相应的运输量,其总和就是从各工厂至各分配中心的运输费用。例如,由表 4-6 可知,从工厂 1 运至各分配中心的运输成本分别为 800,1000,1200 元/箱,而从工厂 1 运至各分配中心的产品数量分别为 X_{11}, X_{12}, X_{13}(箱),所以各工厂至各分配中心的运输费用 $= 800X_{11} + 1000X_{12} + 1200X_{13}$(元)。同理可以计算出其他各工厂至分配中心的运输费用。所有工厂至分配中心的运输费用之和就是第一部分成本,即

$$= 800X_{11} + 1000X_{12} + 1200X_{13} + 700X_{21} + 500X_{22} + 700X_{23}$$
$$+ 800X_{31} + 600X_{32} + 500X_{33} + 500X_{41} + 600X_{42} + 700X_{43}$$
$$+ 700X_{51} + 600X_{52} + 500X_{53}$$

同样地,将各分配中心至各分销店的运输成本(由表 4-5 给出)分别乘以相应的运输量,其总和就是从各分配中心至各分销店的运输费用,这就是第二部分成本,即

$$40Y_{11} + 80Y_{12} + 90Y_{13} + 50Y_{14} + 70Y_{21} + 40Y_{22} + 60Y_{23} + 80Y_{24}$$
$$+ 80Y_{31} + 30Y_{32} + 50Y_{33} + 60Y_{34}$$

第三部分是所使用的工厂的固定成本,第四部分是所使用的分配中心的固定成本。这两部分费用与所运输的产品数量无关,而仅取决于是否选择了该工厂或该分配中心。例如,由 4-5 可知,工厂 1 的固定成本为 35 000(元/年),若选择了使用工厂 1,则决策变量 $F_1 = 1$,所付出的固定费用 $= 35\,000F_1 = 35\,000$(元/年);若选择了不使用工厂 1,则决策变量 $F_1 = 0$,所付出的固定费用 $= 35\,000F_1 = 0$(元/年)。所以,工厂固定成本产生的费用 $= 35\,000F_1 + 45\,000F_2 + 40\,000F_3 + 42\,000F_4 + 40\,000F_5$。这就是第三部分的成本。同理可得,分配中心固定成本产生的费用 $= 40\,000D_1 + 20\,000D_2 + 60\,000D_3$,这就是第四部分成本。

综上所述,总成本的表达式为

$$800X_{11} + 1000X_{12} + 1200X_{13} + 700X_{21} + 500X_{22} + 700X_{23}$$
$$+ 800X_{31} + 600X_{32} + 500X_{33} + 500X_{41} + 600X_{42} + 700X_{43}$$
$$+ 700X_{51} + 600X_{52} + 500X_{53}$$
$$+ 40Y_{11} + 80Y_{12} + 90Y_{13} + 50Y_{14} + 70Y_{21} + 40Y_{22} + 60Y_{23} + 80Y_{24}$$
$$+ 80Y_{31} + 30Y_{32} + 50Y_{33} + 60Y_{34} + 35\,000F_1 + 45\,000F_2 + 40\,000F_3$$
$$+ 42\,000F_4 + 40\,000F_5 + 40\,000D_1 + 20\,000D_2 + 60\,000D_3$$

由表 4-6 可知,五个工厂的总生产能力 $= 300 + 200 + 300 + 200 + 400 = 1400$(箱/年),分配中心的吞吐能力无限定,又由表 4-5 可知,分销店的总需求量 $= 200 + 300 + 150 + 250 = 900$(箱/年),可见分销店的总需求量可以全部满足,而工厂的总生产能力则尚未完全使用。

本问题的约束条件有六个。第一个约束是工厂生产能力约束,即各工厂运出的产品数量不得超过其实际生产能力。例如工厂 1 运出的产品数量 $=$ 从工厂 1 运至各分配中心的产量之和 $= X_{11} + X_{12} + X_{13}$,而工厂 1 的生产能力为 300 箱/年,所以有

$$X_{11} + X_{12} + X_{13} \leqslant 300F_1$$

注意在上述公式右边表示的实际生产能力(又称为"逻辑生产能力")表达式中,必须将工厂的

生产能力 300 乘以决策变量 F_1，该公式反映了这样一个事实：当选择使用工厂 1 时，$F_1=1$，实际处理能力 $=300F_1=300$；当不选择使用工厂 1 时，$F_1=0$，实际处理能力 $=300F_1=0$。

同理，工厂 2 至工厂 5 运出的产品数量应不超过其实际生产能力，即

$$X_{21}+X_{22}+X_{23} \leqslant 200F_2$$

$$X_{31}+X_{32}+X_{33} \leqslant 300F_3$$

$$X_{41}+X_{42}+X_{43} \leqslant 200F_4$$

$$X_{51}+X_{52}+X_{53} \leqslant 400F_5$$

第二个约束为分配中心的"零库存"约束，即各分配中心的接收量＝运出量。例如，分配中心 1 的接收量等于从各工厂运入的产品数量之和，即为：$X_{11}+X_{21}+X_{31}+X_{41}+X_{51}$；而分配中心 1 的运出量等于从该分配中心运出至各分销店的产品数量之和，即为：$Y_{11}+Y_{12}+Y_{13}+Y_{14}$。两者应相等，即

$$X_{11}+X_{21}+X_{31}+X_{41}+X_{51}=Y_{11}+Y_{12}+Y_{13}+Y_{14}$$

同理可得分配中心 2 和分配中心 3 的接收量与运出量平衡约束：

$$X_{12}+X_{22}+X_{32}+X_{42}+X_{52}=Y_{21}+Y_{22}+Y_{23}+Y_{24}$$

$$X_{13}+X_{23}+X_{33}+X_{43}+X_{53}=Y_{31}+Y_{32}+Y_{33}+Y_{34}$$

第三个约束为分配中心运出量约束，即各分配中心的运出量不得超过所有分销店的总需求量（前面已经计算出所有分销店的总需求量为 900）。例如分配中心 1 的运出量为 $Y_{11}+Y_{12}+Y_{13}+Y_{14}$，它应不大于 900，即

$$Y_{11}+Y_{12}+Y_{13}+Y_{14} \leqslant 900D_1$$

注意在上述公式右边表示的逻辑最大需求量表达式中，必须将总需求量 900 乘以决策变量 D_1，该公式反映了这样一个事实：当选择使用分配中心 1 时，$D_1=1$，该分配中心的运出量不得超过 $900D_1=900$；当不选择使用分配中心 1 时，$D_1=0$，该分配中心的运出量不得超过 $900D_1=0$，也就是说，这时对分配中心 1 没有需求，因为它根本未被使用。注意，这里使用 0-1 整数变量 D_1 是十分必要的，因为当未选择使用分配中心 1 时，$Y_{11}+Y_{12}+Y_{13}+Y_{14} \leqslant 900D_1=0$，它保证了这时的非负决策变量 $Y_{11},Y_{12},Y_{13},Y_{14}$ 均为 0，即没有产品从该分配中心运出。

同理可得分配中心 2 和分配中心 3 的运出量约束如下：

$$Y_{21}+Y_{22}+Y_{23}+Y_{24} \leqslant 900D_2$$

$$Y_{31}+Y_{32}+Y_{33}+Y_{34} \leqslant 900D_3$$

第四个约束是满足需求约束，即各分销店的接收量应不小于其需求量。例如，分销店 1 的接收量等于从各分配中心运至分销店 1 的产品数量之和，即：$Y_{11}+Y_{21}+Y_{31}$；而由表 4-5 可知，分销店 1 的需求量为 200 箱，所以

$$Y_{11}+Y_{21}+Y_{31} \geqslant 200$$

同理可得分销店 2 至分销店 4 的需求约束：

$$\begin{cases} Y_{12}+Y_{22}+Y_{32} \geqslant 300 \\ Y_{13}+Y_{23}+Y_{33} \geqslant 150 \\ Y_{14}+Y_{24}+Y_{34} \geqslant 250 \end{cases}$$

第五个约束是 0-1 约束,即决策变量 $F_1,F_2,F_3,F_4,F_5,D_1,D_2,D_3$ 只能取 1 或 0;第六个约束条件是非负约束。

由此得到整数规划模型如下:

o. b. min

$800X_{11} + 1000X_{12} + 1200X_{13} + 700X_{21} + 500X_{22} + 700X_{23}$
$+ 800X_{31} + 600X_{32} + 500X_{33} + 500X_{41} + 600X_{42} + 700X_{43}$
$+ 700X_{51} + 600X_{52} + 500X_{53}$
$+ 40Y_{11} + 80Y_{12} + 90Y_{13} + 50Y_{14} + 70Y_{21} + 40Y_{22} + 60Y_{23} + 80Y_{24}$
$+ 80Y_{31} + 30Y_{32} + 50Y_{33} + 60Y_{34} + 35\,000F_1 + 45\,000F_2 + 40\,000F_3$
$+ 42\,000F_4 + 40\,000F_5 + 40\,000D_1 + 20\,000D_2 + 60\,000D_3$

s. t.

$X_{11} + X_{12} + X_{13} \leqslant 300F_1$ (工厂 1 生产能力约束)

$X_{21} + X_{22} + X_{23} \leqslant 200F_2$ (工厂 2 生产能力约束)

$X_{31} + X_{32} + X_{33} \leqslant 300F_3$ (工厂 3 生产能力约束)

$X_{41} + X_{42} + X_{43} \leqslant 200F_4$ (工厂 4 生产能力约束)

$X_{51} + X_{52} + X_{53} \leqslant 400F_5$ (工厂 5 生产能力约束)

$X_{11} + X_{21} + X_{31} + X_{41} + X_{51} = Y_{11} + Y_{12} + Y_{13} + Y_{14}$
(分配中心 1 接收量与运出量均衡约束)

$X_{12} + X_{22} + X_{32} + X_{42} + X_{52} = Y_{21} + Y_{22} + Y_{23} + Y_{24}$
(分配中心 2 接收量与运出量均衡约束)

$X_{13} + X_{23} + X_{33} + X_{43} + X_{53} = Y_{31} + Y_{32} + Y_{33} + Y_{34}$
(分配中心 3 接收量与运出量均衡约束)

$Y_{11} + Y_{12} + Y_{13} + Y_{14} \leqslant 900D_1$ (分配中心 1 最大运出量约束)

$Y_{21} + Y_{22} + Y_{23} + Y_{24} \leqslant 900D_2$ (分配中心 2 最大运出量约束)

$Y_{31} + Y_{32} + Y_{33} + Y_{34} \leqslant 900D_3$ (分配中心 3 最大运出量约束)

$Y_{11} + Y_{21} + Y_{31} \geqslant 200$ (满足分销店 1 需求约束)

$Y_{12} + Y_{22} + Y_{32} \geqslant 300$ (满足分销店 2 需求约束)

$Y_{13} + Y_{23} + Y_{33} \geqslant 150$ (满足分销店 3 需求约束)

$Y_{14} + Y_{24} + Y_{34} \geqslant 250$ (满足分销店 4 需求约束)

$F_i = 0$ 或 $1(i=1,2,\cdots,5), D_i = 0$ 或 $1(i=1,2,\cdots,5)$ (0-1 整数变量约束)

$X_{ij} \geqslant 0(i=1,2,\cdots,5; j=1,2,3)$

$Y_{ij} \geqslant 0(i=1,2,3; j=1,2,3,4)$ (非负约束)

上述问题的求解结果如表 4-8 所示。

表4-8 配送系统设计问题

	A	B	C	D	E	F	G	H	I	J	K
1											
2											
3	从工厂至分配中心的运输成本/(元/箱);工厂的固定成本/元										
4				分配中心			固定成本				
5			1	2	3						
6		1	500	900	1100		30 000				
7		2	600	600	700		45 000				
8	工厂	3	700	700	500		40 000				
9		4	500	600	700		42 000				
10		5	700	600	500		40 000				
11											
12	从分配中心至分销店的运输成本/(元/箱);分配中心的固定成本/元										
13				分销店			固定成本				
14			1	2	3	4					
15		1	40	80	90	50	40 000				
16	分配中心	2	70	40	60	80	20 000				
17		3	80	30	50	60	60 000				
18											
19	从工厂运送至分配中心的重量/箱										
20				分配中心			从工厂运出量	逻辑生产能力/箱	使用该工厂否?	生产能力/箱	
21			1	2	3						
22		1	300	0	0	≤	300	300	1	300	
23		2	0	0	0	≤	0	0	0	200	

续表

	A	B	C	D	E	F	G	H	I	J	K
24	工厂	3	0	0	300	300	≤	300	1	300	
25		4	0	0	0	0	≤	0	0	200	
26		5	0	0	300	300	≤	400	1	400	
27	分配中心接收量		300	0	600						
28			=	=	=						
29	分配中心运出量		300	0	600	300					
30											
31	从分配中心运送至分销店的童衣量/箱					分销店					
32											
33			1	2	3	4	从分配中心运出量		逻辑最大需求量/箱	使用该分配中心否?	总需求量/箱
34	分配中心	1	200	0	0	100	300	≤	900	1	900
35		2	0	250	0	0	0	≤	0	0	900
36		3	0	0	200	150	600	≤	900	1	900
37	分销店接受量		200	250	200	250					
38			≥	≥	≥	≥					
39	分销店需求量		200	250	200	250					
40											
41	总成本										
42	工厂至分配中心的运费					450 000					
43	分配中心至分销店的运费					39 500					
44	工厂的固定成本					110 000					
45	分配中心的固定成本					100 000					
46	总成本					699 500					

具体求解步骤如下：

第一步：输入已知数据

首先在 Excel 的工作表上输入已知数据：在单元格 C6：E10 中输入从五个工厂至三个分配中心的运输成本；在单元格 C15：F17 中输入从三个分配中心至四个分销店的运输成本；在单元格 G6：G10 中输入五个工厂的固定成本；在单元格 H15：H17 中输入从三个分配中心固定成本；在单元格 J22：J26 中输入五个工厂的生产能力；在单元格 C39：F39 中输入四个分销店的需求量。

第二步：建立 0-1 整数规划模型

在电子表格上描述规划问题的决策变量、目标函数与约束条件。

本问题的决策变量包括：①从各生产厂运至各分配中心的产品数量，用单元格 C22：E26 表示；②反映使用或不使用各生产厂的 0-1 变量，用单元格 I22：I26 表示；③从各分配中心运至各分销店的产品数量，单元格 C34：C36 表示；④反映使用或不使用各分配中心的 0-1 变量，单元格 J34：J36 表示。

本问题的目标函数是总成本最小，用单元格 D46 表示总成本，它应等于工厂至分配中心的运输费用、分配中心至分销店的运输费用、所选中的工厂的固定成本与所选中的分配中心的固定成本之和，即在单元格 D46 中输入下述公式：

=sumproduct(C6:E10,C22:E26)+sumproduct(C15:F17,C34:F36)
+sumproduct(G6:G10,I22:I26)+sumproduct(H15:H17,J34:J36)

本问题共有六个约束条件。第一个约束是工厂生产能力约束，即各工厂运出的产品数量不得超过其实际生产能力。用单元格 F22 表示工厂 1 的运出量(约束条件左边)，它等于从工厂 1 运至各分配中心的产量之和，即在单元格 F22 中输入下述公式：

=sum(C22:E22)

将上述公式复制到单元格 F23：F26，得到工厂 2 至工厂 5 的运出量。工厂 1 的运出量应不大于工厂 1 的逻辑生产能力，用单元格 H22 表示工厂 1 的逻辑生产能力(约束条件右边)，它等于工厂 1 的生产能力与决定是否选择工厂 1 的 0-1 变量的乘积，即在单元格 H22 中输入下述公式：

=J22*I22

将上述公式复制到单元格 H23：H26，得到工厂 2 至工厂 5 的逻辑生产能力。各工厂的运出量均不得超过其逻辑生产能力。

第二个约束为分配中心的"零库存"约束，即各分配中心的接收量＝运出量。用单元格 C27 表示分配中心 1 的接收量，它等于从各工厂运入的产品数量之和，即在单元格 C27 中输入下述公式：

=sum(C22:C26)

将上述公式复制到单元格 D27:E27,得到分配中心 2 与分配中心 3 的接收量。用单元格 C29 表示分配中心 1 的运出量,它等于从分配中心 1 运至各分销店的产品数量之和,即在单元格 C29 中输入下述公式:

=G34

在单元格 D29 中输入:=G35,在单元格 E29 输入:=G36,得到分配中心 2 与分配中心 3 的运出量。各分配中心的运出量也可以用"transpose"命令得到,其步骤是:选择区域 C29:E29 并输入:

=transpose(G34:G36)

然后按 Ctrl+Shift+Enter 键,即可在单元格 C20:E29 中得到单元格 G34:G36 中向量的转置。

每个分配中心的总接收量应等于从该分配中心运出至各分销店的产品数量之和。

第三个约束为分配中心运出量约束,即各分配中心的运出量不得超过逻辑最大需求量。逻辑最大需求量等于最大总需求量与决定是否使用该分配中心的 0-1 变量之积,而最大总需求量等于所有分销量的需求量之和。用单元格 K34:K36 表示最大需求量,它等于所有分销店的需求量之和,在单元格 K34:K36 中分别输入下式:

=sum($C$39:$F$39)

用单元格 G34 表示分配中心 1 的运出量,它等于从分配中心 1 运至各分销店的产品数量。在单元格 G34 中输入下式:

=sum(C34:F34)

将上述公式复制到单元格 G35:G36,得到分配中心 2 与分配中心 3 的运出量。用单元格 I34 表示分配中心 1 的逻辑最大需求量,它等于最大需求量乘以决定是否使用分配中心 1 的 0-1 变量,即

=J34*K34

将上述公式复制到单元格 I35:I36,得到分配中心 2 与分配中心 3 的逻辑最大需求量。各分配中心的运出量不得超过逻辑最大需求量。

第四个约束是满足需求约束,即各分销店的接收量应不小于其需求量。用单元格 C37 表示分销店 1 的接收量,它等于从各分配中心运至分销店 1 的产品数量之和,即

=sum(C35:C36)

将上述公式复制到单元格 D37:F37,得到分销店 2 至分销店 4 的接收量。各分销店的接收量均不得小于其需求量。各分销店的需求量如单元格 C39:F39 中的数字所示。

第五个约束条件是单元格 I22:I26 与单元格 J34:J36 中的决策变量必须为 0-1 变量;第

六个约束是单元格 C22:E26 与单元格 C34:F36 中的决策变量必须非负。这两个约束将在下一步规划求解时输入。

第三步：在 Excel 规划求解功能中输入 0-1 整数约束并求解

在"规划求解参数"对话框中输入目标单元格（目标函数地址）、可变单元格（决策变量地址）和六个约束条件，其中第五个约束条件是 0-1 变量约束，只要在约束条件左边输入要求取 0 或 1 的决策变量的单元地址（本题中为 I22:I26 与 J34:J36），然后选择"bin"。其"规划求解参数"对话框如图 4-5 所示。

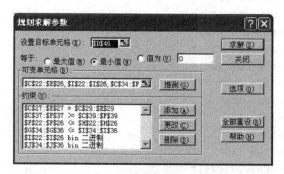

图 4-5　"规划求解参数"对话框

然后在规划求解选项参数框中选择"采用线性模型"和"假定非负"，最后在"规划求解参数"对话框中单击"求解"按钮，得到本问题的最优解。

从表 4-8 可见，本问题的最优解如表 4-9 和表 4-10 所示。

表 4-9　从各工厂运至各分配中心的产品产量　　　　　　　　　　　　　　箱

工厂	分配中心 1	分配中心 2	分配中心 3
1	300	0	0
2	0	0	0
3	0	0	300
4	0	0	0
5	0	0	300

表 4-10　从各工厂运至各分配中心的产品产量　　　　　　　　　　　　　箱

分配中心	分销店 1	分销店 2	分销店 3	分销店 4
1	200	0	0	100
2	0	0	0	0
3	0	250	200	150

在最优解中，0-1 决策变量，说明使用第一、三、五个工厂，不使用第二、第四个工厂；使用第一、第三个分配中心，不使用第二个分配中心。从各工厂运至各分配中心的产品产量与从各分配中心运至各分销店的产品产量分别如表 4-9 与表 4-10 所示。这时，总成本最小，为 699 500 元。

上面的计算是很麻烦的，为了提高工作效率，减少出错，编制如下的 VBA 程序：

```
Sub js()
Range("F22") = "=SUM(C22:E22)"
Range("F23") = "=SUM(C23:E23)"
Range("F24") = "=SUM(C24:E24)"
Range("F25") = "=SUM(C25:E25)"
Range("F26") = "=SUM(C26:E26)"
Range("H22") = "=I22 * J22"
Range("H23") = "=I23 * J23"
Range("H24") = "=I24 * J24"
Range("H25") = "=I25 * J25"
Range("H26") = "=I26 * J26"
Range("C27") = "=SUM(C22:C26)"
Range("D27") = "=SUM(D22:D26)"
Range("E27") = "=SUM(E22:E26)"
Range("C29") = "=G34"
Range("D29") = "=G35"
Range("E29") = "=G36"

Range("G34") = "=SUM(C34:F34)"
Range("G35") = "=SUM(C35:F35)"
Range("G36") = "=SUM(C36:F36)"
Range("I34") = "=J34 * K34"
Range("I35") = "=J35 * K35"
Range("I36") = "=J36 * K36"
Range("K34") = "=SUM(C$ 39:F$ 39)"
Range("K35") = "=SUM(C$ 39:F$ 39)"
Range("K36") = "=SUM(C$ 39:F$ 39)"

Range("C37") = "=SUM(C34:C36)"
Range("D37") = "=SUM(D34:D36)"
Range("E37") = "=SUM(E34:E36)"
Range("F37") = "=SUM(F34:F36)"

Range("D42") = "=SUMPRODUCT(C6:E10,C22:E26)"
Range("D43") = "=SUMPRODUCT(C15:F17,C34:F36)"
Range("D44") = "=SUMPRODUCT(G6:G10,I22:I26)"
```

```
Range("D45")="=SUMPRODUCT(H15:H17,J34:J36)"
Range("D46")="=SUM(D42:D45)"

Call SolverOk("$D$46", 2, 0, "$C$22:$E$26,$I$22:$I$26,$C$34:$F$36,$J$34:$J$36")

Call SolverAdd("$C$22:$E$26", 3, 0)
Call SolverAdd("$C$27:$E$27", 2, "$C$29:$E$29")
Call SolverAdd("$C$34:$F$36", 3, 0)
Call SolverAdd("$C$37:$F$37", 3, "$C$39:$F$39")
Call SolverAdd("$F$22:$F$26", 1, "$H$22:$H$26")
Call SolverAdd("$G$34:$G$36", 1, "$I$34:$I$36")
Call SolverAdd("$I$22:$I$26", 2, "二进制")
Call SolverAdd("$J$34:$J$36", 2, "二进制")

SolverSolve (True)

End Sub
```

4.5 指派问题模型的建立及其 VBA 求解

在实际的管理中经常要遇到这样的问题,某单位需要完成 n 项任务,恰好有 n 个人(机器、项目小组或承包商等)可完成这 n 项任务,这就需要指派每一个人(机器、项目小组或承包商等)完成一项任务。由于每个人(机器、项目小组或承包商等)完成任务的效率不同,如何将这 n 项任务指派给 n 个人(机器、项目小组或承包商等),使完成 n 项任务的总效率最好,这就是指派问题。

1. 快餐连锁经营问题

【例 4-4】 某快餐连锁经营公司有 7 个地点($A1,A2,\cdots,A7$)可以设立快餐店,由于地理位置因素,设立快餐店时必须满足以下约束:A1,A2,A3 三个地点最多可选两个,A4,A5 至少选取一个,A6,A7 至少选取一个。已知各个地点设立快餐店的投资和预计年收益如表 4-11 所示。已知目前公司有 650 万元可以进行快餐投资。问怎样投资才能使公司预计收益最高?

表 4-11 数据表

地 点	A1	A2	A3	A4	A5	A6	A7
利润/万元	10	11	8	12	15	12	5
投资/万元	103	140	95	150	193	160	80

首先引入 0-1 变量 x_i，

$$x_i=\begin{cases}1, & \text{选择 } A_i \text{ 地址}\\ 0, & \text{不选择 } A_i \text{ 地址}\end{cases}\quad i=1,2,\cdots,7$$

则该问题的数学模型可以表示为

$$\max z=10x_1+11x_2+8x_3+12x_4+15x_5+12x_6+5x_7$$

$$\text{s.t.}\begin{cases}103x_1+140x_2+95x_3+150x_4+193x_5+160x_6+80x_7\leqslant 650\\ x_1+x_2+x_3\leqslant 2\\ x_4+x_5\geqslant 1\\ x_6+x_7\geqslant 1\\ x_1,x_2,\cdots,x_7 \text{ 为 0 或 1}\end{cases}$$

上述数学模型用电子表格可描述的计算公式如表 4-12 所示。

表 4-12　求解公式

	A	B	C	D	E	F	G	H	I	J	K	L
1												
2	地点	A1	A2	A3	A4	A5	A6	A7				
3	利润/万元	10	11	8	12	15	12	5				
4	投资/万元	103	140	95	150	193	160	80		=SUMPRODUCT(B4:H4,B7:H7)	<=	650
5										=SUM(B7:D7)	<=	2
6										=SUM(E7:F7)	>=	1
7		1	1	0	1	0	1	1		=SUM(G7:H7)	>=	1
8												
9		=SUMPRODUCT(B3:H3,B7:H7)										

模型的运算结果如图 4-6 所示。

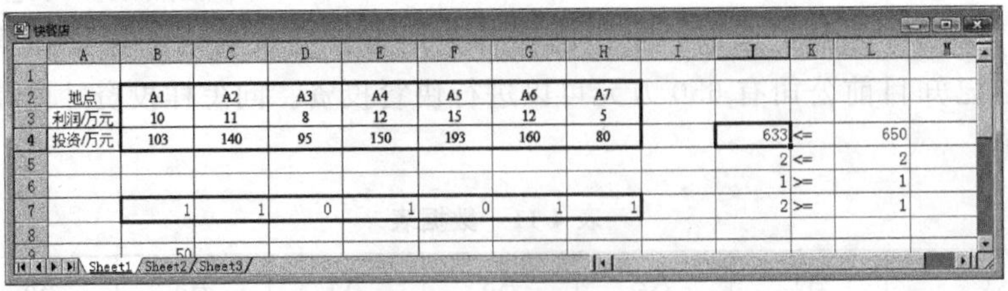

	A	B	C	D	E	F	G	H	I	J	K	L	M
1													
2	地点	A1	A2	A3	A4	A5	A6	A7					
3	利润/万元	10	11	8	12	15	12	5					
4	投资/万元	103	140	95	150	193	160	80		633	<=	650	
5										2	<=	2	
6										1	>=	1	
7		1	1	0	1	0	1	1		2	>=	1	
8													
9		50											

图 4-6　运算结果

我们编制 VBA 计算机程序如下：

```
Sub js()
```

```
Cells(4, 10)="=SUMPRODUCT(B4:H4,B7:H7)"
Cells(5, 10)="=SUM(B7:D7)"
Cells(6, 10)="=SUM(E7:F7)"
Cells(7, 10)="=SUM(G7:H7)"

Cells(9, 2)="=SUMPRODUCT(B3:H3,B7:H7)"

SolverReset

Call SolverOk("$B$9", 1, 0, "$B$7:$h$7")
Call SolverOptions(AssumeLinear:=True, AssumeNonNeg:=True)
Call SolverAdd("$J$4:$J$5", 1, "$l$4:$l$5")
Call SolverAdd("$J$6:$J$7", 3, "$l$6:$l$7")
Call SolverAdd("$B$7:$H$7", 5, "二进制")
SolverSolve (True)

End Sub
```

2. 指派问题

【例 4-5】 某设备由三个配件组成,分别记作 B1,B2,B3。现有 A1,A2,A3 人,他们加工 B1,B2,B3 配件的时间(h)见表 4-13。问应指派何人去完成何工作,使所需总时间最少?

表 4-13 每 3 人加工配件时间   h

	B1	B2	B3
A1	3	5	4
A2	4	6	3
A3	5	4	5

这是一个指派问题,引入 0-1 变量 x_i,

$$x_{ij} = \begin{cases} 1, & \text{指派 } A_i \text{ 完成任务 } B_j \\ 0, & \text{不指派 } A_i \text{ 完成任务 } B_j \end{cases} \quad i,j = 1,2,3$$

则该问题的数学模型可以表示为

$$\min z = 3x_{11} + 5x_{12} + 4x_{13} + 4x_{21} + 6x_{22} + 3x_{23} + 5x_{31} + 4x_{32} + 5x_{33}$$

$$\text{s. t.} \begin{cases} x_{11} + x_{12} + x_{13} = 1 \\ x_{21} + x_{22} + x_{23} = 1 \\ x_{31} + x_{32} + x_{33} = 1 \\ x_{11} + x_{21} + x_{31} = 1 \\ x_{12} + x_{22} + x_{32} = 1 \\ x_{13} + x_{23} + x_{33} = 1 \\ x_{ij} \text{ 为 0 或 1}, \quad i,j = 1,2,3 \end{cases}$$

上述数学模型用电子表格可描述的计算公式如表 4-14 所示。

表 4-14 求解公式

	A	B	C	D	E	F	G
1							
2		B1	B2	B3			
3	A1	3	5	4			
4	A2	4	6	3			
5	A3	5	4	5			
6							
7							
8							
9							
10		1	0	0	=SUM(B10:D10)	=	1
11		0	0	1	=SUM(B11:D11)	=	1
12		0	1	0	=SUM(B12:D12)	=	1
13		=SUM(B10:B12)	=SUM(C10:C12)	=SUM(D10:D12)			
14		=	=	=			
15		1	1	1			
16							
17		=SUMPRODUCT(B3:D5,B10:D12)					

模型的运算结果如图 4-7 所示。

3. 特殊的指派问题

【例 4-6】 某公司有 A1,A2 和 A3 三项业务需要 B1,B2 和 B3 三位业务员分别处理。每个业务员的费用(单元:元)见表 4-15,其中业务员 B2 不能处理业务 A1。问:应指派何人去完成何业务,使所需总费用最少?

表 4-15 业务员处理业务费用

	B1	B2	B3
A1	1500	不能处理	800
A2	1200	900	750
A3	900	800	900

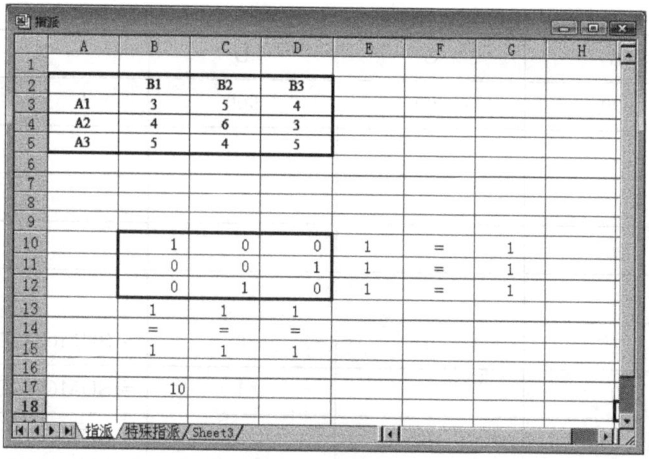

第 4 章　整数线性规划模型的建立及其 VBA 与 MATLAB 求解

图 4-7　运算结果

这是一个指派问题，引入 0-1 变量 x_i，

$$x_{ij} = \begin{cases} 1, & \text{指派 } A_i \text{ 完成任务 } B_j \\ 0, & \text{不指派 } A_i \text{ 完成任务 } B_j \end{cases} \quad i,j = 1,2,3$$

则该问题的数学模型可以表示为

$$\min z = 1500x_{11} + 99\,999\,999x_{12} + 800x_{13} + 1200x_{21} + 900x_{22}$$
$$+ 750x_{23} + 900x_{31} + 800x_{32} + 900x_{33}$$

$$\text{s.t.} \begin{cases} x_{11} + x_{12} + x_{13} = 1 \\ x_{21} + x_{22} + x_{23} = 1 \\ x_{31} + x_{32} + x_{33} = 1 \\ x_{11} + x_{21} + x_{31} = 1 \\ x_{12} + x_{22} + x_{32} = 1 \\ x_{13} + x_{23} + x_{33} = 1 \\ x_{ij} \text{ 为 0 或 1，} i,j = 1,2,3 \end{cases}$$

上述数学模型用电子表格可描述的计算公式如表 4-16 所示。

表 4-16　求解公式

	A	B	C	D	E	F	G
1							
2		B1	B2	B3			
3	A1	1500	99 999 999	800			
4	A2	1200	900	750			

续表

	A	B	C	D	E	F	G
5	A3	900	800	900			
6							
7							
8							
9							
10		1	0	0	=SUM(B8:D8)	=	1
11		0	0	1	=SUM(B9:D9)	=	1
12		0	1	0	=SUM(B10:D10)	=	1
13		=SUM(B8:B10)	=SUM(C8:C10)	=SUM(D7:D10)			
14		=	=	=			
15		1	1	1			
16							
17		=SUMPRODUCT (B2:D4,B8:D10)					

模型的运算结果如图 4-8 所示。

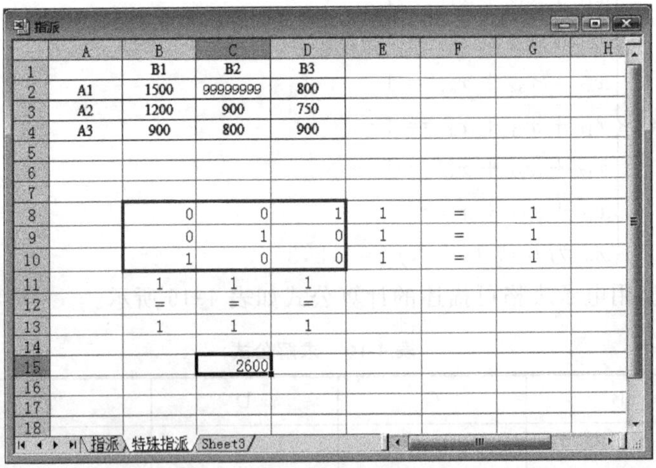
指派

	A	B	C	D	E	F	G	H
1		B1	B2	B3				
2	A1	1500	99999999	800				
3	A2	1200	900	750				
4	A3	900	800	900				
5								
6								
7								
8		0	0	1	1	=	1	
9		0	1	0	1	=	1	
10		1	0	0	1	=	1	
11		1	1	1				
12		=	=	=				
13		1	1	1				
14								
15			2600					
16								
17								
18								

指派 特殊指派 Sheet3

图 4-8 运算结果

VBA 程序编制略，留给读者思考。

4. 航空公司排班问题

【例 4-7】 某航空公司正在准备增加其中心机场的往来航班,因此需要雇佣更多地服务人员。分析研究新的航班时刻表,以确定一天中不同时段为实现客户满意水平必须工作的服务人员数。表 4-17 的最后一列显示了不同时段的最少需要人数,其中第一列给出对应的时段。表中还显示了五种排班方式,每 8 小时为一班,各班的时间安排如下:

排班 1:6:00AM～2:00PM;

排班 2:8:00AM～4:00PM;

排班 3:中午～8:00PM;

排班 4:4:00PM～午夜;

排班 5:22:00PM～6:00AM,即晚上 10 点上班。

表 4-17 中打勾的部分表示不同排班在哪些时段在岗。因为不同排班的开始上班时间有差异,所以工资也有所不同。

表 4-17 航空公司人员排班问题的有关数据

时段	排班 1	排班 2	排班 3	排班 4	排班 5	最少需要人数
6:00～8:00	√					48
8:00～10:00	√	√				79
10:00～12:00	√	√				65
12:00～14:00	√	√	√			87
14:00～16:00		√	√			64
16:00～18:00			√	√		73
18:00～20:00			√	√		82
20:00～22:00				√		43
22:00～24:00				√	√	52
24:00～6:00					√	15
每人每天工资/元	170	160	175	180	195	

问题是:确定不同排班的人数,以使得人员总费用(工资)最少,同时,必须保证每个时段所要求的服务水平,即以最小的成本提供令人满意的服务。

解:(1) 决策变量

本问题要做的决策是确定不同排班的人数。设:$x_i(i=1,2,3,4,5)$为排班 i 的人数。

(2) 目标函数

本问题的目标是人员总费用(工资)最少,即

$$\min z = 170x_1 + 160x_2 + 175x_3 + 180x_4 + 195x_5$$

(3) 约束条件

① 每个时段的在岗人数必须不少于最低可接水平(最少需要人数):

$$6:00 \sim 8:00: x_1 \geqslant 48$$
$$8:00 \sim 10:00: x_1 + x_2 \geqslant 79$$
$$10:00 \sim 12:00: x_1 + x_2 \geqslant 65$$
$$12:00 \sim 14:00: x_1 + x_2 + x_3 \geqslant 87$$
$$14:00 \sim 16:00: x_2 + x_3 \geqslant 64$$
$$16:00 \sim 18:00: x_3 + x_4 \geqslant 73$$
$$18:00 \sim 20:00: x_3 + x_4 \geqslant 82$$
$$20:00 \sim 22:00: x_4 \geqslant 43$$
$$22:00 \sim 24:00: x_4 + x_5 \geqslant 52$$
$$24:00 \sim 6:00: x_5 \geqslant 15$$

② 非负: $x_i \geqslant 0 (i = 1,2,3,4,5)$

由此得到数学模型:

$$\min z = 170x_1 + 160x_2 + 175x_3 + 180x_4 + 195x_5$$

$$\begin{cases} x_1 \geqslant 48 \\ x_1 + x_2 \geqslant 79 \\ x_1 + x_2 \geqslant 65 \\ x_1 + x_2 + x_3 \geqslant 87 \\ x_2 + x_3 \geqslant 64 \\ x_3 + x_4 \geqslant 73 \\ x_3 + x_4 \geqslant 82 \\ x_4 \geqslant 43 \\ x_4 + x_5 \geqslant 52 \\ x_5 \geqslant 15 \\ x_i \geqslant 0 \quad (i = 1,2,3,4,5) \end{cases}$$

上述数学模型用电子表格可描述的计算公式如表 4-18 所示。

VBA 程序编制略,留给读者思考。

第4章 整数线性规划模型的建立及其 VBA 与 MATLAB 求解

表 4-18 计算公式

	A	B	C	D	E	F	G	H	I	J
1										
2										
3		单位成本	早6点班	早8点班	中午班	下午4点班	晚10点班			
4			170	160	175	180	195			
5										
6			是否在岗(1表示在岗)					在岗人数		最少人数
7		6:00~8:00	1					=SUMPRODUCT(C7:G7,$C$19:$G$19)	>=	48
8		8:00~10:00	1	1				=SUMPRODUCT(C8:G8,$C$19:$G$19)	>=	79
9		10:00~12:00	1	1	1			=SUMPRODUCT(C9:G9,$C$19:$G$19)	>=	65
10		12:00~14:00	1	1	1			=SUMPRODUCT(C10:G10,$C$19:$G$19)	>=	87
11		14:00~16:00		1	1	1		=SUMPRODUCT(C11:G11,$C$19:$G$19)	>=	64
12		16:00~18:00			1	1		=SUMPRODUCT(C12:G12,$C$19:$G$19)	>=	73
13		18:00~20:00				1		=SUMPRODUCT(C13:G13,$C$19:$G$19)	>=	82
14		20:00~22:00				1		=SUMPRODUCT(C14:G14,$C$19:$G$19)	>=	43
15		22:00~24:00					1	=SUMPRODUCT(C15:G15,$C$19:$G$19)	>=	52
16		24:00~6:00					1	=SUMPRODUCT(C16:G16,$C$19:$G$19)	>=	15
17										
18			早6点班	早8点班	中午班	下午4点班	晚10点班	总人数		
19		每班人数	48	31	39	43	15	=SUM(C19:G19)		=SUMPRODUCT(C19:G19,C4:G4)

4.6 一般的整数线性规划模型的建立及其 VBA 求解

对于某个决策问题进行线性规划,必须保证以下的前提条件:决策变量与自变量之间的函数关系是可以具体描述的;自变量存在约束条件。

【例 4-8】 一个货物运输代理公司与 3 家船务公司签订了运价协议,如表 4-19 所示。其中运价为 99 999 者表示该船务公司不能承接该目的港的业务。

表 4-19 运价协议

O	P	Q	R
25	甲	乙	丙
26 汉堡	2600	3800	99 999
27 旧金山	99 999	2400	2600
28 鹿特丹	2400	2400	2400
29 名古屋	1200	1000	1600
30 南非	99 999	99 999	1700
31 纽约	3000	99 999	2700
32 悉尼	99 999	1600	99 999

该运价的使用必须以货物运输代理公司每年通过船务公司运输的货物达到一定数量为前提条件,货物运输代理公司与甲船务公司协商的年最小运输数量为 9000 m^3,与乙船务公司协商的年最小运输数量为 14 000 m^3,与丙船务公司协商的年最小运输数量为 12 000 m^3。目前货物运输代理公司可以预计明年的运输业务,数据如表 4-20 所示。货物运输代理公司的管理人员要求找出一个能够实现全年运输成本最小化的运输安排计划。

表 4-20 预计的运输计划

日 期	业务号	体积/m^3	目的地
1月10日	1	887	名古屋
2月20日	2	4402	鹿特丹
2月22日	3	3954	悉尼
2月23日	4	2054	旧金山
3月10日	5	1172	南非
3月19日	6	2181	旧金山
3月26日	7	1747	名古屋

续表

日　期	业务号	体积/m³	目的地
4月15日	8	2857	旧金山
5月5日	9	3952	名古屋
5月12日	10	825	旧金山
5月17日	11	3986	南非
5月25日	12	4083	汉堡
5月26日	13	1199	旧金山
6月17日	14	2176	旧金山
7月3日	15	3972	纽约
7月11日	16	3542	南非
8月13日	17	2546	汉堡
8月29日	18	3952	鹿特丹
9月7日	19	3753	纽约
12月5日	20	1490	鹿特丹

解：这是一个多变量求解的问题。为了使用"规划求解"功能得到答案，首先要在工作表中建立一个计算目标函数的模型。这个问题的目标是求运输成本的最小值。而总的运输成本必须通过每家船务公司承运货物的运价合计来得到。因此首先要在如表 4-19 所示的工作表当中建立如表 4-21 所示的模型。

其中 A1:D22 为预计的运输计划，数据与表 4-20 相同。为了确定每家船务到各个目的港的运价，模型中使用 VLOOKUP( ) 函数自动从表 4-19 的单元格区域中去自动查找 (VLOOKUP(t1,t2,t3,t4)，t1 为需要在数据清单第一列中查找的数值，也可是文字串，t2 为需要在其中查找数据的数据清单，t3 为数据清单中待返回的结果值的列号，t4 为一逻辑值，默认值为 TRUE。如果 t4 为真，则数据清单中的第一列中的数值必须按升序排列，如果 t4 为假 FASLE，则数据清单中不必按第一列中的数值进行排序)。方法是在单元格 F3 中输入公式"=VLOOKUP($D3,$O$26:$R$32,2,FALSE)"，在单元格 H3 中输入公式"=VLOOKUP($D3,$O$26:$R$32,3,FALSE)"，在单元格 J3 中输入公式"=VLOOKUP($D3,$O$26:$R$32,4,FALSE)"。然后将这三个单元格分别复制到其所在列的下方单元格内。K 列计算分配的运输数量的合计，该列将在后面的处理当中充当一个约束条件。K3 中的公式为"=E3+G3+I3"，其下方单元格中的公式为其复制的结果。在 L 列中计算每笔业务产生的运输成本，L3 中的公式为"=E3*F3+G3*H3+I3*J3"，其下方单元格中的公式为其复制的结果。将 L3:L22 进行汇总便可以得到总的运价，这个计算结果在模型的 L23 单元格，其公式为"=SUM(L3:L22)"。

表 4-21 预计的运输计划

	A	B	C	D	E	F	G	H	I	J	K	L
1	下一年度出口计划					安排甲公司	安排乙公司		安排丙公司			
2	日期	业务号	体积	目的地	运量	运价	运量	运价	运量	运价	小计	运费
3	1月10日	1	887	名古屋		1200		1000		1600		
4	2月20日	2	4402	鹿特丹		2400		2400		2400		
5	2月22日	3	3954	悉尼		99 999		1600		99 999		
6	2月23日	4	2054	旧金山		99 999		2400		2600		
7	3月10日	5	1172	南非		99 999		99 999		1700		
8	3月19日	6	2181	旧金山		99 999		2400		2600		
9	3月26日	7	1747	名古屋		1200		1000		1600		
10	4月15日	8	2857	旧金山		99 999		2400		2600		
11	5月5日	9	3952	名古屋		1200		1000		1600		
12	5月12日	10	825	旧金山		99 999		2400		2600		
13	5月17日	11	3986	南非		99 999		99 999		1700		
14	5月25日	12	4083	汉堡		2600		3800		99 999		
15	5月26日	13	1199	旧金山		99 999		2400		2600		
16	6月17日	14	2176	旧金山		99 999		2400		2700		
17	7月3日	15	3972	纽约		3000		99 999		1700		
18	7月11日	16	3542	南非		99 999		99 999		99 999		
19	8月13日	17	2546	汉堡		2600		3800		2400		
20	8月29日	18	3952	鹿特丹		2400		2400		2700		
21	9月7日	19	3753	纽约		3000		99 999		2400		
22	12月5日	20	1490	鹿特丹		2400		2400				
23	合计		54 730									
24	甲公司承运		0									
25	乙公司承运		0									
26	丙公司承运		0									

到这里我们可以通过上述模型将管理人员希望解决的问题描述为,"在 K 列数据都分别等于 C 列对应行的数据时,E3:E22、G3:G22、I3:I22 区域分别取得什么数据才能够使得 L23 的计算结果最小"。在规划求解功能中,将 L23 称为"目标单元格",将 E3:E22、G3:G22、I3:I22 称为可变单元格。将"K 列数据都分别等于 C 列对应行的数据"。这样的要求称为约束条件。约束条件的设定对运算结果是至关重要的。在本例中不仅存在上述的约束条件,还存在满足的年最小运输体积的约束。为了计算年度通过每家船务公司运输的货物体积,在以下单元格内分别建立公式:

```
C24  =SUM(E3:E22)
C25  =SUM(G3:G22)
C26  =SUM(I3:I22)
```

然后运行"工具"菜单中的规划求解功能,在如图 4-9 所示的窗口中进行相关的设定。约束条件要通过单击"添加"按钮来进行输入。本例的约束条件有

C24>=9000
C25>=14 000
C26>=12 000
E3:E22 为整数
G3:G22 为整数
I3:I22 为整数
K3:K22 等于 C3:C22

设定约束条件的方法如图 4-10 所示,其中介绍了将 E3:E22 限定为整数的方法。

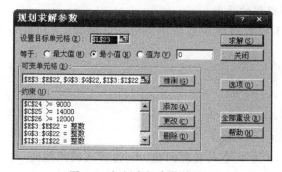

图 4-9 规划求解参数的输入

图 4-10 将 E3:E22 限定为整数

将有关参数设定完毕之后,为了避免求解的结果中出现负数解,还需要通过图 4-9 中的"选项"按钮来选择"假定非负"选项。最后单击"求解"按钮来得到计算的结果,如图 4-11 所示。

通过这个例子可以看到 Excel 在处理针对多个变量进行求解问题方面的能力。在规划求解的功能中,并不限定目标函数必须为一个线性函数,只要求该函数的计算结果可

	A	B	C	D	E	F	G	H	I	J	K	L
1	下一年度出口计划				安排公司甲		安排公司乙		安排公司丙			
2	日期	业务号	体积(立方	目的地	运量	运价	运量	运价	运量	运价	小计	运费
3	1月10日	1	887	名古屋	0	1200	887	1000	1.42E-14	1600	887	887000
4	2月20日	2	4402	鹿特丹	1382	2400	1525	2400	1495	2400	4402	10564800
5	2月22日	3	3954	悉尼	0	99999	3954	1600	0	99999	3954	6326400
6	2月23日	4	2054	旧金山	0	99999	2054	2400	0	2600	2054	4929600
7	3月10日	5	1172	南非	0	99999	7.1E-15	99999	1172	1700	1172	1992400
8	3月19日	6	2181	旧金山	0	99999	0	2400	2181	2600	2181	5234400
9	3月26日	7	1747	名古屋	0	1200	1747	1000	0	1600	1747	1747000
10	4月15日	8	2857	旧金山	0	99999	2857	2400	0	2600	2857	6856800
11	5月5日	9	3952	名古屋	0	1200	3952	1000	0	1600	3952	3952000
12	5月12日	10	825	旧金山	0	99999	825	2400	0	2600	825	1980000
13	5月17日	11	3986	南非	0	99999	0	99999	3986	1700	3986	6776200
14	5月25日	12	4083	汉堡	4083	2600	0	3800	0	99999	4083	10615800
15	5月28日	13	1199	旧金山	0	99999	1199	2400	0	2600	1199	2877600
16	6月17日	14	2176	旧金山	0	99999	2176	2400	0	2600	2176	5222400
17	7月3日	15	3972	纽约	0	3000	0	99999	3972	2700	3972	10724400
18	7月11日	16	3542	南非	0	99999	0	99999	3542	1700	3542	6021400
19	8月3日	17	2546	汉堡	2546	2600	0	3800	0	99999	2546	6619600
20	8月29日	18	3952	鹿特丹	1233	2400	1374	2400	1345	2400	3952	9484800
21	9月7日	19	3753	纽约	0	3000	0	99999	3753	2700	3753	10133100
22	12月5日	20	1490	鹿特丹	240	2400	641	2400	609	2400	1490	3576000
23	合计		54730									116521700
24		甲公司承运	9484									
25		乙公司承运	25372									
26		丙公司承运	19874									

图 4-11 规划求解的结果

以通过工作表来体现。在设定约束条件的时候,当可变单元格是由多个不相连的区域组成的时候,必须对每个独立的区域分别设定约束,Excel 不允许将这些区域作为一个整体进行设置。

4.7 0-1 整数线性规划模型的 MATLAB 求解

1. MATLAB 求解 0-1 整数线性规划模型的函数

在 MATLAB 优化工具箱中,求解 0-1 整数线性规划使用 bintprog 函数。bintprog 能求解下述 0-1 整数线性规划的标准型:

$$\min c'x$$
$$\text{s. t.} \begin{cases} Ax \leqslant b \\ A_{eq} \times x = b_{eq} \\ x_j = 0 \text{ 或 } 1 \end{cases}$$

其中,c 为价值向量;A 为不等式约束矩阵;b 为不等式资源向量;A_{eq} 为等式约束矩阵,b_{eq} 为等式资源向量。

bintprog 函数的调用格式如下:

(1) $x = b\ \text{int prog}(c, A, b)$,用于求解问题:

$$\min c'x$$
$$\text{s. t.} \begin{cases} Ax \leqslant b \\ x = 0 \text{ 或 } 1 \end{cases}$$

(2) $x = \text{prog}(c, A, b, A_{eq}, b_{eq})$，用于求解问题：
$$\min c'x$$
$$\text{s.t.} \begin{cases} Ax \leqslant b \\ A_{eq} \times x = b_{eq} \\ x_j = 0 \text{ 或 } 1 \end{cases}$$

(3) $[x, f_{val}] = b\ \text{int prog}(\cdots)$，同时返回最优解和目标值函数值。

2. MATLAB 求解 0-1 整数线性规划模型的计算实例

前面介绍的快餐连锁经营问题的数学模型可以表示为
$$\max z = 10x_1 + 11x_2 + 8x_3 + 12x_4 + 15x_5 + 12x_6 + 5x_7$$
$$\text{s.t.} \begin{cases} 103x_1 + 140x_2 + 95x_3 + 150x_4 + 193x_5 + 160x_6 + 80x_7 \leqslant 650 \\ x_1 + x_2 + x_3 \leqslant 2 \\ x_4 + x_5 \geqslant 1 \\ x_6 + x_7 \geqslant 1 \\ x_1, x_2, \cdots, x_7 \text{ 为 } 0 \text{ 或 } 1 \end{cases}$$

首先将其转变为 0-1 整数规划函数 bintprog 要求的标准形式：
$$\min z = -10x_1 - 11x_2 - 8x_3 - 12x_4 - 15x_5 - 12x_6 - 5x_7$$
$$\text{s.t.} \begin{cases} 103x_1 + 140x_2 + 95x_3 + 150x_4 + 193x_5 + 160x_6 + 80x_7 \leqslant 650 \\ x_1 + x_2 + x_3 \leqslant 2 \\ -x_4 - x_5 \leqslant -1 \\ -x_6 - x_7 \leqslant -1 \\ x_1, x_2, \cdots, x_7 \text{ 为 } 0 \text{ 或 } 1 \end{cases}$$

将上述模型数据存放到文件名"经营连锁"的 Excel 文件中（见第 2 章第 4 节），在 MATLAB 中调入上述数据，并使用命令：

```
>>[x,fval]=bintprog(c,A,b)
```

得到结果为

x=
1
1
0
1
0
1
1
fval=
-50

所以公司应选择地点 1,2,4,6,7 建立快餐店,这时预计收益为 50 元。

习　　题

1. 对 4.5 节中【例 4-5】、【例 4-7】指派问题和航空问题模型用 MATLAB 求解。

2. 某通信中心需全天 24 小时为客户提供热线电话服务,中心接线员分别于班次开始时上班,每次需连续工作 8 小时。已知各个班次所需接线员如表 4-22 所示。问:中心至少聘用多少接线员才能使通信中心正常运转?

表 4-22　数据表

班次	时　　间	需要接线员数量/人
1	0:00～4:00	5
2	4:00～8:00	10
3	8:00～12:00	20
4	12:00～16:00	27
5	16:00～20:00	30
6	20:00～24:00	15

提示:设 $x_1, x_2, x_3, x_4, x_5, x_6$ 分别表示各个班次安排的接线员数量,则可建立下述的线性规划模型求解该问题:

$$\min z = x_1 + x_2 + x_3 + x_4 + x_5 + x_6$$

$$\text{s.t.} \begin{cases} x_6 + x_1 \geqslant 5 \\ x_1 + x_2 \geqslant 10 \\ x_2 + x_3 \geqslant 20 \\ x_3 + x_4 \geqslant 27 \\ x_4 + x_5 \geqslant 30 \\ x_5 + x_6 \geqslant 15 \\ x_1, x_2, x_3, x_4, x_5, x_6 \geqslant 0 \end{cases}$$

第 5 章 多目标决策模型的建立及其 VBA 与 MATLAB 求解

以前的线性规划问题是研究单目标决策问题,但是在管理实践中,我们追求的目标往往有多个,例如在确保一定利润的情况下使污染物排放量最小就涉及多个目标的优化;又如城市的决策要涉及城市发展、市民就业、环境保护等多个目标;找工作涉及可能的目标有工资、机会、工作环境等。由于同时实现多个目标往往不可能,因此就需要寻求尽量满足多个目标的这种方案,目标规划就是求解多个目标折中方案的办法。

目前,对于多目标决策问题的处理方法主要有:目标规划方法、层次分析法。

5.1 目标规划数学模型的建立及其 VBA 与 MATLAB 求解

在目标规划模型中,如果每个目标函数都是决策变量的线性函数,则称该目标规划为线性目标规划,本节只讨论线性目标规划问题模型的建立与求解。

5.1.1 目标规划数学模型的建立

下面举例说明目标规划与线性规划在处理方法上的区别,以及目标规划的有关概念及模型。

【例 5-1】 某公司生产 A 和 B 两种产品,有关数据如表 5-1 所示。试求获利最大的生产方案。

表 5-1 数据表

	A	B	拥有量
原材料/kg	3	2	50
设备/件	4	1	30
利润/(元/件)	5	3	

解:这是求获利最大的单目标的规划问题,用 x_1, x_2 分别表示生产 A,B 产品的产量,其线性规划模型可表述为

$$\max z = 5x_1 + 3x_2$$
$$\text{s. t.} \begin{cases} 3x_1 + 2x_2 \leqslant 50 \\ 4x_1 + x_2 \leqslant 30 \\ x_1, x_2 \geqslant 0 \end{cases}$$

可以求得当 $x_1=2, x_2=22$ 时，最大利润 $z=76$ 元。但公司在做决策时，常常需要考虑市场和管理中其他一系列条件，如：

（1）设备使用控制在 25 台之内；

（2）原材料的供应量必须小于 45kg；

（3）应尽可能达到并超过计划利润指标 60 元。

这样在考虑产品决策时，便为多目标决策问题。目标规划方法是解决这类决策问题的方法之一。下面引入并介绍目标规划数学模型有关概念。

1. 设 x_1, x_2 为决策变量，引进正、负偏差变量 d^+, d^-

正偏差变量 d^+ 表示决策值超过目标值的部分；负偏差变量 d^- 表示决策值未达到目标值的部分。因决策值不可能既超过目标值同时又未达到目标值，所以恒有 $d^+ \cdot d^- = 0$。

2. 绝对约束和目标约束

绝对约束是指必须严格满足的等式约束和不等式约束，如线性规划问题的所有约束条件，不能满足这些约束条件的解称为非可行解，所以它们是硬约束。目标约束是目标规划特有的，可把约束右端项看作要追求的目标值。在达到此目标值时允许发生正或负偏差，因此在这些约束中加入正、负偏差变量，它们是软约束。线性规划问题的目标函数，在给定目标值中加入正、负偏差变量后可变换为目标约束。也可根据问题的需要将绝对约束变换成目标约束。例如，例 1 目标函数 $z=5x_1+3x_2$ 可变换为目标约束 $5x_1+3x_2+d_1^- -d_1^+ =60$。约束条件 $4x_1+x_2 \leqslant 30$ 可变换为目标约束 $4x_1+x_2+d_2^- -d_2^+ =25$。

3. 优先因子（优先等级）与权系数

一个规划问题常常有若干目标。但决策者在要求达到这些目标时，存在主次或轻重缓急的不同。要求第一位达到的目标赋予优先因子 P_1，次位的目标赋予优先因子 P_2，……，并规定 $P_k \gg P_{k+1}, k=1,2,\cdots,K$，表示 P_k 比 P_{k+1} 有更大的优先权。即首先保证 P_1 级目标的实现，这时可不考虑次级目标；而 P_2 是在实现 P_1 级目标的基础上考虑的；依此类推。若要区别具有相同优先因子的两个目标的差别，这时可分别赋予它们不同的权系数 ω_j，这些都由决策者按具体情况而定。在实际计算过程中，可以用数量级差别非常大的数来进行级别划分，同时用同一数量级内的数来表示权重。

4. 目标规划的目标函数

目标规划的目标函数是按各目标约束的正、负偏差变量和赋予相应的优先因子及权系数而构造的。当每一目标值确定后，决策者的要求是尽可能缩小偏离目标值。因此目标规划的目标函数只能是 $\min z = f(d^+, d^-)$。其基本形式有三种：

（1）要求达到目标值，即正、负偏差变量都要尽可能小。这时

$$\min z = f(d^+ + d^-)$$

(2) 要求不超过目标值，即允许达不到目标值，就是正偏差变量要尽可能小。这时
$$\min z = f(d^+)$$

(3) 要求超过目标值，即超过量不限，但必须是负偏差变量要尽可能小。这时
$$\min z = f(d^-)$$

目标规划的一般的数学模型为
$$\min z = \sum_{l=1}^{L} p_l \sum_{k=1}^{K} (\omega_{lk}^- d_k^- + \omega_{lk}^+ d_k^+)$$

式中 $\omega_{lk}^-, \omega_{lk}^+$ 为权系数。

$$\begin{cases} \sum_{j=1}^{n} c_{kj} x_j + d_k^- - d_k^+ = g_k, & k=1,2,\cdots,K \\ \sum_{j=1}^{n} a_{ij} \leqslant (\geqslant, =) b_i, & i=1,2,\cdots,m \\ x_j \geqslant 0, & j=1,2,\cdots,n \\ d_k^-, d_k^+ \geqslant 0, & k=1,2,\cdots,K \end{cases}$$

建立目标规划的数学模型时，需要确定目标值、优先等级、权系数等，它们都具有一定的主观性和模糊性，可以用专家评定法给定。

5.1.2 目标规划的求解实例

对一个具体目标规划问题，可根据决策者的要求和赋予各目标的优化因子来构造目标函数，下面用例子来说明。

【例 5-2】 【例 5-1】的决策者必须在以下条件中考虑决策问题：首先，设备使用控制在 25 台之内；其次，原材料的供应量必须小于 45 kg；最后，应尽可能达到并超过计划利润指标 60 元。

解：按决策者所要求的，分别赋予这三个目标 P_1, P_2, P_3 优先因子。此问题的数学模型是：
$$\min z = P_1 d_1^+ + P_2 d_2^+ + P_3 d_3^-,$$
$$\begin{cases} 4x_1 + x_2 + d_1^- - d_1^+ = 25 \\ 3x_1 + 2x_2 + d_2^- - d_2^+ = 45 \\ 5x_1 + 3x_2 + d_3^- - d_3^+ = 60 \\ x_1, x_2, d_i^-, d_i^+ \geqslant 0, \quad i=1,2,3 \end{cases}$$

令 $P_1 = 999\,999, P_2 = 999, P_3 = 1$，则得到如下线性规划模型：
$$\min z = 999\,999 d_1^+ + 999 d_2^+ + d_3^-,$$
$$\begin{cases} 4x_1 + x_2 + d_1^- - d_1^+ = 25 \\ 3x_1 + 2x_2 + d_2^- - d_2^+ = 45 \\ 5x_1 + 3x_2 + d_3^- - d_3^+ = 60 \\ x_1, x_2, d_i^-, d_i^+ \geqslant 0, \quad i=1,2,3 \end{cases}$$

上述数学模型用电子表格可描述的计算公式如表 5-2 所示。

表 5-2 求解公式

	A	B	C	D	E	F	G
4		A	B	拥有量			
5	设备/件	4	1	30			
6	原材料/公斤	3	2	50			
7	利润/(元/件)	5	3				
8							
9							
10							
11		A	B				
12	产量	2.14	16.43				
13							
14							
15	目标		d−	d+			
16		实际数	不足目标值的数量	超出目标值的数量	合计		目标值
17		=SUMPRODUCT(B5:C5,$B$12:$C$12)	0.00	0.00	=B17+C17−D17	=	25
18		=SUMPRODUCT(B5:C5,$B$12:$C$12)	5.71	0.00	=B18+C18−D18	=	45
19		=SUMPRODUCT(B5:C5,$B$12:$C$12)	0.00	0.00	=B19+C19−D19	=	60
20							
21							
22		=999999*D17+999*D18+C19					

模型的运算结果如图 5-1 所示。

上面的计算是很麻烦的,为了提高工作效率,减少出错,我们编制如下的 VBA 程序:

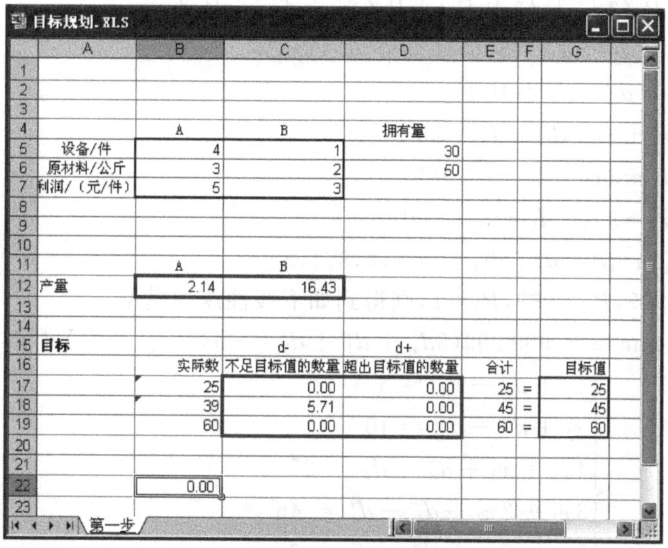

图 5-1 运算结果

```
Sub js1()
Cells(17, 2)= "= SUMPRODUCT(B5:C5,$ B$ 12:$ C$ 12)"
Cells(18, 2)= "= SUMPRODUCT(B6:C6,$ B$ 12:$ C$ 12)"
Cells(19, 2)= "= SUMPRODUCT(B7:C7,$ B$ 12:$ C$ 12)"
Cells(17, 5)= "= B17+ C17- D17"
Cells(18, 5)= "= B18+ C18- D18"
Cells(19, 5)= "= B19+ C19- D19"

Cells(22, 2)= "= 999999 * D17+ 999 * D18+ C19"

SolverReset
Call SolverOptions(AssumeLinear:= True, AssumeNonNeg:= True)
Call SolverOk("$ B$ 22", 2, 0, "$ B$ 12:$ C$ 12,$ C$ 17:$ D$ 19")
Call SolverAdd("$ E$ 17:$ E$ 19", 2, "$ G$ 17:$ G$ 19")
SolverSolve (True)
End Sub
```

【例 5-3】【例 5-1】的决策者必须在以下条件中考虑决策问题。首先,产品 A 正好 5 件,产品 B 不多于 10 件,且产品 A 不少于 5 是产品 B 不多于 10 件重要性的 3 倍。其次,设备使用控制在 25 台之内,原材料的供应量必须小于 45kg,且二者重要性相同。最后,应尽可能达到并超过计划利润指标 60 元。

解：$\min z = P_1(3d_1^- + d_1^+ + d_2^+) + P_2(d_3^+ + d_4^+) + P_3 d_5^-$

$$\begin{cases} x_1 + d_1^- - d_1^+ = 5 \\ x_2 + d_2^- - d_2^+ = 10 \\ 4x_1 + x_2 + d_3^- - d_3^+ = 25 \\ 3x_1 + 2x_2 + d_4^- - d_4^+ = 45 \\ 5x_1 + 3x_2 + d_5^- - d_5^+ = 60 \\ x_1, x_2, d_i^-, d_i^+ \geqslant 0, \quad i = 1, 2, 3, 4, 5 \end{cases}$$

令 $P_1 = 999\,999, P_2 = 999, P_3 = 1$，则得到如下线性规划模型

$\min z = 999\,999(3d_1^- + d_1^+ + d_2^+) + 999(d_3^+ + d_4^+) + d_5^-$

$$\begin{cases} x_1 + d_1^- - d_1^+ = 5 \\ x_2 + d_2^- - d_2^+ = 10 \\ 4x_1 + x_2 + d_3^- - d_3^+ = 25 \\ 3x_1 + 2x_2 + d_4^- - d_4^+ = 45 \\ 5x_1 + 3x_2 + d_5^- - d_5^+ = 60 \\ x_1, x_2, d_i^-, d_i^+ \geqslant 0, \quad i = 1, 2, 3, 4, 5 \end{cases}$$

这里的 VBA 求解参见【例 5-2】。留给读者作为思考。我们提供 MATLAB 求解方法如下：

将上述模型数据存在"目标"的 Excel 文件中（存放方法见第 2 章），在 MATLAB 中调入上述数据，并使用如下命令：

[x,fval]=linprog(c,[],[],Aeq,beq,lb)

得到的结果为

```
x=
5.00
15.00
0.00
0.00
0.00
5.00
0.00
10.00
0.00
0.00
0.00
10.00
fval=10.00
```

当 $x_1 = 5, x_2 = 15$ 时，三个目标可实现。

5.2 层次分析法及其 VBA 求解

层次分析法是一种实用的多准则决策方法。它把一个复杂问题表示为一个有序的递阶层次结构,利用人们的判断,对决策方案的优劣进行排序。这种方法能够统一处理决策中的定性与定量因素,具有实用性、系统性、简洁性等优点。

层次分析法(AHP)是由美国著名运筹学家、匹兹堡大学教授 Saaty 于 1977 年正式提出的。其基本思路是评价者首先将复杂问题分解为若干组成要素,并将这些要素按支配关系形成有序的递阶层次结构;然后通过两两比较,确定层次中诸要素的相对重要性;最后综合各层次要素的重要程度,得到诸要素的综合评价值,并根据此进行决策。层次分析法体现了人们在决策思维过程中进行分解、判断、综合的基本特征。

5.2.1 AHP 的引出

1. 引例

下面用一个例子来说明 AHP 的基本思路。

假定现在有 n 个西瓜,它们的重量可用一个向量 $[W_1, W_2, \cdots, W_n]^T$ 表示。这些西瓜的重量未知,如果要想知道这些西瓜按重量大小的排序情况,应该怎样获得?也就是说,如何才能估计出这些西瓜的相对重量;或者说,如何才能得到它们的重量向量 $[W_1, W_2, \cdots, W_n]^T$。

方法一:对于这个问题,很容易想到的一个解决方法是:用一杆秤依次称出各个西瓜的重量 $W_1, W_2, \cdots, W_n$。这样就可以对这些西瓜的重量进行比较了。

但是,如果现在没有秤,如何才能估计出西瓜的轻重呢?这时可采用第二种方法。

方法二:采用两两比较的方法,判断每两个西瓜的相对重量的比例。具体做法是:先取出第一个西瓜,将它依次与第二个、第三个、$\cdots$、第 n 个西瓜进行两两比较(可用两只手掂一掂来比较);然后将第一个西瓜放回原处,取出第二个西瓜,将它与其他西瓜进行两两比较;依此类推,直到将第 n 个西瓜与其他西瓜都进行了两两比较为止。这样就得到了一个反映西瓜两两比较的相对重量的 $n \times n$ 矩阵,称作比较判断矩阵。假设用 A 表示比较判断矩阵,则有:

$$A = \begin{bmatrix} W_1/W_1 & W_1/W_2 & \cdots & W_1/W_j & \cdots & W_1/W_n \\ W_2/W_1 & W_2/W_2 & \cdots & W_2/W_j & \cdots & W_2/W_n \\ \vdots & \vdots & & \vdots & & \vdots \\ W_i/W_1 & W_i/W_2 & \cdots & W_i/W_j & \cdots & W_i/W_n \\ \vdots & \vdots & & \vdots & & \vdots \\ W_n/W_1 & W_n/W_2 & \cdots & W_n/W_j & \cdots & W_n/W_n \end{bmatrix}$$

$$= (a_{ij})_{n \times n} \quad (i, j = 1, 2, \cdots, n) \tag{5-1}$$

上式中，
$$a_{ij} = \frac{W_i}{W_j} \quad (i,j=1,2,\cdots,n) \quad (5\text{-}2)$$

显然有：
$$a_{ij} = 1/a_{ji} \quad (i,j=1,2,\cdots,n) \quad (5\text{-}3)$$
$$a_{ii} = 1 \quad (i=1,2,\cdots,n) \quad (5\text{-}4)$$
$$a_{ij} = a_{ik}/a_{jk} \quad (i,j,k=1,2,\cdots,n) \quad (5\text{-}5)$$

用重量向量 $W = [W_1, W_2, \cdots, W_n]^T$ 右乘式(5-1)两边，得

$$AW = \begin{bmatrix} W_1/W_1 & W_1/W_2 & \cdots & W_1/W_j & \cdots & W_1/W_n \\ W_2/W_1 & W_2/W_2 & \cdots & W_2/W_j & \cdots & W_2/W_n \\ \vdots & \vdots & & \vdots & & \vdots \\ W_i/W_1 & W_i/W_2 & \cdots & W_i/W_j & \cdots & W_i/W_n \\ \vdots & \vdots & & \vdots & & \vdots \\ W_n/W_1 & W_n/W_2 & \cdots & W_n/W_j & \cdots & W_n/W_n \end{bmatrix} \begin{bmatrix} W_1 \\ W_2 \\ \vdots \\ W_j \\ \vdots \\ W_n \end{bmatrix} = n \begin{bmatrix} W_1 \\ W_2 \\ \vdots \\ W_j \\ \vdots \\ W_n \end{bmatrix} = nW \quad (5\text{-}6)$$

从式(5-6)可见：

(1) 重量向量 W 是比较判断矩阵 A 的特征向量；

(2) 重量向量的元素个数 n（即西瓜的个数）是比较判断矩阵 A 的特征值；

(3) 只要求出判断矩阵 A 的特征向量，则该特征向量就是重量向量 W。

从以上分析可以知道，确定 n 个西瓜的相对重量排序(即重量向量 W)有两种方法。第一种方法是用秤逐个称出西瓜的重量，加以比较；第二种方法是用两两比较的方法构造出比较判断矩阵，然后采用数学方法计算出该比较判断矩阵的特征值与特征向量，该特征向量就是所要求出的重量向量 W。

第一种方法简单、直观，但仅适用于有度量标尺的问题。在前面所述的西瓜例子中当然可采用第一种方法，但是在社会经济系统中，很多测度对象具有相对的性质，无法确定统一的标度，例如对环境、安全、舒适这类问题就很难提出一种标度。这时第二种方法就十分有效。因此，第二种方法适用于社会、政治、人的行为、管理等难以度量的问题。在采用第二种方法时，重量向量的含义就演变为重要性向量，或者称相对重要性排序权值向量。层次分析法就是采用第二种方法来进行评价与决策的。

2. 判断尺度

如上所述，第二种方法的关键之一是构造比较判断矩阵。比较判断矩阵是描述对于上一层次某要素来说本层次相关要素之间相对重要性的矩阵，它是以上一层次某要素为评价准则，对本层次的要素进行两两比较得出的。为了将两两比较的结果数量化，需要有一个表示两个要素的相对重要性的数量尺度，称为判断尺度。层次分析方法采用 1~9 标度的判断尺度，其定义如表 5-3 所示。

表 5-3 判断尺度

判断尺度	定义
1	表示两个要素相比,具有同样的重要性
3	表示两个要素相比,一个要素比另一个要素稍微重要
5	表示两个要素相比,一个要素比另一个要素明显重要
7	表示两个要素相比,一个要素比另一个要素强烈重要
9	表示两个要素相比,一个要素比另一个要素极端重要
2,4,6,8	介于上述两个相邻判断尺度的中间

表中各数的倒数表示否定的意思,例如要素 i 比要素 j 明显重要,则 $a_{ij}=\dfrac{W_i}{W_j}=5$。反之,要素 i 比要素 j 明显不重要,则 $a_{ij}=\dfrac{W_j}{W_i}=\dfrac{1}{a_{ij}}=1/5$。

5.2.2 AHP 的基本步骤

应用层次分析方法进行决策分析的基本步骤如下。

1. 建立递阶层次结构模型

在进行决策时,首先要明确决策的目标、准则及待决策的方案。为此,先要分析待决策问题中所包含的要素,并按照要素间相互关联影响以及隶属关系,将各要素按不同层次聚集组合,形成一个多层次的结构模型,这就是递阶层次结构模型。在递阶层次结构模型中,通常第一层是目标层(最高层),它表示问题的目的、总目标。第二层是准则层,它是总目标的具体体现,是决策所要考虑的多个子目标,也是决策的具体准则;第三、四、……层是子准则层,它们将准则更加细化;从第二层起的准则层和所有的子准则层都属于中间层;最下面的一层是方案层(最低层),它表示待选择的方案、措施、政策等。这样就形成了递阶结构模型,如图 5-2 所示。

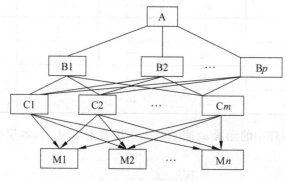

图 5-2 递阶层次结构图

A：目标层（最高层）；B1，B2，…，Bp：准则层（中间层）；C1，C2，…，Cm：子准则层（中间层）；M1，M2，…，Mn：方案层（最低层）。

下面用一个例子说明如何运用 AHP 进行多目标决策。

【例 5-4】 某公司设备选择决策问题。

某公司拟增添一台新设备。现有三种不同型号的设备 P1、P2、P3 供选择。选择设备的主要要素是功能、价格和维护。建立这一决策问题的递阶层次结构模型。

解： 这是一个多目标决策问题，根据题意可知该决策问题的目标、准则与方案，由此可建立本问题的递阶层次结构模型，如图 5-3 所示。

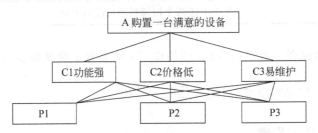

图 5-3　设备购买决策的递阶层次结构图

2. 构造比较判断矩阵

递阶层次结构建立后，第二步就是在各层要素中进行两两比较，并引入判断尺度将其量化，构造出比较判断矩阵。

设比较判断矩阵 $A=[a_{ij}]$ $(i=1,j=1,2,\cdots,n)$。比较判断矩阵中的元素 a_{ij} 是以上一层次某要素（比如说，要素 A）为准则，对本层次的 n 个要素（比如说 C1，C2，…，Cn）进行两两比较来确定的。其形式如表 5-4 所示。

表 5-4　比较判断矩阵 A

A	C1	C2	…	Cj	…	Cn
C1	a_{11}	a_{12}	…	a_{1j}	…	a_{1n}
C2	a_{21}	a_{22}	…	a_{2j}	…	a_{2n}
⋮	⋮	⋮		⋮		⋮
Cj	a_{i1}	a_{i2}	…	a_{ij}	…	a_{in}
⋮	⋮	⋮		⋮		⋮
Cn	a_{n1}	a_{n2}	…	a_{nj}	…	a_{nn}

其中，比较判断矩阵中的元素 a_{ij} 表示对上一层要素 A 而言，本层要素 Ci 对于 Cj 的相对重要程度。即

$$a_{ij}=\frac{W_i}{W_j} \quad (i,j=1,2,\cdots,n)$$

第 5 章 多目标决策模型的建立及其 VBA 与 MATLAB 求解

上式中,W_i 和 W_j 分别为准则层要素 C_i 和 C_j 的相对重要性权值。根据判断尺度将上式量化,即可得到比较判断矩阵。

【例 5-5】 构造【例 5-1】中的比较判断矩阵。

解:在【例 5-4】中,A 为目标层,其下一层的相关要素有:三个:功能 C1,价格 C2,维护 C3。现通过咨询,由专家对要素 C1,C2,C3 进行两两比较,得到了如下结果:"功能(C1)"比"价格(C2)"明显重要,比"维护(C3)"稍微重要;"价格(C2)"比"功能(C1)"明显不重要,比"维护(C3)"稍微不重要。由此可构造出比较判断矩阵 A_C 如表 5-5 所示。

表 5-5 判断矩阵

A	C1	C2	C3
C1	1	5	3
C2	1/5	1	1/3
C3	1/3	3	1

所以 $A_C = \begin{bmatrix} 1 & 5 & 3 \\ 1/5 & 1 & 1/3 \\ 1/3 & 3 & 1 \end{bmatrix}$。

然后再看下一层要素。先考虑相对于上一层次的第一个要素 C1(功能)而言,本层相关要素 P1、P2、P3 的相对重要性。通过咨询,对 P1、P2、P3 进行两两比较,可构造出比较判断矩阵 C_{1-P} 如表 5-6 所示。

表 5-6 判断矩阵

C_1	P1	P2	P3
P1	1	1/4	2
P2	4	1	8
P3	1/2	1/8	1

所以 $C_{1-P} = \begin{bmatrix} 1 & 1/4 & 2 \\ 4 & 1 & 8 \\ 1/2 & 1/8 & 1 \end{bmatrix}$。

比较判断矩阵 C_{1-P} 表明,对于"功能 C1"这个准则而言,方案 P1 与 P2 相比,其贡献的重要性介于稍微不重要与明显不重要之间,方案 P1 与 P3 相比,其贡献的重要性介于同等重要与稍微重要之间,等等。

同理可构造出比较判断矩阵 C_{2-P} 与 C_{3-P} 如下:

$$C_{2-P} = \begin{bmatrix} 1 & 4 & 1/3 \\ 1/4 & 1 & 1/8 \\ 3 & 8 & 1 \end{bmatrix}, \quad C_{3-P} = \begin{bmatrix} 1 & 1 & 1/3 \\ 1 & 1 & 1/5 \\ 3 & 5 & 1 \end{bmatrix}$$

3. 层次单排序

如前所述,比较判断矩阵的特征向量 W 即为各要素的相对重要性向量。因此,在得到比较判断矩阵后,接下去应计算比较判断矩阵的特征向量 W 和特征值 $\lambda_{\max}$(可以证明,该特征值是该矩阵的最大特征值)。这就是层次单排序要完成的工作。因此,层次单排序就是计算同一层次要素对于上一层次某要素的相对重要性排序权值,层次单排序的做法是计算各比较判断矩阵的最大特征值及其对应的特征向量。

矩阵的特征值及其对应的特征向量的估算方法有和积法、方根法、幂法等多种方法。本节介绍其中的和积法。

设有 $n \times n$ 矩阵 $A = (a_{ij})$,$(i, j = 1, 2, \cdots, n)$ 用和积法估算矩阵 A 的最大特征值及其对应特征向量的步骤如下:

(1) 计算比较判断矩阵 A 中每一列要素的列和 S_j:

$$S_j = \sum_{i=1}^{n} a_{ij} \quad (j = 1, 2, \cdots, n) \tag{5-7}$$

(2) 将比较判断矩阵 A 中的各个要素除以该要素所在列的列和 S_j,得到一个归一化了的新矩阵 A_{norm},这里的归一化矩阵是指每一列和等于1的矩阵。设 $A_{\text{norm}} = (a_{ij}^*)$。

(3) 计算新矩阵 A_{norm} 中每一行的均值 W_i,得到特征向量 W,它就是 A 矩阵中各要素的层次单排序权值。

$$W_i = \frac{\sum_{j=1}^{n} a_{ij}^*}{n} \quad (i = 1, 2, \cdots, n) \tag{5-8}$$

则 $W = [W_1, W_2, \cdots, W_i, \cdots, W_n]^T$ 为所求之特征向量。

(4) 计算比较判断矩阵的最大特征值 $\lambda_{\max}$

$$\lambda_{\max} = \sum_{i=1}^{n} \frac{(AW)_i}{nW_i} \tag{5-9}$$

【例 5-6】 计算【例 5-2】中各比较判断矩阵的最大特征值及其对应的特征向量。

解:
$$A_{\text{-C}} = \begin{bmatrix} 1 & 5 & 3 \\ 1/5 & 1 & 1/3 \\ 1/3 & 3 & 1 \end{bmatrix}$$

由式(5-7)~(5-9)可以进行以下计算:

(1) 计算比较判断矩阵中各列的列和

$$S_1 = \sum_{i=1}^{3} a_{i1} = 1.533, \quad S_2 = \sum_{i=1}^{3} a_{i2} = 9.000, \quad S_3 = \sum_{i=1}^{3} a_{i3} = 4.333$$

(2) 计算归一化的新矩阵

$$a_{11}^* = a_{11}/S_1 = 1/1.533 = 0.652, \quad a_{12}^* = a_{12}/S_2 = 5/9.000 = 0.556,$$
$$a_{13}^* = a_{13}/S_3 = 3/4.333 = 0.692$$

第 5 章 多目标决策模型的建立及其 VBA 与 MATLAB 求解

$a_{21}^* = a_{21}/S_1 = 0.2/1.533 = 0.130$，$a_{22}^* = a_{22}/S_2 = 1/9.000 = 0.111$，
$a_{23}^* = a_{23}/S_3 = 0.333/4.333 = 0.077$
$a_{31}^* = a_{31}/S_1 = 0.333/1.533 = 0.217$，$a_{32}^* = a_{32}/S_2 = 3/9.000 = 0.333$，
$a_{33}^* = a_{33}/S_3 = 1/4.333 = 0.231$

$$\mathbf{A}_{\text{norm}} = \begin{bmatrix} 0.652 & 0.556 & 0.692 \\ 0.132 & 0.111 & 0.077 \\ 0.217 & 0.333 & 0.231 \end{bmatrix}$$

(3) 估算比较判断矩阵的特征向量

$$W_1 = \frac{\sum_{j=1}^{3} a_{1j}^*}{n} = \frac{0.652 + 0.556 + 0.692}{3} = 0.633$$

$$W_2 = \frac{\sum_{j=1}^{3} a_{2j}^*}{n} = \frac{0.132 + 0.111 + 0.077}{3} = 0.106$$

$$W_3 = \frac{\sum_{j=1}^{3} a_{3j}^*}{n} = \frac{0.217 + 0.333 + 0.231}{3} = 0.260$$

所以 $\mathbf{W} = [0.633, 0.106, 0.260]^T$ 为判断矩阵 $\mathbf{A}_{\text{-C}}$ 之特征向量，亦即要素 C1, C2, C3 对应于第一层 A(目标层)的相对重要性排序权值。它说明，对于总 A 来说，准则 C1(功能强), C2(价格低), C3(易维护)的相对重要性权值分别为 0.633, 0.106, 0.260。

(4) 估算比较判断矩阵的特征值

$$\mathbf{A}_{\text{-C}}\mathbf{W} = \begin{bmatrix} 1 & 5 & 3 \\ 1/5 & 1 & 1/3 \\ 1/3 & 3 & 1 \end{bmatrix} \begin{bmatrix} 0.633 \\ 0.106 \\ 0.260 \end{bmatrix} = \begin{bmatrix} 1.946 \\ 0.320 \\ 0.790 \end{bmatrix}$$

所以 $\lambda_{\max} = \sum_{i=1}^{n} \frac{(\mathbf{A}_{\text{-C}}\mathbf{W})_i}{n W_i} = \frac{1.946}{3 \times 0.633} + \frac{0.320}{3 \times 0.106} + \frac{0.790}{3 \times 0.260} = 3.185$，$\lambda_{\max}$ 即为判断矩阵 $\mathbf{A}_{\text{-C}}$ 之特征值。

同理可得：

$\mathbf{C}_{\text{1-P}}$ 矩阵的特征向量 $\mathbf{W} = [0.182, 0.727, 0.091]^T$，特征值 $\lambda_{\max} = 3.00$。可见对于准则 C1(功能强)来说，方案 P1, P2, P3 的贡献的相对重要性权值分别为 0.182, 0.727, 0.091。

$\mathbf{C}_{\text{2-P}}$ 矩阵的特征向量 $\mathbf{W} = [0.257, 0.074, 0.669]^T$，特征值 $\lambda_{\max} = 3.018$。可见对于准则 C2(价格低)来说，方案 P1, P2, P3 的贡献的相对重要性权值分别为 0.257, 0.074, 0.669。

$\mathbf{C}_{\text{3-P}}$ 矩阵的特征向量 $\mathbf{W} = [0.187, 0.158, 0.655]^T$，特征值 $\lambda_{\max} = 3.029$。可见对于准则 C3(易维护)来说，方案 P1, P2, P3 的贡献的相对重要性权值分别为 0.187, 0.152, 0.655。

4. 层次总排序

层次单排序给出了相对于上一层次某要素，本层次相应要素的相对重要性排序权值。

而最终要求出的是最低层(方案层)相对于最高层(目标层)的相对重要性排序权值,这样就可得到综合各方案在各决策准则下的优劣之后的总结果。而某层次对于最高层的相对重要性排序权值就称为该层次的层次总排序权值。层次总排序权值最大的方案就是对总目标贡献最大的方案,也就是最优方案。因此,层次总排序的目的是计算同一层次所有要素对于最高层(总目标)的相对重要性排序权值。

层次总排序是由上而下进行的。其计算过程如下:

设在递阶层次结构模型中,最高层为 A 层;第二层为 B 层(对于第二层而言,由于它的上一层次就是最高层,所以其层次单排序权值等于层次总排序权值),B 层有 m 个要素 B1,B2,$\cdots$,Bm,它们关于最高层 A 层的相对重要性排序权值分别为 $b_1,b_2,\cdots,b_i,\cdots,b_m$;B 层的下一层为 C 层,设 C 层有 n 个 C1,C2,$\cdots$,Cn,它们关于 B 层中任一要素 Bi 的层次单排序的排序权值分别为 $c_1^i,c_2^i,\cdots,c_j^i,\cdots,c_n^i$(如果 C 层中某要素 C$k$ 与要素 Bi 无关,则该项权值 c_k^i 为 0),则 C 层中各要素对于最高层 A 层的层次总排序 $c_1,c_2,\cdots,c_j,\cdots,c_n$ 为

$$c_j = \sum_{i=1}^{n} b_i c_j^i \quad (j=1,2,\cdots,n) \tag{5-10}$$

即 C 层对于总目标 A 的层次总排序权值,是以上一层次总排序权值为权重、对 C 层的层次单排序权值进行加权和得出的,如表 5-7 所示。

表 5-7 层次总排序

	B1	B2	$\cdots$	Bi	$\cdots$	Bm	C 层层次总排序权值 c_j
	b_1	b_2	$\cdots$	b_i	$\cdots$	bm	
C1	c_1^1	c_1^2	$\cdots$	c_1^i	$\cdots$	c_1^m	$c_1 = \sum_{i=1}^{m} b_i c_1^i$
C2	c_2^1	c_2^2	$\cdots$	c_2^i	$\cdots$	c_2^m	$c_2 = \sum_{i=1}^{m} b_i c_2^i$
$\vdots$	$\vdots$	$\vdots$	$\vdots$	$\vdots$		$\vdots$	$\vdots$
Cj	c_j^1	c_j^2	$\cdots$	c_j^i	$\cdots$	c_j^m	$c_j = \sum_{i=1}^{m} b_i c_j^i$
$\vdots$	$\vdots$	$\vdots$	$\vdots$	$\vdots$		$\vdots$	$\vdots$
Cn	c_n^1	c_n^2	$\cdots$	c_n^i	$\cdots$	c_n^m	$c_n = \sum_{i=1}^{m} b_i c_n^i$

如果 C 层下还有 D 层,D 层有 p 个要素 D1,D2,$\cdots$,Dp,则由式(5-10)得,D 层的层次总排序权值(即 D 层对于最高层 A 层的相对重要性排序权值)为

$$d_j = \sum_{i=1}^{n} c_i d_j^i \quad (j=1,2,\cdots,p)$$

上式中,c_i 为上一层次(C 层)的要素 Ci($i=1,2,\cdots,n$)的层次总排序权值,d_j^i 为本层次(D 层)要素 Dj($j=1,2,\cdots,p$)对于上一层次的要素 Ci 的层次单排序权值。若 D 层下还有 E

第 5 章 多目标决策模型的建立及其 VBA 与 MATLAB 求解

层,F 层,……则用同样方法依次往下递推计算,最终可求出最低层(即方案层)对于总目标的总排序权值,其中总排序权值最高的方案就是最优方案。

【例 5-7】 对【例 5-4】~【例 5-6】中的问题进行层次总排序。

解:将【例 5-4】中层次排序单排序的结果列入表 5-8 中,如表 5-8 所示。

表 5-8　层次总排序

	C1	C2	C3	P 层层次总排序权值 c_j
	0.633	0.106	0.260	
P1	0.182	0.257	0.187	0.182*0.633+0.257*0.106+0.187*0.260=0.191
P2	0.722	0.074	0.158	0.727*0.633+0.074*0.106+0.158*0.260=0.510
P3	0.091	0.669	0.655	0.091*0.633+0.669*0.106+0.655*0.260=0.299

P 层的总排序为 $[0.191, 0.510, 0.299]^T$,因此,方案 P2 为最优方案,其次是方案 P3,最次方案是 P1。

5. 一致性检验

如前所述,比较判断矩阵是由评价者通过两两比较得到的,但评价者往往很难精确地判断出比较矩阵中各元素的值,而只能对它们进行估计。如果在估计时偏差过大,出现严重的思维判断不一致的情况,就必须对比较判断矩阵进行修正。这种思维不一致主要表现为两种逻辑错误。

(1) 克星逻辑错误

克星逻辑错误是一种根本性的判断错误。在上述购买设备的例子中,当"功能"比"维护"重要,而"维护"又比"价格"重要时,如果认为"价格"比"功能"更重要,那就不符合逻辑了。这种自相矛盾的逻辑错误就是克星逻辑错误。

(2) 量度逻辑错误

量度逻辑错误是一种对重要程度的判断错误。当"功能"与"维护"相比的相对重要程度为 3,而"维护"与"价格"相比的相对重要是 5 时,如果认为"功能"与"价格"相比的相对重要程度为 3,那就在程度上不符合逻辑了。这种程度上的判断错误就是量度逻辑错误。

一致性检验就是检验各比较判断矩阵是否存在这两类逻辑错误,同时确定这种错误是属于可接受的、还是不可接受的。只有通过一致性检验的比较判断矩阵才被认为是有效的,否则就应进行修正。

设有 $n \times n$ 比较判断矩阵 A,研究发现,当 A 矩阵完全一致时,则有 $\lambda_{\max} = n$(其中 n 为 A 矩阵的阶数);当 A 矩阵稍有不一致时,$\lambda_{\max} > n$(表示 $\lambda_{\max} > n$,同时又接近 n 的值);A 矩阵的不一致越大,$\lambda_{\max}$ 与 n 的差就越大。因此可以用 $(\lambda_{\max} - n)$ 来作为度量不一致性的指标。

定义一致性指标 CI 为

$$\text{CI} = \frac{\lambda_{\max} - n}{n - 1} \tag{5-11}$$

定义随机一致性指标 CR：

$$CR = CI/RI \tag{5-12}$$

其中，RI 为平均随机一致性指标，它是仅与比较判断矩阵的阶数有关的指标。RI 的值如表 5-9 所示。

表 5-9 平均随机一致性指标 RI 的值

矩阵阶数 n	1	2	3	4	5	6	7	8	9	10
RI	0	0	0.52	0.89	1.11	1.25	1.35	1.40	1.45	1.49

注：事实上，当矩阵阶数小于 2 时，矩阵不存在不一致问题，所以不必检验。

一致性检验的步骤如下：

(1) 计算式(5-10)比较判断矩阵的最大特征值 $\lambda_{\max}$；

(2) 计算随机一致性比率 CR；

(3) 当 CR≤0.1 时，比较判断矩阵具有满意的一致性；当 CR＞0.1 时，比较矩阵不一致，必须进行修正。

【例 5-8】 对【例 5-4】～【例 5-7】中的比较判断矩阵进行一致性检验。

解：在【例 5-7】中已得出比较判断矩阵 A_{-C}，C_{1-P}，C_{2-P}，C_{3-P} 的最大特征值 $\lambda_{\max}$，下面对这 4 个矩阵进行一致性检验。

比较判断矩阵 A_{-C} 的最大特征值为 $\lambda_{\max}=3.038$，A_{-C} 为 3×3 矩阵，即 $n=3$。由式(5-11)得

$$CI = \frac{\lambda_{\max}-n}{n-1} = \frac{3.038-3}{3-1} = 0.019$$

查表 5-9 得，RI=0.52，由式(5-12)可得 CR=CI/RI=0.019/0.52=0.037＜0.1 所以比较判断矩阵 A_{-C} 具有满意的一致性。

同理可得，比较判断矩阵 C_{1-P} 的 CR=0.00＜0.1；C_{2-P} 的 CR=0.018＜0.1；C_{3-P} 的 CR=0.029＜0.1；所以比较判断矩阵 C_{1-P}，C_{2-P}，C_{3-P} 均具有满意的一致性。

5.2.3 AHP 的电子表格解法

用 AHP 进行多目标决策时，需要计算各个比较判断矩阵的特征值和特征向量，计算量较大。采用电子表格可以有效地解决这个困难，并且，当比较判断矩阵变化时，只需要改变有关数据，就可以得到新的结果。此外，对于递阶层次结构类似的模型，可以运用同一个电子表格框架，只需要输入新模型的各相关数据，便可立刻得到该模型的运算结果。下面仍以上节的设备购买决策为例，说明 AHP 的电子表格解法。

【例 5-9】 用电子表格求解设备购买决策问题。

解：(1) 输入比较判断矩阵

首先在 Excel 的工作表上输入已知的比较判断矩阵。在单元格 B7:D9 内输入 A_{-C} 矩

阵,在单元格 B15:D17、B23:D25、B31:D33 内分别输入 C_{1-P} 矩阵、C_{2-P} 矩阵、C_{3-P} 矩阵。

(2) 层次单排序(即计算各比较判断矩阵的特征向量)

由公式(5-7)~(5-9)可知,用和积法估算特征向量时,首先求出矩阵中各列的列和;再将各要素除以该要素所在列的列和,得到一个归一化矩阵;然后计算该归一化矩阵中每一行的平均值,所得到的平均值向量就是层次单排序权值向量。下面计算 A_{-C} 矩阵的层次单排序权值向量。

在单元格 B10 输入以下公式:

=sum(b7:b9)

得到 A_{-C} 矩阵中第一列的列和。将上述公式复制到单元格 C10 和 D10,分别得到第二列和第三列的列和。

在单元格 H7 中输入以下公式:

=b7/b$10

然后将上述公式复制到单元格 H8:H9 和 I7:J9,所得到的单元格 h7:j9 的值就构成归一化矩阵。

在单元格 L7 输入以下公式:

=average(h7:j7)

然后将上述公式复制到单元格 L8:L9,所得到的单元格 L7:L9 的值就是 A_{-C} 矩阵的层次单排序权值。

用同样的方法,分别在单元格 L15:L17、L23:L25、L31:L33 中得到 C_{1-P} 矩阵、C_{2-P} 矩阵、C_{3-P} 矩阵的层次单排序权值。

层次单排序的公式如表 5-10 所示。

(3) 一致性检验

一致性检验首先要计算各个比较判断矩阵的最大特征值 λ_{max}。由式(5-9)可知:

$$\lambda_{max} = \sum_{i=1}^{n} \frac{(AW)_i}{nW_i}$$

然后由式(5-11)和式(5-12)计算其一致性指标:

$$CI = \frac{\lambda_{max} - n}{n-1}$$

当 CR≤0.1 时,认为该矩阵具有满意的一致性。

下面先对 A_{-C} 矩阵进行一致性检验。在单元格 N7 中输入以下公式:

=B7*$L$7+C7*$L$8+D7*$L$9

将上述公式复制到单元格 N8:N9,所得到的单元格 N7:N9 中的值构成向量 AW。

表 5-10　层次单排序的计算公式

	A	B	C	D	G	H	I	J	L
1	例								
2									
3		比较判断矩阵				归一化矩阵			
4									
5	指标	功能	价格	维护	指标	功能	价格	维护	权重向量
6									
7	功能	1.000	5.000	3.000	功能	=B7/B$10	=C7/C$10	=D7/D$10	=AVERAGE(H7:J7)
8	价格	0.200	1.000	1/3	价格	=B8/B$10	=C8/C$10	=D8/D$10	=AVERAGE(H8:J8)
9	维护	1/3	3.000	1.000	维护	=B9/B$10	=C9/C$10	=D9/D$10	=AVERAGE(H9:J9)
10	列和	=sum(B7:B9)	=sum(C7:C9)	=sum(D7:D9)					
11									
12									
13	功能	P1	P2	P3	P1	P1	P2	P3	权重向量
14									
15	P1	1.000	0.250	2.000	P1	=B15/B$18	=C15/C$18	=D15/D$18	=AVERAGE(H15:J15)
16	P2	4.000	1.000	8.000	P2	=B16/B$18	=C16/C$18	=D16/D$18	=AVERAGE(H16:J16)
17	P3	0.500	0.125	1.000	P3	=B17/B$18	=C17/C$18	=D17/D$18	=AVERAGE(H17:J17)
18	列和	=sum(B15:B17)	=sum(C15:C17)	=sum(D15:D17)					
19									
20									

续表

	A	B	C	D	G	H	I	J	L
21	价格								
22		P1	P2	P3		P1	P2	P3	权重向量
23	P1	1.000	4.000	1/3	P1	=B23/B$26	=C23/C$26	=D23/D$26	=AVERAGE(H23:J23)
24	P2	0.250	1.000	0.125	P2	=B24/B$26	=C24/C$26	=D24/D$26	=AVERAGE(H24:J24)
25	P3	3.000	8.000	1.000	P3	=B25/B$26	=C25/C$26	=D25/D$26	=AVERAGE(H25:J25)
26	列和	=sum(b23:b25)	=sum(c23:c25)	=sum(d23:d25)					
27									
28									
29	维护								
30		P1	P2	P3		P1	P2	P3	权重向量
31	P1	1.000	1.000	1/3	P1	=B31/B$34	=C31/C$34	=D31/D$34	=AVERAGE(H31:J31)
32	P2	1.000	1.000	0.200	P2	=B32/B$34	=C32/C$34	=D32/D$34	=AVERAGE(H32:J32)
33	P3	3.000	5.000	1.000	P3	=B33/B$34	=C33/C$34	=D33/D$34	=AVERAGE(H33:J33)
34		=sum(b31:b33)	=sum(c31:c33)	=sum(d31:d33)					

在单元格 O7 中输入以下公式：

=N7/L7

将上述公式复制到单元格 O8:O9，所得到的单元格 O7:O9 中的值分别为 $\frac{(AW)_1}{W_1}$，$\frac{(AW)_2}{W_2}$，$\frac{(AW)_3}{W_3}$。

在单元格 O10 中输入以下公式：

=((AVERAGE(O7:O9)-3)/2)/0.52

得到 CR 的值。上式中，AVERAGE(O7:O9) 的值就是 $\sum_{i=1}^{n}\frac{(AW)_i}{nW_i}$，它也就是 $\lambda_{\max}$。由于该矩阵是一个三阶矩阵，$n=3$ 查表得 RI=0.52。计算得 CR=0.037<0.1，所以 $\boldsymbol{A}_{-C}$ 矩阵具有满意的一致性。

用同样的方法，在单元格 O18、O26、O34 中分别得到 $\boldsymbol{C}_{1-P}$ 矩阵、$\boldsymbol{C}_{2-P}$ 矩阵、$\boldsymbol{C}_{3-P}$ 矩阵的随机一致性比率 CR 的值。计算结果表明，它们均具有满意的一致性。

一致性检验的公式如表 5-11 所示。

表 5-11　一致性检验公式

	N	O
3	一致性检验	
4		
5		
6	加权向量	一致性计算
7	=B7*\$L\$7+C7*\$L\$8+D7*\$L\$9	=N7/L7
8	=B8*\$L\$7+C8*\$L\$8+D8*\$L\$9	=N8/L8
9	=B9*\$L\$7+C9*\$L\$8+D9*\$L\$9	=N9/L9
10	CR	=((AVERAGE(O7:O9)-3)/2)/0.52
11		
12		
13		
14	加权向量	一致性计算
15	=B15*\$L\$15+C15*\$L\$16+D15*\$L\$17	=N15/L15
16	=B16*\$L\$15+C16*\$L\$16+D16*\$L\$17	=N16/L16

续表

	N	O
17	=B17*$L$15+C17*$L$16+D17*$L$17	=N17/L17
18	CR	=((AVERAGE(O15:O17)-3)/2)/0.52
19		
20		
21		
22	加权向量	一致性计算
23	=B23*$L$23+C23*$L$24+D23*$L$25	=N23/L23
24	=B24*$L$23+C24*$L$24+D24*$L$25	=N24/L24
25	=B25*$L$23+C25*$L$24+D25*$L$25	=N25/L25
26	CR	=((AVERAGE(O23:O25)-3)/2)/0.52
27		
28		
29		
30	加权向量	一致性计算
31	=B31*$L$31+C31*$L$32+D31*$L$33	=N31/L31
32	=B32*$L$31+C32*$L$32+D32*$L$33	=N32/L32
33	=B33*$L$31+C33*$L$32+D33*$L$33	=N33/L33
34	CR	=((AVERAGE(O31:O33)-3)/2)/0.52

(4) 层次总排序

首先输入层次总排序表。在单元格 B39:D39 中输入 C 层中各要素对于总目标 A 的相对重要性排序权值,即在单元格 B39:D39 中输入以下公式:

```
=TRANSPOSE(L7:L9)
```

得到 C 层中要素 C_1、C_2、C_3 对于总目标 A 的相对重要性排序权值向量的转置。

然后在单元格 B40 输入:

```
=L15
```

将上述公式复制到单元格 B41:B42,单元格 B40:B42 中的数值就是 P 层相对于 C 层中第一个要素 C_1 的层次单排序权值。

在单元格 C40 输入:

=L23

将上述公式复制到单元格 C41:C42,单元格 C40:C42 中的数值就是 P 层相对于 C 层中第二个要素 C2 的层次单排序权值。

在单元格 D40 输入:

=L31

将上述公式复制到单元格 D41:D42,单元格 D40:D42 中的数值就是 P 层相对于 C 层中第三个要素 C3 的层次单排序权值。

然后计算层次总排序权值。层次总排序是某一层次对总目标的相对重要性排序权值,它等于以上一层次的层次总排序权值为权重、对本层次的单排序权值进行加权和得出的。

由式(5-10)知:

$$c_j = \sum_{i=1}^{n} b_i c_j^i \quad (j = 1, 2, \cdots, n)$$

在单元格 H40 输入以下公式:

=SUMPRODUCT(B40:D40,$B$39:$D$39)

将上述公式复制到单元格 H41:H42,在单元格 H40:H42 中得到层次总排序权值向量为 $[0.191, 0.510, 0.299]^T$。结果表明,方案 P2 为最优方案,其次是方案 P3,最次是方案 P1。

层次总排序公式如表 5-12 所示。

表 5-12 层次总排序公式

	A	B	C	D	G	H
37		层次总排序			层次总排序权值	
38		功能	价格	维护		
39	权重	=TRANSPOSE(L7:L9)	=TRANSPOSE(L7:L9)	=TRANSPOSE(L7:L9)		
40	P1	=L15	=L23	=L31	P1	=SUMPRODUCT(B40:D40,$B$39:$D$39)
41	P2	=L16	=L24	=L32	P2	=SUMPRODUCT(B41:D41,$B$39:$D$39)
42	P3	=L17	=L25	=L33	P3	=SUMPRODUCT(B42:D42,$B$39:$D$39)

本问题的模型与运行结果如表 5-13 所示。

表 5-13　某公司设备购买决策 AHP 模型运行结果表

	A	B	C	D	G	H	I	J	L	N	O
1		某公司设备购买决策									
2	比较判断矩阵										
3					归一化矩阵					一致性检验	
4	指标					指标			层次单排序		
5		功能	价格	维护		功能	价格	维护	权重向量	加权向量	一致性计算
6	功能	1.000	5.000	3.000	功能	0.652	0.556	0.692	0.633	1.946	3.072
7	价格	0.200	1.000	0.333	价格	0.130	0.111	0.077	0.106	0.320	3.011
8	维护	0.333	3.000	1.000	维护	0.217	0.333	0.231	0.260	0.790	3.033
9	列和	1.533	9.000	4.333					CR		0.037
10											
11											
12	功能				功能				层次单排序		
13		P1	P2	P3		P1	P2	P3	权重向量	加权向量	一致性计算
14	P1	1.000	0.250	2.000	P1	0.182	0.182	0.182	0.182	0.545	3.000
15	P2	4.000	1.000	8.000	P2	0.727	0.727	0.727	0.727	2.182	3.000
16	P3	0.500	0.125	1.000	P3	0.091	0.091	0.091	0.091	0.273	3.000
17	列和	5.500	1.375	11.000					CR		0.000
18											
19											
20	价格				价格				层次单排序		

续表

	A	B	C	D	G	H	I	J	L	N	O
22		P1	P2	P3		P1	P2	P3	权重向量	加权向量	一致性计算
23	P1	1.000	4.000	0.333		0.235	0.308	0.229	0.257	0.775	3.015
24	P2	0.250	1.000	0.125		0.059	0.077	0.086	0.074	0.222	3.004
25	P3	3.000	8.000	1.000		0.706	0.615	0.686	0.669	2.031	3.036
26	列和	4.250	13.000	1.458					CR		0.018
27											
28	维护					维护			层次单排序		
29		P1	P2	P3		P1	P2	P3	权重向量	加权向量	一致性计算
30	P1	1.000	1.000	0.333		0.200	0.143	0.217	0.187	0.563	3.015
31	P2	1.000	1.000	0.200		0.200	0.143	0.130	0.158	0.476	3.015
32	P3	3.000	5.000	1.000		0.600	0.714	0.652	0.655	2.005	3.058
33	列和	5.000	7.000	1.533					CR		0.028
34											
35	层次总排序								层次总排序权值		
36		功能	价格	维护							
37	权重	0.633	0.106	0.260							
38	P1	0.182	0.257	0.187		0.191					
39	P2	0.727	0.074	0.158		0.510					
40	P3	0.091	0.669	0.655		0.299					

5.2.4 AHP 的 VBA 程序实现

表 5-13 的计算我们也可以编制如下一段 VBA 程序来计算。
VBA 程序如下：

```
Sub js()

Range("b10")="=sum(b7:b9)"
Range("c10")="=sum(c7:c9)"
Range("d10")="=sum(d7:d9)"
Range("h7")="=B7/B$10"
Range("h8")="=B8/B$10"
Range("h9")="=B9/B$10"
Range("i7")="=C7/C$10"
Range("i8")="=C8/C$10"
Range("i9")="=C9/C$10"
Range("j7")="=D7/D$10"
Range("j8")="=D8/D$10"
Range("j9")="=D9/D$10"
Range("l7")="=AVERAGE(H7:J7)"
Range("l8")="=AVERAGE(H8:J8)"
Range("l9")="=AVERAGE(H9:J9)"

Rem 功能
Range("b18")="=sum(b15:b17)"
Range("c18")="=sum(c15:c17)"
Range("d18")="=sum(d15:d17)"
Range("h15")="=B15/B$18"
Range("h16")="=B16/B$18"
Range("h17")="=B17/B$18"
Range("i15")="=C15/C$18"
Range("i16")="=C16/C$18"
Range("i17")="=C17/C$18"
Range("j15")="=D15/D$18"
Range("j16")="=D16/D$18"
Range("j17")="=D17/D$18"
Range("l15")="=AVERAGE(H15:J15)"
Range("l16")="=AVERAGE(H16:J16)"
Range("l17")="=AVERAGE(H17:J17)"
```

```
Rem 价格
Range("b26")="=sum(b23:b25)"
Range("c26")="=sum(c23:c25)"
Range("d26")="=sum(d23:d25)"
Range("h23")="=B23/B$26"
Range("h24")="=B24/B$26"
Range("h25")="=B25/B$26"
Range("i23")="=C23/C$26"
Range("i24")="=C24/C$26"
Range("i25")="=C25/C$26"
Range("j23")="=D23/D$26"
Range("j24")="=D24/D$26"
Range("j25")="=D25/D$26"
Range("l23")="=AVERAGE(H23:J23)"
Range("l24")="=AVERAGE(H24:J24)"
Range("l25")="=AVERAGE(H25:J25)"

Rem 维护
Range("b34")="=sum(b31:b33)"
Range("c34")="=sum(c31:c33)"
Range("d34")="=sum(d31:d33)"
Range("h31")="=B31/B$34"
Range("h32")="=B32/B$34"
Range("h33")="=B33/B$34"
Range("i31")="=C31/C$34"
Range("i32")="=C32/C$34"
Range("i33")="=C33/C$34"
Range("j31")="=D31/D$34"
Range("j32")="=D32/D$34"
Range("j33")="=D33/D$34"
Range("l31")="=AVERAGE(H31:J31)"
Range("l32")="=AVERAGE(H32:J32)"
Range("l33")="=AVERAGE(H33:J33)"

Rem 一致性检验
Range("n7")="=B7*$L$7+C7*$L$8+D7*$L$9"
Range("n8")="=B8*$L$7+C8*$L$8+D8*$L$9"
Range("n9")="=B9*$L$7+C9*$L$8+D9*$L$9"
Range("o7")="=N7/L7"
Range("o8")="=N8/L8"
Range("o9")="=N9/L9"
```

```
Range("o10")="=((AVERAGE(O7:O9)-3)/2)/0.52"

Range("n15")="=B15*$L$15+C15*$L$16+D15*$L$17"
Range("n16")="=B16*$L$15+C16*$L$16+D16*$L$17"
Range("n17")="=B17*$L$15+C17*$L$16+D17*$L$17"
Range("o15")="=N15/L15"
Range("o16")="=N16/L16"
Range("o17")="=N17/L17"
Range("o18")="=((AVERAGE(O15:O17)-3)/2)/0.52"

Range("n23")="=B23*$L$23+C23*$L$24+D23*$L$25"
Range("n24")="=B24*$L$23+C24*$L$24+D24*$L$25"
Range("n25")="=B25*$L$23+C25*$L$24+D25*$L$25"
Range("o23")="=N23/L23"
Range("o24")="=N24/L24"
Range("o25")="=N25/L25"
Range("o26")="=((AVERAGE(O23:O25)-3)/2)/0.52"

Range("n31")="=B31*$L$31+C31*$L$32+D31*$L$33"
Range("n32")="=B32*$L$31+C32*$L$32+D32*$L$33"
Range("n33")="=B33*$L$31+C33*$L$32+D33*$L$33"
Range("o31")="=N31/L31"
Range("o32")="=N32/L32"
Range("o33")="=N33/L33"
Range("o34")="=((AVERAGE(O31:O33)-3)/2)/0.52"

Rem 层次总排序

Range("b39")="=L7": Range("c39")="=L8": Range("d39")="=L9"

Range("b40")="=L15"
Range("b41")="=L16"
Range("b42")="=L17"
Range("c40")="=L23"
Range("c41")="=L24"
Range("c42")="=L25"
Range("d40")="=L31"
Range("d41")="=L32"
Range("d42")="=L33"
Range("h40")="=SUMPRODUCT(B40:D40,$B$39:$D$39)"
```

```
Range("h41")="=SUMPRODUCT(B41:D41,$B$39:$D$39)"
Range("h42")="=SUMPRODUCT(B42:D42,$B$39:$D$39)"

End Sub
```

5.2.5 AHP在内河出入境检验检疫局进口商品检验检疫风险管理中的应用

1. 引言

进口商品检验检疫风险的综合评价涉及的商品繁多、专业广泛,综合评价有较大的难度。本节试图建立综合评价指标体系和评价模型,将定性的风险描述通过一个数学模型转化为定量的描述,对某进口商品的检验检疫指标或综合风险进行评价,计算出风险指数,其目的是为进口部门管理者决策时提供参考依据。

2. 层次分析法(AHP)与模糊综合评价法

AHP法基本原理及其决策模型如前所述。下面主要介绍模糊综合评估的计算步骤:

(1) 确定评估指标及基权数。根据评价目标确定指数 $X=\{x_1,x_2,\cdots,x_n\}$ 及各指标的权重 $W=\{w_1,w_2,\cdots,w_n\}$。

(2) 单因素评价

确定评价结果等级,即决策 $Z=\{z_1,z_2,\cdots,z_m\}$,然后确定评价对象在各单项指标上的得分 $r_i=(r_{i1},r_{i2},\cdots,r_{im})(i=1,2,\cdots,n)$。其中是评价对象在 i 个指数上隶属于等级 z_i 的程度,最后以 r_i 为构成单因素评价矩阵 $R=(r_{ij})$。

(3) 综合评价

① 计算模糊合成 $A\times R$,合成采用 $(+,\cdot)$,即相当于普通矩阵乘法。对合成结果归一化,按最大隶属度原则确定评价对象所属的等级。

② 如果有同一类型多个被评价对象,希望对其模糊综合评价等级进一步区分,用每个对象(归一化的)模糊合成结果对各等级的数值加权平均,则可基于模糊合成的结果计算每个对象的一个综合得分。

③ 当指标较多时,模糊综合评价中指标权重的确定可采用AHP法。

3. 进口商品检验检疫风险分析

(1) 进口商品检验检疫风险分析相关理论

风险的基本含义是损失的不确定性。所谓不确定性,是基于对未来会发生什么或不会发生什么事情因缺乏认识而产生一种怀疑的思维状态。一般认为,风险是有条件的不确定性。人们往往不知道某一时期和某一条件下未来到底发生何种状态,但通过统计分析,可以估计每种状态的概率和每种状态发生后的结果。风险主要特征有客观性、不确定性、可测性、相对性、突发性五方面。风险管理指用最小的代价降低纯粹风险的一系列程序。

出入境检验检疫风险强调损失发生的概率和损失严重程度,以及后果。国家质检总局于2002年12月公布《进境动物和动物产品风险分析管理规定》对"风险"作如下定义：风险是动物传染病、寄生虫病病原体、有毒有害物质随进境动物、动物产品、动物遗传物质、动物源性饲料、生物制品和动物病理材料传入的可能性及其对农牧渔业生、人体健康的生态环境造成的危害。这是国家质检总局发布对某一特定风险的定义。该定义是检验检疫风险一般定义的具体化。

在检验检疫食品安全性管理领域，有的把风险定义为某种特定危险事件(安全、质量事故或意外事件)发生的可能性和后果的组合。在质量抽样检验检疫时，抽样方案存在"生产方风险"和"使用方风险"，其内涵也是针对风险的损失来定义。

本节所指的检验检疫主要包含以下三方面：①可能发生或潜在的检验检疫危险、损失事件是什么？②发生可能性(危险概率)有多大？③事故发生引起的后果如何？

进口商品检验检疫风险主要从商品本质特性和检验检疫内部管理等方面来考虑，尤其是从国家经济安全、生物安全与健康、环境保护的影响方面划分。检验检疫风险可分为：疫病风险、品质风险、技术风险、贸易风险、政策风险、经济风险，内部管理风险等。

本节拟采取的风险分析框架和模型为：①采用流程图法、专家调查法识别风险源和各阶段的主要影响因素；②采用专家调查法、头脑风暴法确定进口商品检验检疫风险指数评价体系；③利用AHP法计算在一定时期内各指数体系的权值；④利用模糊综合评价法对6类进口商品风险程度综合评价和分类；⑤根据计算结果提出进口商品实施分类管理建议，包括风险预警和风险应对等动态监管。

从贸易双方签订贸易合同当日起，进口商品经历制造或收购、发货人检验检疫或检查、运输、收货人进口报关、报检，以及收货人验收、使用等环节。识别进口商品检验检疫风险，可从进口商品供应链、物流链各阶段来探索其风险源或机理。

(2) 风险指标体系的确定

根据专家组的风险分析结果，确定16个风险指标组成进口商品检验检疫风险指标评价体系，将该评价体系分为三个层次：

第一层：总目标层 A：进口商品检验检疫风险。

第二层：子目标层 B，如表 5-14 所示。

表 5-14 第二层子目标

序号	代号	第二层子目标	序号	代号	第二层子目标
1	B1	疫病风险	4	B4	贸易风险
2	B2	品质风险	5	B5	政策风险
3	B3	技术风险	6	B6	经济风险

第三层：指标层 C，如表 5-15 所示。

表 5-15 指标层

序号	代号	第三层子目标	序号	代号	第三层子目标
1	C1	卫生疫病	9	C9	现场查验不确定性
2	C2	动物及动物产品疫病	10	C10	检测不确定性
3	C3	植物及植物产品疫病	11	C11	贸易方式
4	C4	交通工具疫病	12	C12	贸易双方信用等效
5	C5	集装箱疫病	13	C13	技术壁垒设限
6	C6	商品检验不合格	14	C14	政治风险
7	C7	商品鉴定不合格	15	C15	直接经济损失
8	C8	抽样不确定性	16	C16	间接经济损失

(3) 指标之间的相关性

① A—B 相关性(表 5-16)

表 5-16 A—B 相关性

	B1	B2	B3	B4	B5	B6
A	√	√	√	√	√	√

② B:B—C 相关性(表 5-17)

表 5-17 B—C 相关性

	C1	C2	C3	C4	C5	C6	C7	C8	C9	C10	C11	C12	C13	C14	C15	C16
B1	√	√	√	√	√	√		√	√							
B2	√	√					√	√	√							
B3							√	√								
B4											√	√				
B5		√	√			√							√	√		
B6															√	√

(4) 确定各层的相对权重

① 确定 B 层的相对权重

表 5-18 为 B1,B2,B3,B4,B5,B6 相对于 A 的判断矩阵,用 AHP 软件求解。

第5章 多目标决策模型的建立及其VBA与MATLAB求解

表 5-18 A—B 判断矩阵表

A	B1	B2	B3	B4	B5	B6	W	CR
B1	1	2	3	7	9	7	0.392	
B2		1	5	7	7	5	0.325	CI=0.068
B3			1	5	7	5	0.159	RI=1.240
B4				1	2	1	0.047	λ=6.339
B5					1	1	0.034	CR=0.055
B6						1	0.042	

② 确定 C 层的相对权重

表 5-19～表 5-24 分别为 B1—C,B2—C,B3—C,B4—C,B5—C,B6—C 的判断矩阵。

表 5-19 B1—C 判断矩阵表

B1	C1	C2	C3	C4	C5	C6	C9	C10	W	CR
C1	1	1	1	1	1	5	7	9	0.183	
C2		1	1	1	1	5	7	9	0.183	
C3			1	1	1	5	7	9	0.183	CI=0.002
C4				1	1	5	7	9	0.183	RI=1.410
C5					1	5	7	9	0.183	λ=8.016
C6						1	1	2	0.039	CR=0.001
C9							1	1	0.024	
C10								1	0.021	

表 5-20 B2—C 判断矩阵表

B2	C1	C2	C3	C6	C7	C8	C9	C10	W	CR
C1	1	1	1	1/5	1/5	2	2	2	0.078	
C2		1	1	1/5	1/5	2	2	2	0.078	
C3			1	1/5	1/5	2	2	2	0.078	CI=0.021
C6				1	1	7	7	7	0.340	RI=1.410
C7					1	5	3	7	0.293	λ=8.148
C8						1	1	1	0.044	CR=0.015
C9							1	1	0.047	
C10								1	0.042	

表 5-21　B3—C 判断矩阵表

B3	C8	C9	C10	W	CR
C8	1	1/2	1/5	0.128	CI=0.003
C9		1	1/2	0.276	RI=0.580
C10			1	0.595	λ=3.006 CR=0.05

表 5-22　B4—C 判断矩阵表

B4	C11	C12	W	CR
C11	1	5	0.833	λ=2
C12		1	0.167	CR=0

表 5-23　B5—C 判断矩阵表

B5	C2	C3	C6	C13	C14	W	CR
C2	1	1	1	1/7	1/5	0.063	
C3		1	1	1/7	1/5	0.063	CI=0.050
C6			1	1/7	1/5	0.063	RI=1.120
C13				1	5	0.568	λ=5.201 CR=0.045
C14					1	0.244	

表 5-24　B6—C 判断矩阵表

B6	C15	C16	W	CR
C15	1	2	0.667	λ=2
C16		1	0.333	CR=0

③ 计算指标层总排序及检验其一致性（见表 5-25）。

表 5-25　风险指标对于进口商品检验检疫风险相对权重表

指标	C1	C2	C3	C4	C5	C6	C7	C8
权重	0.097	0.099	0.099	0.072	0.072	0.128	0.095	0.035
指标	C9	C10	C11	C12	C13	C14	C15	C16
权重	0.069	0.117	0.039	0.008	0.019	0.008	0.028	0.014

CI=0.010，RI=1.142，CR=0.009，CR<0.1，通过一致性检验。

4. 进口商品检验检疫风险综合评价

(1) 选定评价对象和组织评价专家组

考虑到检验检疫风险的特性,选取具有一定的代表性的进口冻肉、水果、旧机电、饲料、金属材料、塑料粒六类商品作为评价对象,分属为动物产品、植物产品、机电、轻工等产品类别。评价专家组由多个部门和外单位共 10 专家组成。

(2) 确定评价等级和相应尺度

确定评价等级为:极大(Ⅰ)、大(Ⅱ)、中(Ⅲ)、小(Ⅳ)、极小(Ⅴ)五个等级,相应评价尺度集 $E = [1.0, 0.8, 0.5, 0.25, 0.05]^T$。

(3) 确定单个商品(单因素)评价矩阵

由专家组分别对评价对象在各指标上的得分(10 分制),用得分除以 10 作为隶属度,可得对每一个评价商品单因素评价矩阵 R,结果如表 5-26 ~ 表 5-31 所示。

表 5-26 进口冻肉单因素评价矩阵

评价指标集	评价尺度				
	1.0	0.8	0.5	0.25	0.05
C1	0.8	0.2	0	0	0
C2	0.9	0.1	0	0	0
C3	0	0	0	0.8	0.2
C4	0	0.2	0.6	0.1	0.1
C5	0.5	0.4	0.1	0	0
C6	0.1	0.5	0.4	0	0
C7	0	0	0.8	0.1	0.1
C8	0.1	0.2	0.7	0	0
C9	0.3	0.2	0.3	0.1	0.1
C10	0.1	0.2	0.3	0.4	0
C11	0.2	0.3	0.2	0.1	0.2
C12	0.1	0.1	0.3	0.5	0
C13	0.5	0.2	0.1	0.1	0.1
C14	0.2	0.6	0.1	0.1	0
C15	0.1	0.2	0.5	0.2	0
C16	0.1	0.4	0.3	0.1	0.1

表 5-27　进口水果单因素评价矩阵

评价指标集	评价尺度				
	1.0	0.8	0.5	0.25	0.05
C1	0.2	0.6	0.1	0.1	0
C2	0	0	0.2	0.3	0.5
C3	0.8	0.2	0	0	0
C4	0.3	0.4	0.3	0	0
C5	0.1	0.5	0.4	0	0
C6	0.2	0.2	0.4	0.2	0
C7	0	0	0.1	0.6	0.3
C8	0.1	0.3	0.4	0.1	0.1
C9	0.1	0.4	0.2	0.3	0
C10	0	0.4	0.1	0.4	0.1
C11	0	0.4	0.2	0.3	0.1
C12	0	0.1	0.5	0.2	0.2
C13	0.5	0.3	0.2	0	0
C14	0.1	0.5	0.3	0.1	0
C15	0.1	0.3	0.4	0.1	0.1
C16	0.3	0.4	0.2	0.1	0

表 5-28　进口旧机电单因素评价矩阵

评价指标集	评价尺度				
	1.0	0.8	0.5	0.25	0.05
C1	0.1	0.7	0.2	0	0
C2	0	0	0.4	0.3	0.3
C3	0.1	0.2	0.3	0.5	0
C4	0.1	0	0.3	0.4	0.2
C5	0.2	0.4	0.3	0.1	0
C6	0.4	0.5	0.1	0	0
C7	0.5	0.4	0.1	0	0
C8	0.1	0.3	0.2	0.2	0

续表

评价指标集	评价尺度				
	1.0	0.8	0.5	0.25	0.05
C9	0.3	0.2	0.2	0.2	0.1
C10	0	0	0	0.7	0.3
C11	0.3	0.3	0.2	0.1	0.1
C12	0.2	0.6	0.1	0.1	0
C13	0.5	0.3	0.2	0	0
C14	0.2	0.2	0.5	0.1	0
C15	0.1	0.1	0.2	0.4	0.2
C16	0.1	0.1	0.2	0.3	0.3

表 5-29　进口饲料单因素评价矩阵

评价指标集	评价尺度				
	1.0	0.8	0.5	0.25	0.05
C1	0	0	0.6	0.3	0.1
C2	0.2	0.2	0.5	0.1	0
C3	0	0	0.2	0.7	0.1
C4	0	0	0.1	0.2	0.7
C5	0	0	0	0.1	0.9
C6	0	0	0.3	0.2	0.5
C7	0	0	0	0	1.0
C8	0	0	0.1	0.2	0.7
C9	0	0	0.3	0.2	0.5
C10	0	0	0.1	0.2	0.7
C11	0	0	0	0.2	0.8
C12	0	0	0	0.1	0.9
C13	0	0	0	0.2	0.8
C14	0	0	0	0.1	0.9
C15	0	0	0	0.3	0.7
C16	0	0	0.1	0.3	0.6

表5-30 进口金属材料单因素评价矩阵

评价指标集	评价尺度				
	1.0	0.8	0.5	0.25	0.05
C1	0	0	0	0.1	0.9
C2	0	0	0	0.1	0.9
C3	0	0	0.1	0.2	0.7
C4	0	0	0.1	0.1	0.8
C5	0	0	0.5	0.4	0.1
C6	0	0	0.2	0.6	0.2
C7	0	0	0.2	0.5	0.3
C8	0	0	0.2	0.5	0.3
C9	0	0	0	0.1	0.9
C10	0	0.1	0.2	0.6	0.1
C11	0	0	0	0	1.0
C12	0	0	0	0.1	0.9
C13	0	0	0	0	1.0
C14	0	0	0	0	1.0
C15	0	0	0.3	0.3	0.4
C16	0	0	0	0.1	0.9

表5-31 进口塑料粒单因素评价矩阵

评价指标集	评价尺度				
	1.0	0.8	0.5	0.25	0.05
C1	0	0	0.2	0.7	0.1
C2	0	0.1	0.1	0.6	0.2
C3	0	0	0.2	0.7	0.1
C4	0	0.1	0.1	0.6	0.2
C5	0	0	0	0.1	0.9
C6	0	0	0.4	0.2	0.4
C7	0	0	0.1	0.5	0.4
C8	0	0	0.2	0.1	0.7
C9	0	0	0	0.1	0.9

续表

评价指标集	评价尺度				
	1.0	0.8	0.5	0.25	0.05
C10	0	0	0	0.2	0.8
C11	0	0	0	0	1.0
C12	0	0	0	0.1	0.9
C13	0	0	0.1	0.2	0.7
C14	0	0	0	0	1.0
C15	0	0	0.4	0.2	0.4
C16	0	0	0.2	0.2	0.6

(4) 利用 MATLAB 软件计算各评价对象模糊综合评定向量 S 和优先排序量值，计算公式如下：

$$S = W * R, \quad P = S * E.$$

计算结果如表 5-32 所示。

表 5-32 进口商品模糊综合评定表

商品名称	综合评定向量 S	优先排序 P
冻肉	[0.2753, 0.2130, 0.2882, 0.1672, 0.0545]	0.6343
水果	[0.1802, 0.2934, 0.2121, 0.2113, 0.1015]	0.5794
旧机电	[0.1927, 0.2708, 0.1998, 0.2388, 0.1006]	0.5740
饲料	[0.0198, 0.0198, 0.2104, 0.2255, 0.5235]	0.2234
金属材料	[0, 0.0117, 0.1365, 0.3049, 0.5459]	0.1811
塑料粒	[0, 0.0171, 0.1399, 0.3669, 0.4751]	0.1991

5．评价结果讨论

(1) 根据模糊综合评价隶属度最大原则，由《进口商品模糊综合评定表》结果可对评价对象分类，上述 6 类进口商品等级分别评定如表 3-33 所示。

表 5-33 进口商品检验检疫风险等级表

类别	商品名称	类别	商品名称
Ⅰ类	冻肉	Ⅳ类	—
Ⅱ类	水果,旧机电	Ⅴ类	饲料,金属材料,塑料粒
Ⅲ类	—		

计算结果与预期相符,因此可以为风险判定、风险预警和风险管理提供较科学的依据。

(2) 根据优先排序 P 值,可对评价对象对风险程度从高到低进行排序:冻肉＞水果＞旧机电＞金属材料＞塑料粒＞饲料。

(3) 为了使计算结论的科学、准确和及时,应当注意以下问题:

一是专家组要有权威性和代表性;二是要实施动态管理,即定期(如半年或一年)组织对评价体系进行评审,及时调整指标体系及权重;三是要充分利用信息手段,制定风险管理制度。

(4) 在风险分析的基础上制定进口商品分类管理措施,保证检验检疫风险控制在一定的水平以下。

5.2.6 AHP 在毕业生工作选择中的应用

在应用层次分析法时,建立层次结构模型是十分关键的一步。现在分析一个实例,以便说明如何从实际问题中抽象出相应的层次结构。

【例 5-10】 挑选合适的工作。经双方恳谈,已有三个单位表示愿意录用某毕业生。该生根据已有信息建立了一个层次结构模型,如图 5-4 所示。

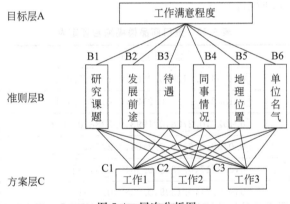

图 5-4 层次分析图

A	B1	B2	B3	B4	B5	B6
B1	1	1	1	4	1	1/2
B2	1	1	2	4	1	1/2
B3	1	1/2	1	5	3	1/2
B4	1/4	1/4	1/5	1	1/3	1/3
B5	1	1	1/3	3	1	1
B6	2	2	2	3	3	1

(方案层)

B1	C1	C2	C3
C1	1	1/4	1/2
C2	4	1	3
C3	2	1/3	1

B2	C1	C2	C3
C1	1	1/4	1/5
C2	4	1	1/2
C3	5	2	1

B3	C1	C2	C3
C1	1	3	1/3
C2	1/3	1	7
C3	2	1/7	1

B4	C1	C2	C3
C1	1	1/3	5
C2	3	1	7
C3	1/5	1/7	1

B5	C1	C2	C3
C1	1	1	7
C2	1	1	7
C3	1/7	1/7	1

B6	C1	C2	C3
C1	1	7	9
C2	1/7	1	1
C3	1/9	1	1

(层次总排序)如表 5-34 所示。

表 5-34 层次总排序

准则		研究课题	发展前途	待遇	同事情况	地理位置	单位名气	总排序权值
准则层权值		0.1507	0.1792	0.1886	0.0472	0.1464	0.2879	
方案层单排序权值	工作 1	0.1365	0.0974	0.2426	0.2790	0.4667	0.7986	0.3952
	工作 2	0.6250	0.3331	0.0879	0.6491	0.4667	0.1049	0.2996
	工作 3	0.2385	0.5695	0.6694	0.0719	0.0667	0.0965	0.3052

根据层次总排序权值,该生最满意的工作为工作 1。

为了计算简便,我们编制一个 MATLAB 计算程序如下:

```
clc
a=[1,1,1,4,1,1/2
   1,1,2,4,1,1/2
   1,1/2,1,5,3,1/2
   1/4,1/4,1/5,1,1/3,1/3
   1,1,1/3,3,1,1
   2,2,2,3,3,1];
[x,y]=eig(a);eigenvalue=diag(y);lamda=eigenvalue(1);
ci1=(lamda-6)/5;cr1=ci1/1.24
w1=x(:,1)/sum(x(:,1))
```

```
b1=[1,1/4,1/2;4,1,3;2,1/3,1];
[x,y]=eig(b1);eigenvalue=diag(y);lamda=eigenvalue(1);
ci21=(lamda-3)/2;cr21=ci21/0.58
w21=x(:,1)/sum(x(:,1))
b2=[1  1/4  1/5;4  1  1/2;5  2  1];
[x,y]=eig(b2);eigenvalue=diag(y);lamda=eigenvalue(1);
ci22= (lamda-3)/2;cr22=ci22/0.58
w22=x(:,1)/sum(x(:,1))
b3=[1  3  1/3;1/3  1  1/7;3  7  1];
[x,y]=eig(b3);eigenvalue=diag(y);lamda=eigenvalue(1);
ci23= (lamda-3)/2;cr23=ci23/0.58
w23=x(:,1)/sum(x(:,1))
b4=[1  1/3  5;3  1  7;1/5  1/7  1];
[x,y]=eig(b4);eigenvalue=diag(y);lamda=eigenvalue(1);
ci24= (lamda-3)/2;cr24=ci24/0.58
w24=x(:,1)/sum(x(:,1))
b5=[1  1  7;1  1  7;1/7  1/7  1];
[x,y]=eig(b5);eigenvalue=diag(y);lamda=eigenvalue(2);
ci25= (lamda-3)/2;cr25=ci25/0.58
w25=x(:,2)/sum(x(:,2))
b6=[1  7  9;1/7  1  1;1/9  1  1];
[x,y]=eig(b6);eigenvalue=diag(y);lamda=eigenvalue(1);
ci26= (lamda-3)/2;cr26=ci26/0.58
w26=x(:,1)/sum(x(:,1))
w_sum=[w21,w22,w23,w24,w25,w26] * w1
ci=[ci21,ci22,ci23,ci24,ci25,ci26];
cr=ci * w1/sum(0.58 * w1)
```

习　题

1. 在电子表格环境下,对本章例题中的所有数学模型做计算实验。

2. 若发现一成对比较矩阵 A 的非一致性较为严重,应如何寻找引起非一致性的元素？例如,已构造了成对比较矩阵

$$A = \begin{bmatrix} 1 & \frac{1}{5} & 3 \\ 5 & 1 & 6 \\ \frac{1}{3} & \frac{1}{6} & 1 \end{bmatrix}$$

(1) 对 A 作一致性检验。

(2) 如 A 的非一致性较严重,应如何作修正？

第 6 章　动态规划模型的建立及其 VBA 求解

在实际决策过程中,往往需要将问题分成若干个阶段,对不同阶段采取不同的决策,从而使整个决策过程达到最优。动态规划就是解决多阶段决策过程最优化的一种方法。这种方法把困难的多阶段决策问题变成一系列互相联系的比较容易的单阶段问题,解决了一系列比较容易的单阶段问题,也就解决了困难的多阶段问题。有时阶段可以用时间表示,在各个时间段,采用不同决策,它随时间而动,这就有"动态"的含意。要注意的是:动态规划是求解问题的一种方法,是考察问题的一种途径,而不是一种特殊的算法。因此,它不像线性规划那样有一个标准的数学表达式和明确定义的一组规划,而必须对具体问题具体分析。本章主要介绍动态规划在财务管理问题、生产经营问题中的建模和计算机求解。

6.1　个人理财模型的建立及其 VBA 求解

资金管理问题研究如何选择投资对象,例如,如何选择不同的贷款和债券,在满足某些要求的前提下使得利润最大或风险最小。因此,其决策变量是对各种可能的投资对象的投资组合,其目标函数通常是期望回报最大化或风险最小化,而约束条件则可包括总投资、公司政策、法律约束等。

本节讨论的是如何应用动态规划方法来建立个人理财计划模型,并给出该模型的电子表格计算方法和 VBA 的计算方法。

【例 6-1】　个人理财计划问题。

有一位父亲,他打算在退休前为他的正在读高中儿子准备一笔教育资金,以保证儿子四年大学与三年硕士生的学习费用。据估计,四年大学与三年硕士生的学习费用如表 6-1 所示。

表 6-1　学费表

年份	第一年	第二年	第三年	第四年	第五年	第六年	第七年
费用/万元	1.3	1.1	1.2	1.3	1.5	1.6	2

经多方调查,这位父亲发现三种债券值得购买(且只能在第一年年初购买)。这三种债券的面值均为 1000 元,但由于它们的回报率不同,所以它们的购买价格不同。它们的购买价格、回报率与到期年限如表 6-2 所示。同时,他也考虑在每年的年初将经费存入银行,在下一年年初再全部取出(即一年期存款),这时可得利息 2%(假设扣除利息税后)。他希望能设计一个理财计划,使得在保证儿子七年学习费用的前提下,所需投入的教育资金最少。

表 6-2　债券的价格、回报率与到期年限

债　券	购买价格/千元	回报率/%	到期年限
1	1.05	5	4
2	1	3	5
3	1.15	7	6

解:这位父亲面临的决策包括:第一年投入的教育资金和购买的债券数量,以及 7 年内每年年初存入银行的资金,这些变量也就是本问题的决策变量。

设:投入的教育资金为 F,第一年购买三种债券的数量分别为 B_1, B_2, B_3/单位,每单位 1000 元,每年年初存入银行的资金分别为 $S_1, S_2, S_3, S_4, S_5, S_6, S_7$/千元。

本问题的目标函数是投入的教育资金 F 最小化(注意 F 既是决策变量,又是目标函数)。即:$\min F$。

本问题的约束条件则是在 7 年内满足各年的学习费用。下面对学习费用逐年进行分析。

第一年的现金流入是投入的教育资金 F,现金流出是购买债券及存入银行的资金。因此,教育资金 F 扣除购买债券及存入银行的资金后,剩余的资金(即现金流入量与现金流出量之差,称为净现金流)应等于第一年的学习费用,即

$$F - 1.05B_1 - B_2 - 1.15B_3 - S_1 = 13 \quad (满足第一年学习费用约束)$$

第二年的现金流入来自债券的回报,以及第一年存款取出后的资金(本息之和);现金流出量是第二年存入银行的资金。现金流入量与现金流出量之差(净现金流)应等于第二年的学习费用,即

$$0.05B_1 + 0.03B_2 + 0.07B_3 + 1.02S_1 - S_2 = 11 \quad (满足第二年学习费用约束)$$

同理可得第三年与第四年的约束条件分别为

$$0.05B_1 + 0.03B_2 + 0.07B_3 + 1.02S_2 - S_3 = 12 \quad (满足第三年学习费用约束)$$

$$0.05B_1 + 0.03B_2 + 0.07B_3 + 1.02S_3 - S_4 = 13 \quad (满足第四年学习费用约束)$$

第五年的现金收入除了债券回报和第四存款的本息之外,由于债券 1 已到期,还可得到债券 1 的本金。这里,债券 1 的本金应等于债券 1 的票面价值乘以债券 1 的购买份数。因此

$$(1 + 0.05)B_1 + 0.03B_2 + 0.07B_3 + 1.02S_4 - S_5 = 15 \quad (满足第五年学习费用约束)$$

同理可得第六年与第七年的约束条件分别为

$(1+0.03)B_2 + 0.07B_3 + 1.02S_5 - S_6 = 16$ （满足第六年学习费用约束）

$(1+0.07)B_3 + 1.02S_6 - S_7 = 20$ （满足第七年学习费用约束）

最后是非负约束：

$F, B_1, B_2, B_3, S_1, S_2, S_3, S_4, S_5, S_6, S_7 \geqslant 0$ （非负约束）

B_1, B_2, B_3 只能是整数

综上所述，可得到线性规划模型如下：

o.b. min F

s.t. $F - 1.05B_1 - B_2 - 1.15B_3 - S_1 = 13$

$0.05B_1 + 0.03B_2 + 0.07B_3 + 1.02S_1 - S_2 = 11$

$0.05B_1 + 0.03B_2 + 0.07B_3 + 1.02S_2 - S_3 = 12$

$0.05B_1 + 0.03B_2 + 0.07B_3 + 1.02S_3 - S_4 = 13$

$(1+0.05)B_1 + 0.03B_2 + 0.07B_3 + 1.02S_4 - S_5 = 15$

$(1+0.03)B_2 + 0.07B_3 + 1.02S_5 - S_6 = 16$

$(1+0.07)B_3 + 1.02S_6 - S_7 = 20$

$F, B_1, B_2, B_3, S_1, S_2, S_3, S_4, S_5, S_6, S_7 \geqslant 0$

B_1, B_2, B_3 只能是整数

用电子表格 Spreadsheet 可描述本问题并建立模型，如表 6-3 所示。

表 6-3 理财计划模型及其计算结果

	A	B	C	D	E	F	G	H	I	J	K
1	【例 6-1】	个人理财计划									
2											
3											
4	年份	年需金额数/千元				债券					
5	1	13			1	2	3				
6	2	11		价格/千元	1.05	1	1.15				
7	3	12		回报率	0.05	0.03	0.07				
8	4	13		到期年限	4	5	6				
9	5	15									
10	6	16		银行存款复利		1.02					

	A	B	C	D	E	F	G	H	I	J	K
11	7	20									
12											
13											
14	模型										
15											
16	资金	债券1	债券2	债券3	第1年存款	第2年存款	第3年存款	第4年存款	第5年存款	第6年存款	第7年存款
17	89.60	27.00	0.00	18.00	27.55	19.71	10.72	0.54	15.16	0.73	0.00
18											
19					现金流		净现金流		现金需要量		
20	资金最小化/千元	89.6018		约束条件	流入	流出					
21				第1年	89.60	76.60	13.00	=	13.00		
22				第2年	30.71	19.71	11.00	=	11.00		
23				第3年	22.72	10.72	12.00	=	12.00		
24				第4年	13.54	0.54	13.00	=	13.00		
25				第5年	30.16	15.16	15.00	=	15.00		
26				第6年	16.73	0.73	16.00	=	16.00		
27				第7年	20.00	0.00	20.00	=	20.00		

其模型的公式如表 6-4 所示。

表 6-4 理财计划计算公式

	A	B	C	D	E	F	G	H	I	J	K
19					现金流		净现金流		现金需要量		
20	资金最小化/千元	=A17		约束条件	流入	流出					
21				第1年	=A17	=SUMPRODUCT(E6:G6,B17:D17)+E17	=E21−F21	=	=B5		

续表

	A	B	C	D	E	F	G	H	I	J	K
22				第2年	=SUMPRODUCT(\$E\$7:\$G\$7,\$B\$17:\$D\$17)+\$F\$10*E17	=F17	=E22－F22	=	=B6		
23				第3年	=SUMPRODUCT(\$E\$7:\$G\$7,\$B\$17:\$D\$17)+\$F\$10*F17	=G17	=E23－F23	=	=B7		
24				第4年	=SUMPRODUCT(\$E\$7:\$G\$7,\$B\$17:\$D\$17)+\$F\$10*G17	=H17	=E24－F24	=	=B8		
25				第5年	=SUMPRODUCT(\$E\$7:\$G\$7,\$B\$17:\$D\$17)+B17+\$F\$10*H17	=I17	=E25－F25	=	=B9		
26				第6年	=(1+F7)*C17+G7*D17+F10*I17	=J17	=E26－F26	=	=B10		
27				第7年	=(1+G7)*D17+F10*J17	=K17	=E27－F27	=	=B11		

用 Excel 中的规划求解功能求出本问题的解。规划求解参数框如图 6-1 所示。

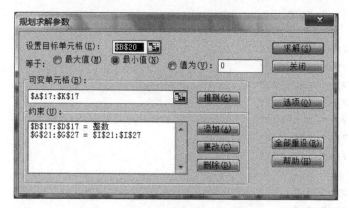

图 6-1 理财计划模型规划求解参数框

从表 6-4 可知，这位父亲的最优理财计划如表 6-5 所示。

表 6-5 这位父亲的最优理财计划

购买债券/单位			银行存款/千元						
债券 1	债券 2	债券 3	第一年	第二年	第三年	第四年	第五年	第六年	第七年
89.60	27.00	0.00	18.00	27.55	19.71	10.72	0.54	15.16	0.73

这时，满足所有的约束条件，且投入的教育资金最少，为 89.6018 千元。

上面的计算是很麻烦的，为了提高工作效率，减少出错，我们编制如下程序：

```
Sub js()

Cells(21, 5)="=A17"
Cells(22, 5)="=SUMPRODUCT($E$7:$G$7,$B$17:$D$17)+$F$10*E17"
Cells(23, 5)="=SUMPRODUCT($E$7:$G$7,$B$17:$D$17)+$F$10*F17"
Cells(24, 5)="=SUMPRODUCT($E$7:$G$7,$B$17:$D$17)+$F$10*G17"
Cells(25, 5)="=SUMPRODUCT($E$7:$G$7,$B$17:$D$17)+B17+$F$10*H17"
Cells(26, 5)="=(1+F7)*C17+G7*D17+F10*I17"
Cells(27, 5)="=(1+G7)*D17+F10*J17"

Cells(21, 6)="=SUMPRODUCT(E6:G6,B17:D17)+E17"
Cells(22, 6)="=F17"
Cells(23, 6)="=G17"
Cells(24, 6)="=H17"
Cells(25, 6)="=I17"
Cells(26, 6)="=J17"
Cells(27, 6)="=K17"

Cells(21, 7)="=E21-F21"
Cells(22, 7)="=E22-F22"
Cells(23, 7)="=E23-F23"
Cells(24, 7)="=E24-F24"
Cells(25, 7)="=E25-F25"
Cells(26, 7)="=E26-F26"
Cells(27, 7)="=E27-F27"

Cells(21, 9)="=B5"
Cells(22, 9)="=B6"
Cells(23, 9)="=B7"
Cells(24, 9)="=B8"
Cells(25, 9)="=B9"
Cells(26, 9)="=B10"
```

```
    Cells(27, 9)="=B11"

    Cells(20, 2)="=A17"
    SolverReset
    Call SolverOptions(AssumeLinear:=True, AssumeNonNeg:=True)
    Call SolverOk("$B$20", 2, 0, "$A$17:$K$17")
    Call SolverAdd("$G$21:$G$27", 2, "$I$21:$I$27")
    SolverSolve (True)

End Sub
```

6.2 贷款管理模型的建立及其 VBA 求解

【例 6-2】 某公司为了盘活市场，打算向银行贷款来开展更多的业务。现有两种不同的贷款方式：第一种是 10 年长期贷款，年率 7％，只能在 2010 年初贷 1 次，以后每年还息 10 次，第 10 年后还本；第二种是 1 年短期贷款，年利率 10％，可以在 2010—2019 年初贷，可贷 10 次，下一年还本付息。请问：如何贷款（贷款组合），才能使得公司在 10 年内可以正常运转？目前公司只有 100 万元，每年的现金储备最少 50 万元，已知公司未来 10 年的净现金流（预测），如表 6-6 所示。希望在 2020 年年初的现金余额最多。

表 6-6 公司未来 10 年的净现金流

年份	2010	2011	2012	2013	2014	2015	2016	2017	2018	2019
净现金流/万元	−800	−200	−400	300	600	300	−400	700	−200	1000

解：(1) 决策变量：设 x 为 2010 年初贷的 10 年长期贷款额（万元）；$y_1, y_2, \cdots, y_{10}$ 为 2010—2019 年初贷的 1 年期贷款额（万元）；辅助决策变量：$s_1, s_2, \cdots, s_{11}$ 表示 2010—2020 年初的现金余额（万元）。

(2) 目标函数：使 2020 年初的现金余额最大，即 $\max z = s_{11}$。

(3) 约束条件：

　　　　每年的现金余额 ＝上年的现金余额 ＋ 现金流 ＋ 贷款（长期、短期）
　　　　　　　　　　　　－ 还款（长期、短期的利息和本金）

这类似动态规划的状态转移方程。

2010 年：公司目前有现金 100 万元资金，现金支出 800 万元，可以长期贷款 x 和短期贷款 y_1，所以

$$s_1 = 100 - 800 + x + y_1$$

2011 年：现金支出 200 万元，但要偿还 2010 长期贷款的利息 7％x 和短期贷款的本

利 $(1+10\%)y_1$,所以有:
$$s_2 = s_1 - 200 + y_2 - 7\%x - (1+10\%)y_1$$

同理可知:

2012 年:$s_3 = s_2 - 400 + y_3 - 7\%x - (1+10\%)y_2$

2013 年:$s_4 = s_3 + 300 + y_4 - 7\%x - (1+10\%)y_3$

2014 年:$s_5 = s_4 + 600 + y_5 - 7\%x - (1+10\%)y_4$

2015 年:$s_6 = s_5 + 300 + y_6 - 7\%x - (1+10\%)y_5$

2016 年:$s_7 = s_6 - 400 + y_7 - 7\%x - (1+10\%)y_6$

2017 年:$s_8 = s_7 + 700 + y_8 - 7\%x - (1+10\%)y_7$

2018 年:$s_9 = s_8 - 200 + y_9 - 7\%x - (1+10\%)y_8$

2019 年:$s_{10} = s_9 + 1000 + y_{10} - 7\%x - (1+10\%)y_9$

2020 年:2010 年初长期贷款到期,需要偿还本息 $(1+7\%)x$,故有
$$s_{11} = s_{10} - (1+7\%)x - (1+10\%)y_{10}$$

每年的现金储备最少 50 万元:$s_1, \cdots, s_{11} \geqslant 50$

贷款额非负:$x \geqslant 0, y_1, \cdots, y_{10} \geqslant 0$

于是,得到数学模型如下:

$$\max z = s_{11}$$
$$\text{s.t.} \quad s_1 = 100 - 800 + x + y_1$$
$$s_2 = s_1 - 200 + y_2 - 7\%x - (1+10\%)y_1$$
$$s_3 = s_2 - 400 + y_3 - 7\%x - (1+10\%)y_2$$
$$s_4 = s_3 + 300 + y_4 - 7\%x - (1+10\%)y_3$$
$$s_5 = s_4 + 600 + y_5 - 7\%x - (1+10\%)y_4$$
$$s_6 = s_5 + 300 + y_6 - 7\%x - (1+10\%)y_5$$
$$s_7 = s_6 - 400 + y_7 - 7\%x - (1+10\%)y_6$$
$$s_8 = s_7 + 700 + y_8 - 7\%x - (1+10\%)y_7$$
$$s_9 = s_8 - 200 + y_9 - 7\%x - (1+10\%)y_8$$
$$s_{10} = s_9 + 1000 + y_{10} - 7\%x - (1+10\%)y_9$$
$$s_{11} = s_{10} - (1+7\%)x - (1+10\%)y_{10}$$
$$s_1, \cdots, s_{11} \geqslant 50$$
$$x \geqslant 0, y_1, \cdots, y_{10} \geqslant 0$$

编制求解此模型的 VBA 程序如下:

```
Sub js()
Cells(8, 6)="=-$C$3*$D$7"
Cells(9, 6)="=-$C$3*$D$7"
```

```
Cells(10, 6)="=-$C$3*$D$7"
Cells(11, 6)="=-$C$3*$D$7"
Cells(12, 6)="=-$C$3*$D$7"
Cells(13, 6)="=-$C$3*$D$7"
Cells(14, 6)="=-$C$3*$D$7"
Cells(15, 6)="=-$C$3*$D$7"
Cells(16, 6)="=-$C$3*$D$7"
Cells(17, 6)="=-$C$3*$D$7"

Cells(8, 7)="=-$C$4*E7"
Cells(9, 7)="=-$C$4*E8"
Cells(10, 7)="=-$C$4*E9"
Cells(11, 7)="=-$C$4*E10"
Cells(12, 7)="=-$C$4*E11"
Cells(13, 7)="=-$C$4*E12"
Cells(14, 7)="=-$C$4*E13"
Cells(15, 7)="=-$C$4*E14"
Cells(16, 7)="=-$C$4*E15"
Cells(17, 7)="=-$C$4*E16"

Cells(17, 8)="=-D7"

Cells(8, 9)="=-E7"
Cells(9, 9)="=-E8"
Cells(10, 9)="=-E9"
Cells(11, 9)="=-E10"
Cells(12, 9)="=-E11"
Cells(13, 9)="=-E12"
Cells(14, 9)="=-E13"
Cells(15, 9)="=-E14"
Cells(16, 9)="=-E15"
Cells(17, 9)="=-E16"

Cells(7, 11)="=G3+SUM(C7:I7)"
Cells(8, 11)="=J7+SUM(C8:I8)"
Cells(9, 11)="=J8+SUM(C9:I9)"
Cells(10, 11)="=J9+SUM(C10:I10)"
Cells(11, 11)="=J10+SUM(C11:I11)"
Cells(12, 11)="=J11+SUM(C12:I12)"
Cells(13, 11)="=J12+SUM(C13:I13)"
Cells(14, 11)="=J13+SUM(C14:I14)"
```

```
Cells(15, 11)="=J14+SUM(C15:I15)"
Cells(16, 11)="=J15+SUM(C16:I16)"
Cells(17, 11)="=J16+SUM(C17:I17)"

SolverReset
Call SolverOptions(AssumeLinear:=True, AssumeNonNeg:=True)

Call SolverOk("$J$17", 1, 0, "$D$7,$E$7:$E$16")

Call SolverAdd("$J$7:$J$17", 3, "$L$7:$L$17")

SolverSolve (True)

End Sub
```

运行此程序的结果如图 6-2 所示。

	A	B	C	D	E	F	G	H	I	J	K	L
1												
2												
3		长期贷款利率	7%			期初余额	100					
4		短期贷款利率	10%			最小现金余额	50					
5												
6		年份	现金流	长期贷款	短期贷款	长期贷款利息	短期贷款利息	长期贷款偿还	短期贷款偿还	期末余额		最小余额
7		2010	-800.00	664.9	85.1					50.0	>=	50.0
8		2011	-200.00		340.1	-46.5	-8.5		-85.1	50.0	>=	50.0
9		2012	-400.00		820.7	-46.5	-34.0		-340.1	50.0	>=	50.0
10		2013	300.00		649.3	-46.5	-82.1		-820.7	50.0	>=	50.0
11		2014	600.00		160.7	-46.5	-64.9		-649.3	50.0	>=	50.0
12		2015	300.00		0.0	-46.5	-16.1		-160.7	126.6	>=	50.0
13		2016	-400.00		369.9	-46.5	0.0		0.0	50.0	>=	50.0
14		2017	700.00		0.0	-46.5	-37.0		-369.9	296.5	>=	50.0
15		2018	-200.00		0.0	-46.5	0.0		0.0	50.0	>=	50.0
16		2019	1000.00		0.0	-46.5	0.0		0.0	1003.5	>=	50.0
17		2020				-46.5	0.0	-664.9	0.0	292.0	>=	50.0

Sheet1 / Sheet2 / Sheet3

图 6-2 运行结果

6.3 流动资金管理模型的建立及其 VBA 求解

【例 6-3】 某企业打算利用流动资金进行短期理财投资，在保证每月现金余额不少于 10 万元的前提下，进行三种期限的投资，如表 6-7 所示。已知该企业现有现金 40 万元以及预计的每月现金支出额如表 6-8 所示，求半年后资金最大的优化计划。

表 6-7 三种定存的月利率

月利率/%		月期数
1 个月定存	0.15	1
3 个月定存	0.18	3
6 个月定存	0.20	6

表 6-8 该企业每个月的现金支出额

月份	1	2	3	4	5	6
现金支出/元	175 000	－10 000	－20 000	＋80 000	＋50 000	－15 000

解：(1) 决策变量

设 x_{ij} 为第 i 个月存期为 j 个月的存款额(万元)，由于目标是半年后资金最大的优化计划，因此有如表 6-9 所示的决策变量。

表 6-9 决策变量表

月份	1	2	3	4	5	6
一个月定期	x_{11}	x_{21}	x_{31}	x_{41}	x_{51}	x_{61}
三个月定期	x_{13}	x_{23}	x_{33}	x_{43}		
六个月定期	x_{16}					

为了求解方便，引入辅助决策变量：每月现金余额 s_i 万元($i=1,2,3,4,5,6$)。

(2) 目标函数

每月的支出是一定的，因此要使半年后的资金最大，就是要使存款的总利息最大，有

$$\max z = 0.15\%(x_{11}+x_{21}+x_{31}+x_{41}+x_{51}+x_{61})$$
$$+3\times 0.18\%(x_{13}+x_{23}+x_{33}+x_{43})+6\times 0.20\% x_{16}$$

注意，目标函数也可以是半年后的资金最大，即

$$\max z = s_1 + (1+0.15\%)x_{61} + (1+3\times 0.18\%)x_{43} + (1+6\times 0.20\%)x_{16}$$

(3) 约束条件

① 每月的现金余额＝上月现金余额＋本月本利收益－本月投资－本月现金支出
(类似动态规划的状态转移方程)

第一个月：公司现有资金 40 万元；由于前期没有存款，因此，就没有本月的本利收益；本月可对一个月、三个月和六个月定期进行投资；现金支出为 7.5 万元，则

$$s_1 = 40 - x_{11} - x_{13} - x_{16} - 7.5$$

第二个月：由于第一个月投资的一个月定期到期，可以得到($1+0.15\%$)本利收益；还可以对一个月和三个月定期进行投资；现金支出为－1 万元，即收益 1 万元，所以有

$$s_2 = s_1 + (1+0.15\%)x_{11} - x_{21} - x_{23} + 1$$

第三个月：本月可以收回第二个月投资一个月定期的本利；可以对一个月和三个月定期进行投资；现金支出为－2 万元，即收益 2 万元，所以有

$$s_3 = s_2 + (1+0.15\%)x_{21} - x_{31} - x_{33} + 2$$

第四个月：除了收回($1+0.15\%$)x_{31} 外，还可得到第一个月投资的三个月定期的本利，每个月有 $0.18\% x_{13}$；可以投资 x_{41} 和 x_{43}；本月现金支出为 8 万元，所以有

$$s_4 = s_3 + (1+0.15\%)x_{31} + (1+3\times 0.18\%)x_{13} - x_{41} - x_{43} - 8$$

第五个月：仅能投资一个月定期 x_{51}；现金支出为 5 万元，所以有

$$s_5 = s_4 + (1+0.15\%)x_{41} + (1+3\times 0.18\%)x_{23} - x_{51} - 5$$

第六个月：也仅能投资一个月定期 x_{61}；现金支出为 -1.5 万元，所以有

$$s_6 = s_5 + (1+0.15\%)x_{51} + (1+3\times 0.18\%)x_{33} - x_{61} + 1.5$$

② 每月现金余额 s_i 不少于 10 万元：$s_i \geq 10 (i=1,2,3,4,5,6)$

③ 非负：$x_{11}, x_{21}, x_{31}, x_{41}, x_{51}, x_{61}, x_{13}, x_{23}, x_{33}, x_{43}, x_{16} \geq 0$

于是得到数学模型：

$$\max z = 0.15\%(x_{11}+x_{21}+x_{31}+x_{41}+x_{51}+x_{61})$$
$$+ 3\times 0.18\%(x_{13}+x_{23}+x_{33}+x_{43}) + 6\times 0.20\% x_{16}$$

s. t. $s_1 = 40 - x_{11} - x_{13} - x_{16} - 7.5$

$\quad s_2 = s_1 + (1+0.15\%)x_{11} - x_{21} - x_{23} + 1$

$\quad s_3 = s_2 + (1+0.15\%)x_{21} - x_{31} - x_{33} + 2$

$\quad s_4 = s_3 + (1+0.15\%)x_{31} + (1+3\times 0.18\%)x_{13} - x_{41} - x_{43} - 8$

$\quad s_5 = s_4 + (1+0.15\%)x_{41} + (1+3\times 0.18\%)x_{23} - x_{51} - 5$

$\quad s_6 = s_5 + (1+0.15\%)x_{51} + (1+3\times 0.18\%)x_{33} - x_{61} + 1.5$

$\quad s_i \geq 10 \quad (i=1,2,3,4,5,6)$

$\quad x_{11}, x_{21}, x_{31}, x_{41}, x_{51}, x_{61}, x_{13}, x_{23}, x_{33}, x_{43}, x_{16} \geq 0$

编制求解此模型的 VBA 程序如下：

```
Sub js()
Cells(10, 3)="=E9"
Cells(11, 3)="=E10"
Cells(12, 3)="=E11+F9"
Cells(13, 3)="=E12+F10"
Cells(14, 3)="=E13+F11"
Cells(15, 3)="=E14+F12+G9"

Cells(10, 4)="=E9*$C$4"
Cells(11, 4)="=E10*$C$4"
Cells(12, 4)="=E11*$C$4+F9*$C$5*$D$5"
Cells(13, 4)="=E12*$C$4+F10*$C$5*$D$5"
Cells(14, 4)="=E13*$C$4+F11*$C$5*$D$5"
Cells(15, 4)="=E14*$C$4+F12*$C$5*$D$5+G9*C6*D6"
```

```
Cells(9, 9)="=G4-SUM(E9:H9)"
Cells(10, 9)="=I9+SUM(C10:D10)-SUM(E10:H10)"
Cells(11, 9)="=I10+SUM(C11:D11)-SUM(E11:H11)"
Cells(12, 9)="=I11+SUM(C12:D12)-SUM(E12:H12)"
Cells(13, 9)="=I12+SUM(C13:D13)-SUM(E13:H13)"
Cells(14, 9)="=I13+SUM(C14:D14)-SUM(E14:H14)"

Cells(17, 4)="=SUM(D10:D15)"

SolverReset
Call SolverOptions(AssumeLinear:=True, AssumeNonNeg:=True)
Call SolverOk("$D$17", 1, 0, "$E$9:$E$14,$F$9:$F$12,$G$9")
Call SolverAdd("$I$9:$I$14", 3, "$K$9:$K$14")
SolverSolve (True)
End Sub
```

运行此程序的结果如图 6-3 所示。

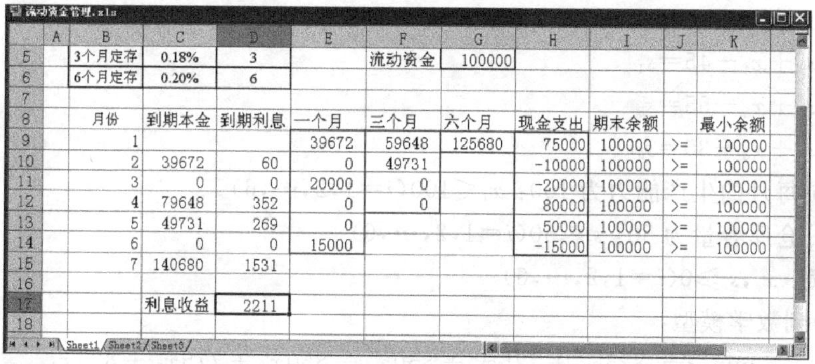

	A	B	C	D	E	F	G	H	I	J	K
5		3个月定存	0.18%	3		流动资金	100000				
6		6个月定存	0.20%	6							
7											
8		月份	到期本金	到期利息	一个月	三个月	六个月	现金支出	期末余额		最小余额
9		1			39672	59648	125680	75000	100000	>=	100000
10		2	39672	60	0	49731		-10000	100000	>=	100000
11		3	0	0	20000	0		-20000	100000	>=	100000
12		4	79648	352	0	0		80000	100000	>=	100000
13		5	49731	269	0			50000	100000	>=	100000
14		6	0	0	15000			-15000	100000	>=	100000
15		7	140680	1531							
16											
17			利息收益	2211							
18											

图 6-3　运行结果

6.4　生产经营问题模型的建立及其 VBA 求解

【例 6-4】 某公司根据订单进行生产。已知半年内对某种产品的需求量、单位生产费用和单位存储费用，如表 6-10 所示，还已知公司每月的生产能力为 100，每月仓库容量为 50。问：如何确定产品未来半年内每月最佳生产量和存储量，才能使总费用最少？

表 6-10　生产与库存的有关数据

月份	1	2	3	4	5	6
需求量	50	40	50	45	55	30
单位生产费用	825	775	850	850	775	825
单位存储费用	40	30	35	20	40	40

解:(1) 决策变量

本问题的决策变量为产品未来半年内每月的最佳生产量和库存量。设每月生产量为每个 $x_i(i=1,2,\cdots,6)$,每月月末库存量为 $s_i(i=1,2,\cdots,6)$。

(2) 目标函数

本问题的目标是使得总费用最少,而总费用=生产总费用+存储总费用,即

$$\min z = 825x_1 + 775x_2 + 850x_3 + 850x_4 + 775x_5 + 825x_6 \\ + 40s_1 + 30s_2 + 35s_3 + 20s_4 + 40s_5 + 40s_6$$

(3) 约束条件

① 因为每月的生产费用不同,所以可以考虑在生产费用低的月份多生产。对于每个月,有"上月库存量+本月生产量-市场需求=本月月末库存量"的关系(这里假设每月月末交货)。因此:

1月初没有库存,该月的市场需求为50,则有:$x_1 - 50 = s_1$

2月初期库存为一月的期末库存 s_1,市场需求是40,则有:$s_1 + x_2 - 40 = s_2$

同理,三月:$s_2 + x_3 - 50 = s_3$

四月:$s_3 + x_4 - 45 = s_4$

五月:$s_4 + x_5 - 55 = s_5$

六月:$s_5 + x_6 - 30 = s_6$

② 公司每月的生产能力为100:$x_i \leqslant 100 (i=1,2,\cdots,6)$

③ 每月仓库容量为50:$s_i \leqslant 50 (i=1,2,\cdots,6)$

④ 非负:$x_i, s_i \geqslant 0 (i=1,2,\cdots,6)$

由此得到数学模型:

$$\min z = 825x_1 + 775x_2 + 850x_3 + 850x_4 + 775x_5 + 825x_6 \\ + 40s_1 + 30s_2 + 35s_3 + 20s_4 + 40s_5 + 40s_6$$

$$x_1 - 50 = s_1$$
$$s_1 + x_2 - 40 = s_2$$
$$s_2 + x_3 - 50 = s_3$$
$$s_3 + x_4 - 45 = s_4$$
$$s_4 + x_5 - 55 = s_5$$
$$s_5 + x_6 - 30 = s_6$$
$$x_i \leqslant 100 \quad (i=1,2,\cdots,6)$$
$$s_i \leqslant 50 \quad (i=1,2,\cdots,6)$$
$$x_i, s_i \geqslant 0 \quad (i=1,2,\cdots,6)$$

上述数学模型用电子表格可描述的计算公式如表6-11所示。

表 6-11 求解公式

	B	C	D	E	F	G	H	I	J
1									
2	月份	1	2	3	4	5	6		
3	单位生产费用	825	775	850	850	775	825		
4	单位存储费用	40	30	35	20	40	40		
5									
6	需求量	50	40	50	45	55	30		生产能力
7	生产量	50	90	0	45	85	0	≤	100
8	实际库存	=C7−C6	=C10+D7−D6	=D10+E7−E6	=E10+F7−F6	=F10+G7−G6	=G10+H7−H6		
9		=	=	=	=	=	=		库存容量
10	月末库存	0	50	0	0	30	0	≤	50
11									
12							总费用		=SUMPRODUCT(C3:H3,C7:H7)+SUMPRODUCT(C4:H4,C10:H10)

模型的运算结果如图 6-4 所示。

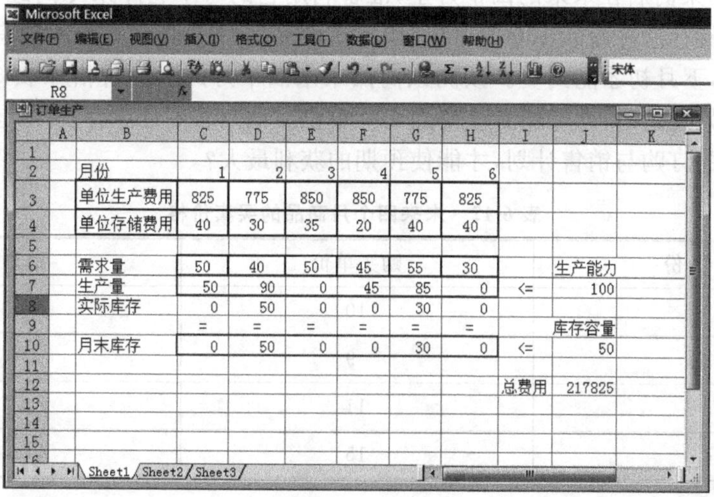

图 6-4 运算结果

对此模型，还可编制如下的 VBA 程序来进行求解。

```
Sub js()
Cells(8, 3)="=C7-C6"
Cells(8, 4)="=C10+D7-D6"
Cells(8, 5)="=D10+E7-E6"
Cells(8, 6)="=E10+F7-F6"
Cells(8, 7)="=F10+G7-G6"
Cells(8, 8)="=G10+H7-H6"
Cells(11, 10)="=SUMPRODUCT(C3:H3,C7:H7)+SUMPRODUCT(C4:H4,C10:H10)"
SolverReset
Call SolverOptions(AssumeLinear:=True, AssumeNonNeg:=True)
Call SolverOk("$J$11", 2, 0, "$C$7:$H$7,$C$10:$H$10")
Call SolverAdd("$C$7:$H$7", 2, "$C$10:$H$10")

Call SolverAdd("$C$7:$H$7", 1, "$J$7")
Call SolverAdd("$C$10:$H$10", 1, "$J$10")
SolverSolve (True)

End Sub
```

6.5 采购与销售模型的建立及其 VBA 求解

【例 6-5】 某商店在未来的四个月里，准备利用它的一个仓库来专门经销某种商品，仓库最大容量能储存这种商品 1000 单位。假定该商品每月只能出卖仓库现有的货。当商店在某月订货时，下月初才能到货。预测该商品未来四个月的买卖价格如表 6-12 所示，假定商店在 1 月开始经销时，仓库储有该商品 500 单位。试问若不计库存费用，该商店应如何制定 1 月至 4 月的订购与销售计划，才能使预期的获利最大？

表 6-12 未来四个月商品的买卖价格

月 份	购买单价	销售单价
1	10	12
2	9	8
3	11	13
4	15	17

解：(1) 决策变量：本问题需要制定 1 月至 4 月的订购与销售计划，所以设：
每月的销售量为 $x_i (i=1,2,3,4)$，每月的订货量为 $y_i (i=1,2,3,4)$；

设辅助决策变量:每月初仓库中的存货量为 $s_i (i=1,2,3,4)$。

(2) 目标函数:因为不考虑库存的费用,所以要使预期获利最大,只要建立每个月订货成本与销售收入之间的关系即可:

$$\max z = 12x_1 - 10y_1 + 8x_2 - 9y_2 + 13x_3 - 11y_3 + 17x_4 - 15y_4$$

(3) 约束条件:

因为当月的订货,下个月才能到,所以该商场每月销售的是上月生于库存和上个月的订货,而上月剩余库存=上月初的库存-上月销售,也就是说,每月初的库存=上月初的库存-上月销售+上月进货,即类似于动态规划的状态方程:$s_k = s_{k-1} - x_{k-1} + y_{k-1}$。

一月:月初库存为 500,没有上月进货和销售,则有:$s_1 = 500$;

二月:上月初库存为 $s_1 = 500$,上月销售和订货分别为 x_1 和 y_1,则有:

$$s_2 = s_1 - x_1 + y_1;$$

三月:$s_3 = s_2 - x_2 + y_2$;

四月:$s_4 = s_3 - x_3 + y_3$;

仓库的容量限制:月初库存不超过仓库的最大容量 1000,则有 $s_i \leqslant 1000 (i=1,2,3,4)$。

每月的销售量不超过月初库存:$x_i \leqslant s_i (i=1,2,3,4)$。

非负:$x_i, y_i, s_i \geqslant 0 (i=1,2,3,4)$。

因此,可以得到如下的数学模型:

$$\max z = 12x_1 - 10y_1 + 8x_2 - 9y_2 + 13x_3 - 11y_3 + 17x_4 - 15y_4$$

$$\text{s.t. } s_1 = 500$$

$$s_2 = s_1 - x_1 + y_1$$

$$s_3 = s_2 - x_2 + y_2$$

$$s_4 = s_3 - x_3 + y_3$$

$$s_i \leqslant 1000 \quad (i=1,2,3,4)$$

$$x_i \leqslant s_i \quad (i=1,2,3,4)$$

$$x_i, y_i, s_i \geqslant 0 \quad (i=1,2,3,4)$$

编制 VBA 计算程序如下:

```
Sub js()
Cells(15, 3)="=SUMPRODUCT(C4:C7,C10:C13)"
Cells(15, 4)="=SUMPRODUCT(D4:D7,D10:D13)"
Cells(10, 6)=500
Cells(11, 6)="=F10-D10+C10"
Cells(12, 6)="=F11-D11+C11"
Cells(13, 6)="=F12-D12+C12"
Cells(15, 8)="=SUM(C15:D15)"
```

```
SolverReset
Call SolverOptions(AssumeLinear:=True, AssumeNonNeg:=True)
Call SolverOk("$H$15", 1, 0, "$C$10:$D$13")
Call SolverAdd("$D$10:$D$13", 1, "$F$10:$F$13")
Call SolverAdd("$F$10:$F$13", 1, "$H$10:$H$13")
SolverSolve (True)
End Sub
```

运行此程序的结果如图 6-5 所示。

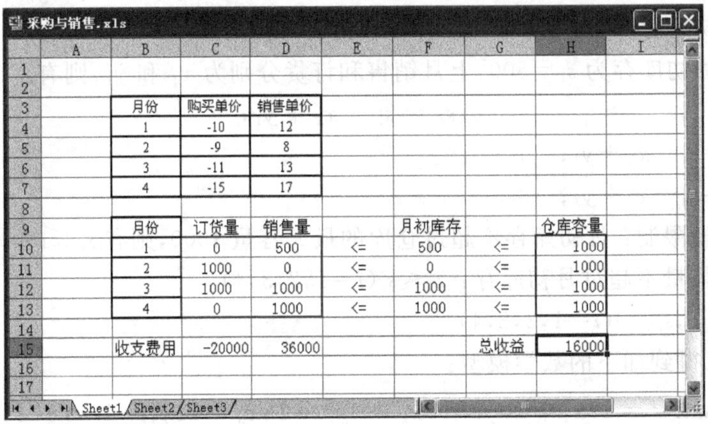

图 6-5 运行结果

6.6 订单与生产模型的建立及其 VBA 求解

【例 6-6】 某公司与用户签订了 4 个月的交货合同,如表 6-13 所示。

表 6-13 交货合同数量

月　份	合同数量/百台	月　份	合同数量/百台
1	1	3	5
2	2	4	3

该公司的最大生产能力为每月 400 台,存货能力为 300 台。已知每百台的生产费用为 20 000 元,在进行生产的月份,工厂要支出固定费用 8000 元,仓库的保管费用每百台每月 2000 元,假定开始时及四月底交货后都没有库存,问各月应生产多少台产品,才能满足完成交货任务的前提下,使得总费用最小?

解:(1) 决策变量:设每月的生产量为 $x_i(i=1,2,3,4)$;$s_i(i=1,2,3,4)$ 为每个月期末库存量;$y_i(i=1,2,3,4)$ 为每个月是否生产。

(2) 目标函数：总费用＝每次生产的固定费用支出＋生产费用＋保管费用

即 max $z = 8(y_1+y_2+y_3+y_4) + 20(x_1+x_2+x_3+x_4) + 2(s_1+s_2+s_3+s_4)$

(3) 约束条件

对每个月来说，库存、生产、需求之间的关系：

$$\text{本月库存} = \text{上月库存} + \text{本月生产} - \text{本月订货}$$

所以：

一月：初始时没有库存，合同需求为 1，则 $s_1 = 0 + x_1 - 1$

二月：第 1 月有库存 s_1，则 $s_2 = s_1 + x_2 - 2$

三月：$s_3 = s_2 + x_3 - 5$

四月：$s_4 = s_3 + x_4 - 3$

生产能力限制，因为在进行生产的月份，工厂要支出固定费用 8 千元，由于每百台的生产费用总是一样的，显然在尽可能少的月份进行生产可以节约不少费用。生产量与是否生产的关系为：生产量≤生产能力×是否生产，即 $x_i \leq 4y_i (i=1,2,3,4)$

存货能力限制：$s_i \leq 3 (i=1,2,3,4)$

四月底交货后没有库存，即 $s_4 = 0$

非负：$x_i, y_i, s_i \geq 0 (i=1,2,3,4)$

$$y_i = 0, 1 \quad (i=1,2,3,4)$$

因此，可以得到如下的数学模型：

max $z = 8(y_1+y_2+y_3+y_4) + 20(x_1+x_2+x_3+x_4) + 2(s_1+s_2+s_3+s_4)$

s.t. $s_1 = 0 + x_1 - 1$

$s_2 = s_1 + x_2 - 2$

$s_3 = s_2 + x_3 - 5$

$s_4 = s_3 + x_4 - 3$

$x_i \leq 4y_i \quad (i=1,2,3,4)$

$s_i \leq 3 \quad (i=1,2,3,4) \quad$ 且 $\quad s_4 = 0$

$x_i, y_i, s_i \geq 0 \quad (i=1,2,3,4)$

$y_i = 0, 1 \quad (i=1,2,3,4)$

编制 VBA 计算程序如下：

```
Sub js()

Cells(10, 5)="=$C$6*F10"
Cells(11, 5)="=$C$6*F11"
Cells(12, 5)="=$C$6*F12"
Cells(13, 5)="=$C$6*F13"
```

```
Cells(10, 9)="=C10-G10"
Cells(11, 9)="=K10+C11-G11"
Cells(12, 9)="=K11+C12-G12"
Cells(13, 9)="=K12+C13-G13"

Cells(15, 3)="=C3 * SUM(F10:F13)"
Cells(16, 3)="=C4 * SUM(C10:C13)"
Cells(17, 3)="=C5 * SUM(K10:K13)"
Cells(18, 3)="=SUM(C15:C17)"

SolverReset
Call SolverOptions(AssumeLinear:=True, AssumeNonNeg:=True)
Call SolverOk("$C$18", 2, 0, "$C$10:$C$13,$F$10:$F$13,$K$10:$K$13")
Call SolverAdd("$C$10:$C$13", 1, "$E$10:$E$13")
Call SolverAdd("$K$10:$K$13", 1, "$M$10:$M$13")
Call SolverAdd("$I$10:$I$13", 2, "$K$10:$K$13")
Call SolverAdd("$F$10:$F$13", 5, "二进制")
Call SolverAdd("$K$13", 2, 0)
SolverSolve (True)
End Sub
```

运行此程序的结果如图 6-6 所示。

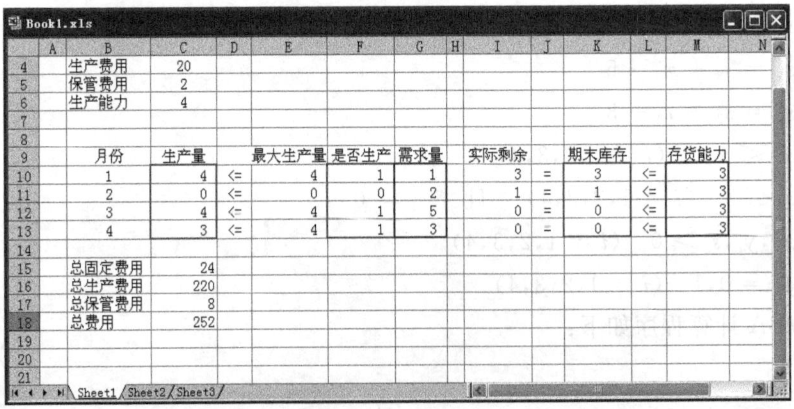

生产费用	20									
保管费用	2									
生产能力	4									
月份	生产量		最大生产量	是否生产	需求量	实际剩余		期末库存		存货能力
1	4	<=	4	1	1	3	=	3	<=	3
2	0	<=	0	0	2	1	=	1	<=	3
3	4	<=	4	1	5	0	=	0	<=	3
4	3	<=	4	1	3	0	=	0	<=	3
总固定费用	24									
总生产费用	220									
总保管费用	8									
总费用	252									

图 6-6　运行结果

这些动态规划的实例若在 MATLAB 环境中可以使用线性规划函数 linprog()实现。留给读者练习。

习 题

1. 在电子表格 Excel 环境下,对本章例题中的所有数学模型做计算实验。
2. 某厂根据订单合同在今后四个季度对某产品的需求量如表 6-14 所示。

表 6-14 数据表

季度	1	2	3	4
需求量	2	3	2	4

设每组织一次生产的生产准备费用为 3 千元,每件产品的生产成本为 1 千元,每次生产由于生产能力的限制最多不超过 6 件。又设每一件产品存储一个季度的费用为 0.5 千元,并且第一季度开始与第四季度末均没有产品库存,在上述条件下该厂应该如何安排各季度的生产与库存,以使总费用最低?

3. 某电视机厂为生产电视机而需生产喇叭,生产以万只为单位。根据以往记录,一年的四个季度需要喇叭分别为 3 万只、2 万只、3 万只、2 万只。设每万只存放在仓库内一个季度的存储费为 0.2 万只,每生产一批的装配费为 2 万元,每万只的生产成本费为 1 万元。问应怎样安排四个季度的生产,才能是总的费用最小?

提示:设 x_i 为第 i 个季度的生产量,s_i 为第 i 个季度的库存量,y_i 为第 i 个季度是否生产一个批次,则目标函数:

$$\min z = 2(y_1+y_2+y_3+y_4)+(x_1+x_2+x_3+x_4)+0.2(s_1+s_2+s_3+s_4)$$

约束:$s_k = s_{k-1}+x_k-d_k, k=1,2,3,4$

$x_i \leqslant My_i$,M 为相对极大值,这里取 99。还有一个条件是非负。

案例问题 6-1 保险公司的理财计划

某公司建立一项提前退休计划,作为其公司重组的一部分。在自愿签约期临近时,为雇员办理了提前退休手续。因为这些人的提前退休,在接下来的 8 年里,公司将承担以下责任,每年年初支付的现金需求如表 6-15 所示。

表 6-15 数据表   万元

年份	1	2	3	4	5	6	7	8
现金需求	430	210	222	231	240	195	225	255

该退休项目的财务计划包括政府债券的投资及储蓄,对于政府债券的投资额限于以下 3 种选择,如表 6-16 所示。

表 6-16 数据表

债券	价格/元	利率/%	到期年数/年
1	1150	8.875	5
2	1000	5.5	6
3	1350	11.75	7

政府债券的面值是 1000,这意味着尽管价格不同,在到期时,也都要支付 1000 元。表 6-16 中所示的利率是基于面值的。

案例报告

公司的财务人员必须决定现在应准备多少钱,以便应付为期 8 年的支出计划。在制定这个计划时,财务人员假定所有没有被投资于债券的资金都被投资于储蓄,且每年都可以获得 4% 的利息。

案例问题 6-2 华南金融公司的理财计划

华南金融公司必须决定在接下来的 4 个期间中,用现有资金进行两项投资(A 和 B)时每一项所占的百分比。每一个期间可用的新资金数,以及进行每一项投资时必要的现金支出(负值)或者是投资收入(正值)如表 6-17 所示。表格中的数据(以 1000 元为单位)表示如果将任一期间可用的资金全部投资在 A 或 B 上时,所花的费用或所得的收入。比如,如果华南金融公司决定将任一期间的资金全部投资在 A 上,在第 1 阶段公司花费 1000 元,第 2 阶段花费 800 元,第 3 阶段花费 200 元,第 4 阶段则有 200 元的收入。但是要注意的是,如果华南金融公司决定将总资金的 80% 投资给 A 时,现金支出或收入将是所显示值的 80%。

表 6-17 数据表

期间	可用基金的新投资	投资项目	
		A	B
1	1500	−1000	−800
2	400	−800	−500
3	500	−200	−300
4	100	200	300

任一期间可用的资金即是该期间新的投资基金、贷款基金、每一期间的存款及 A、B 两项目投资收入的和。任一期间可用的资金可以用来偿还贷款或前一期间的利息,用于储蓄,支付 A 项目或是 B 项目的投资开支。

假设每个阶段的储蓄利率 10%，每个期间的借入资金的利率是 18%。令：

$S(t)$：t 期间的存款；$L(t)$：t 期间的新贷款资金。

这样，在任一期间 t，前一期间的存款收入是：$1.1S(t-1)$，前一期间贷款和利息的费用则是 $1.18L(t-1)$。

在第 4 期间结束时，向 A 的预期投资现金值为 3200 元（假设资金全部投资在 A 上），而向 B 的预期投资现金值为 2500 元（假设资金全部投资在 B 上）。第 4 期间结束时额外的收入和费用将是第 4 期间的存款收入减去贷款与利息的和。

我们定义决策变量如下：x_1：A 项目的投资比例；x_2：B 项目的投资比例。

例如，若 $x_1=0.5$，则在第 1 期间向 A 投资 500 元，而剩下的所有现金以及期间结束时 A 的投资价值将与 0.5 相乘。向 B 投资时也是如此。该模型中必须包括约束条件（$x_1 \leqslant 1$，$x_2 \leqslant 1$），以确保投资百分比不超过 100%。

案例报告

如果在任一期间借入的现金不超过 200 元，确定向 A 和向 B 投资的比例，以及各期间的存款和借贷额，以使公司在第 4 期间结束时的现金值最大化。

第7章 网络规划模型的建立与 VBA 求解

7.1 最小费用流问题与 VBA 求解

7.1.1 最小费用流问题

【例 7-1】 先看一个问题。某公司有两个工厂生产产品,这些产品需要运送到两个仓库中,其配送网络如图 7-1 所示。目标是确定一个运输方案(即每条路线运送多少单位的产品),使通过配送网络运输成本最小?

在图中 F1 和 F2 代表两个工厂,为供应点;W1 和 W2 代表两个仓库,为需求点;DC 表示配送中心,为转运点。工厂 1 生产 80 个单位(供应量为 80),工厂 2 生产 70 个单位(供应量为 70),仓库 1 需要 60 个单位(需求量为 60),仓库 2 需要 90 个单位(需

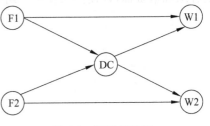

图 7-1 网络运输图

求量为 90)。F1 到 DC、F2 到 DC、DC 到 W1、DC 到 W2 的最大运输量均为 50 单位(弧的容量为 50)。单位运输成本:F1 到 DC 为 300、F2 到 DC 为 400、DC 到 W1 为 200、DC 到 W2 为 400、F1 到 W1 为 700、F2 到 W2 为 900。弧旁边括号内的数值意义为(容量,单位运输成本)。

最小费用流问题的三个基本概念如下:

(1) 最小费用流问题的构成(网络表示)

① 节点:包括供应点、需求点和转运点;

② 弧:可行的运输线路(节点 $i \rightarrow$ 节点 j),经常有最大流量(容量)的限制。

(2) 最小费用流问题的假设

① 至少一个供应节点;

② 至少一个需求点;

③ 剩下都是转运点;

④ 通过弧的流只允许沿着箭头方向流动,通过弧的最大流量取决于该弧的容量;

⑤ 网络中有足够的弧提供足够容量，使得所有在供应点中产生的流都能够到达需求点；

⑥ 在流的单位成本已知的前提下，通过每一条弧的流的成本和流量成正比；

⑦ 最小费用流问题的目标是在满足给定需求的条件下，使得通过网络供应的总成本最小（或总利润最大）。

(3) 最小费用流问题的解的特征

① 具有可行解的特征：当且仅当供应点所提供的流量总和等于需求点所需要的流量总和时（即平衡条件），最小费用流问题有可行解；

② 具有整数解的特征：只要其所有的供应、需求和弧的容量都是整数值，那么任何最小费用流问题的可行解就一定有所有流量都是整数的最优解（与运输问题和指派问题的解一样）；因此，没有必要加上所有变量都是整数的约束条件。

与运输问题一样，在配送网络中，由于运送量（流量）经常以卡车、集装箱为单位，如果卡车装不满的话，就很不经济了。整数解就避免了配送方案为小数的麻烦。

7.1.2 最小费用流问题的数学模型

最小费用流问题的数学模型为：

(1) 决策变量。设 f_{ij} 为通过弧（节点 i→节点 j）的流量。

(2) 目标是使通过网络供应的总成本最小。

(3) 约束条件。

① 所有供应点：净流量（总流出减总流入）为正；

② 所有转运点：净流量为零；

③ 所有需求点：净流量为负；

④ 所有弧的流量 f_{ij} 受到弧的容量限制；

⑤ 所有弧的流量 f_{ij} 非负。

具体而言，对于上述例题的最小费用流问题，其线性规划模型如下所述。

(1) 决策变量。设 f_{ij} 为通过弧（节点 i→节点 j）的流量。

(2) 目标函数。

本问题的目标是总运输成本最小，即

$$\min z = 700 f_{F1 \to W1} + 300 f_{F1 \to DC} + 200 f_{DC \to W1} + 400 f_{F2 \to DC} + 900 f_{F2 \to W2} + 400 f_{DC \to W2}$$

(3) 约束条件（节点净流量、弧的容量限制、非负）。

① 供应点 F1：$f_{F1 \to W1} + f_{F1 \to DC} = 80$

供应点 F2：$f_{F2 \to W2} + f_{F2 \to DC} = 70$

② 转运点 DC：$f_{DC \to W1} + f_{DC \to W2} - (f_{F1 \to DC} + f_{F2 \to DC}) = 0$

③ 需求点 W1：$0 - (f_{F1 \to W1} + f_{DC \to W1}) = -60$ 或 $f_{F1 \to W1} + f_{DC \to W1} = 60$

需求点 W2：$0 - (f_{F2 \to W2} + f_{DC \to W2}) = -90$ 或 $f_{F2 \to W2} + f_{DC \to W2} = 90$

④ 弧的容量限制：$f_{F1\to DC}, f_{DC\to W1}, f_{F2\to DC}, f_{DC\to W2} \leqslant 50$
⑤ 非负：$f_{F1\to W1}, f_{F1\to DC}, f_{DC\to W1}, f_{F2\to W2}, f_{F2\to DC}, f_{DC\to W2} \geqslant 0$

于是得到数学模型为

$$\min z = 700 f_{F1\to W1} + 300 f_{F1\to DC} + 200 f_{DC\to W1} + 400 f_{F2\to DC} + 900 f_{F2\to W2} + 400 f_{DC\to W2}$$

$$f_{F1\to W1} + f_{F1\to DC} = 80$$

$$f_{F2\to W2} + f_{F2\to DC} = 70$$

$$f_{DC\to W1} + f_{DC\to W2} - (f_{F1\to DC} + f_{F2\to DC}) = 0$$

$$0 - (f_{F1\to W1} + f_{DC\to W1}) = -60 \text{ 或 } f_{F1\to W1} + f_{DC\to W1} = 60$$

$$0 - (f_{F2\to W2} + f_{DC\to W2}) = -90 \text{ 或 } f_{F2\to W2} + f_{DC\to W2} = 90$$

$$f_{F1\to DC}, f_{DC\to W1}, f_{F2\to DC}, f_{DC\to W2} \leqslant 50$$

$$f_{F1\to W1}, f_{F1\to DC}, f_{DC\to W1}, f_{F2\to W2}, f_{F2\to DC}, f_{DC\to W2} \geqslant 0$$

7.1.3 最小费用流问题的数学模型的 VBA 求解

如图 7-2 所示，定义 B4～B9 为"从"，定义 C4～C9 为"到"，定义 D4～D9 为"流量"，定义 H4～H8 为"节点"，在 I4～I8 中，分别输入"＝SUMIF(从,节点,流量)－SUMIF(到,节点,流量)"；在 D11 中输入"＝SUMPRODUCT(D4:D9,G4:G9)"。

该问题的电子表格 VBA 程序如下：

```
Sub js()
Cells(4, 9)="=SUMIF(从,节点,流量)-SUMIF(到,节点,流量)"
Cells(5, 9)="=SUMIF(从,节点,流量)-SUMIF(到,节点,流量)"
Cells(6, 9)="=SUMIF(从,节点,流量)-SUMIF(到,节点,流量)"
Cells(7, 9)="=SUMIF(从,节点,流量)-SUMIF(到,节点,流量)"
Cells(8, 9)="=SUMIF(从,节点,流量)-SUMIF(到,节点,流量)"
Cells(9, 9)="=SUMIF(从,节点,流量)-SUMIF(到,节点,流量)"
Cells(11, 4)="=SUMPRODUCT(D4:D9,G4:G9)"
SolverReset
Call SolverOk("$D$11", 2, 0, "$D$4:$D$9")
Call SolverOptions(AssumeLinear:=True, AssumeNonNeg:=True)
Call SolverAdd("$I$4:$I$9", 2, "$K$4:$K$9")
Call SolverAdd("$D$5:$D$8", 1, "$F$5:$F$8")
SolverSolve (True)
End Sub
```

运行此程序，得到如图 7-2 所示的结果。

第7章 网络规划模型的建立与 VBA 求解

	A	B	C	D	E	F	G	H	I	J	K
1											
2											
3		从	到	流量		容量	单位成本	节点	净流量		供应/需求
4		F1	W1	30			700	F1	80	=	80
5		F1	DC	50	<=	50	300	F2	70	=	70
6		DC	W1	30	<=	50	200	DC	0	=	0
7		DC	W2	50	<=	50	400	W1	-60	=	-60
8		F2	DC	30	<=	50	400	W2	-90	=	-90
9		F2	W2	40			900		0		
10											
11			总成本	110000							

图 7-2 运算结果

7.1.4 最小费用流问题的电子表格求解

最小费用流问题广泛地应用于各种领域,如运输问题、指派问题、转运问题以及最大流问题、最短路问题。

下面我们来介绍最小费用流模型计算机电子表格求解的另一种方法。

假定某公司有三个位于不同地区的工厂,它们生产同一种产品,每月的最大生产能力分别为 s_1, s_2, s_3 单位。这些产品可以先运至两个不同地点的仓库,再由仓库运至两家固定用户;也可以由工厂直接运送到固定用户处。这两家固定用户的月需求量分别为 d_1, d_2 单位。工厂、仓库、用户之间的单位流量的运输费用均为已知值。问应如何组织生产与运输,使得在满足用户需求与生产能力约束下的总运输费用最小。

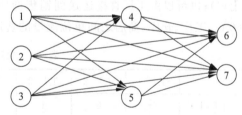

图 7-3 典型的最小费用流网络图

这个问题是一个典型的最小费用流问题,可用如图 7-3 所示的网络图加以描述。

在对上述网络流问题建模时,应考虑以下特点:

(1) 网络中各边上的流量为决策变量,它反映出从供应节点至需求节点的运输流量的分配情况。

(2) 对应网络中的每条边,均有一个单位流量的运输费用(或利润),它反映出沿该边运输一个单位流量的费用或利润。

(3) 对应网络中的每条边,均有一个相应的最大可通过流量,它是一个非负的量。它反映出边的容量约束。

(4) 供应节点(源点)、中转节点(中间节点)和需求节点(收点或汇点)的净流出量约束。节点的净流出量必须满足下列公式:

节点的净流出量＝节点的总流出量－节点的总流入量

若某节点的净流出量为正值,则该节点为供应节点;若某节点的净流出量为负值,则该节点为需求节点;若某节点的净流出量为零,则该节点为中转节点。

最小费用流模型要求对于整个网络而言,其净出量等于零,即网络中供应节点的供应总量应等于需求节点的需求总量,这种情况称为供需平衡。但是,在实际问题中,常常会遇到供应量大于或小于需求量的情况,即供需不平衡的情况。这时,可添加一个"虚节点"来解决这个问题。虚节点是一个实际上并不存在的节点,虚节点的净流出量用下式计算:

$$虚节点的净流出量 = -(所有"真实"节点的净流出量之和)$$

当供应量大于需求量时,所有"真实"节点的净流出量之和为正值,因此虚节点的净流出量为负值,这表示多余的那部分供应量流入了该虚节点,从而保证了整个网络的供需平衡。流入虚节点的多余供应量就是未使用的那部分供应量。

当供应量小于需求量时,所有"真实"节点的净流出量之和为负值,因此虚节点的净流出量为正值,这表示未满足的那部分需求量由该虚节点供应,从而保证了整个网络的供需平衡。从虚节点流入真实节点供应量就是未能满足的那部分需求量。

下面用例子来说明最小费用流的建模与电子表格求解方法。

【**例 7-2**】 大明盐业公司销售网络问题。

大明盐业公司有三个位于不同地区的制盐工厂,它们每月的最大生产能力分别为 150、300、80 t。这些产品可以先运至两个不同地点的仓库,再由仓库运送至两家销售商店(用户);也可以由工厂直接运送到销售商店。这两家销售商店的月需求量分别为 300 t 和 160 t。工厂、仓库、商店之间单位流量的费用如表 7-1 所示。

表 7-1 生产能力与需求量表

	工厂1	工厂2	工厂3	仓库1	仓库2	用户1	用户2	生产能力/t
工厂1	—	6	4	3	1	2	4	150
工厂2	10	—	10	1	1	10	9	300
工厂3	10	10	—	1	0.5	10	8	80
仓库1	1	1	0.5	—	1.2	6	1	
仓库2	2	1	0.8	1	—	2	7	
用户1	2	10	1	1	0.7	—	3	
用户2	10	3	6	1	0.3	8	—	
需求量/t						300	160	

连接工厂、仓库、商店的任意两个节点间的边的最大流量为 200 t。问:应如何组织生产与运输,使得在满足用户需求与生产能力约束下的总运输费用最小。

解:根据题意,工厂、仓库、用户形成一个如图 7-3 所示的运输网络。其中,三个工厂的总供应量为 150＋300＋80＝530(t)，两个用户的总需求量为 300＋160＝460(t)，可见这是一个供需不平衡问题，而且供应量大于需求量。为了将本问题转化为供需平衡问题，添加一个虚节点，该虚节点的净流出量为

$$\text{虚节点的净流出量} = -(\text{所有"真实"节点的净流出量之和})$$
$$= -(530 - 460)$$
$$= -70(t)$$

这时，该虚节点是需求节点。令从各真实节点流入虚节点所经过的边的单位流量费用为零；从各真实节点流入虚节点所经过的边的容量等于虚节点的净流出量的负值，即 $-(-70)=70(t)$；从虚节点流入各真实节点所经过的边的容量等于零。

本问题的电子表格软件计算结果如表 7-2 所示。

表 7-2　公司最小费用模型

	A	B	C	D	E	F	G	H	I	J	K
4						至					
5			工厂1	工厂2	工厂3	仓库1	仓库2	用户1	用户2	虚节点	
6		工厂1	0	6	4	3	1	2	4	0	
7		工厂2	10	0	10	1	1	10	9	0	
8		工厂3	10	10	0	1	0.5	10	8	0	
9	从	仓库1	1	1	0.5	0	1.2	6	1	0	
10		仓库2	2	1	0.8	1	0	2	7	0	
11		用户1	2	10			0.7	0	3	0	
12		用户2	10	3	6	1	0.3	8	0	0	
13		虚节点	0	0	0	0	0	0	0	0	
14											总费用
15	流量					至					1030
17			工厂1	工厂2	工厂3	仓库1	仓库2	用户1	用户2	虚节点	总流出量
18		工厂1	0	0	0	0	0	150	0	0	150
19		工厂2	0	0	0	160	70	0	0	70	300
20		工厂3	0	0	0	0	80	0	0	0	80
21	从	仓库1	0	0	0	0	0	0	160	0	160
22		仓库2	0	0	0	0	0	150	0	0	150
23		用户1	0	0	0	0	0	0	0	0	0

续表

	A	B	C	D	E	F	G	H	I	J	K
24		用户 2	0	0	0	0	0	0	0	0	
25		虚节点	0	0	0	0	0	0	0	0	
26		总流入量	0	0	0	160	150	300	160	70	
27		总流出量	150	300	80	160	150	0	0	0	
28		净流出量	150	300	80	0	0	−300	−160	−70	
29			=	=	=	=	=	=	=	=	
30		给定净流出量	150	300	80	0	0	−300	−160	−70	
33						至					
34			工厂 1	工厂 2	工厂 3	仓库 1	仓库 2	用户 1	用户 2	虚节点	
35		工厂 1	0	200	200	200	200	200	200	70	
36		工厂 2	200	0	200	200	200	200	200	70	
37		工厂 3	200	200	0	200	200	200	200	70	
38	从	仓库 1	200	200	200	0	200	200	200	70	
39		仓库 2	200	200	200	200	0	200	200	70	
40		用户 1	200	200	200	200	200	0	200	70	
41		用户 2	200	200	200	200	200	200	0	70	
42		虚节点	0	0	0	0	0	0	0		

(1) 输入部分

首先输入已知数据。在单元格 C6：J13 中输入网络中各边的单位流量费用。其中从虚节点流入或流出的单位流量费用等于零。在单元格 C35：J42 中输入各节点间的边的容量，其中，从任何一个真实节点流入虚节点所经过的边的容量均等于虚节点的净流出量的负值，即等于 70；从虚节点流入任何一个节点所经过的边的容量均等于零。接着，在单元格 C30：J30 中输入各节点净流出量应取的值，其中，各中间节点（两个仓库）的净流出量应等于零；源点（三个工厂）的净流出量应等于其供应量，它们分别为 150，300 和 80；汇点（两个用户）的净流出量应等于其流入量的负值，它们分别为 −300 和 −160；虚节点的净流出量等于 −70。

(2) 决策变量

本问题的决策变量用 C18：J25 中的单元格表示，它们是从各节点到其他节点的流量，也是流量在网络中各条边上的分配量。例如单元格 D18 表示节点 1 流入节点 2 的流量，也是连接节点 1 与节点 2 的边上的流量。

(3) 目标函数

本问题的目标函数是总费用最小。在单元格 K15 中输入目标函数,它等于各边的单位流量费用与流量的成绩之和,其计算公式如下:

=SUMPRODUCT(C6:J13,C18:J25)

(4) 约束条件

本问题的约束条件有三个,第一个约束是网络中边的容量约束,第二个约束是各节点的总流入量与总流出量的平衡约束,第三个约束是决策变量非负约束。

第一个约束是网络中边的容量约束。容量约束是指各节点间的边上的流量不得超过该边的容量。所以有:

单元格 C18:J25 中的数值(流量)≤单元格 C35:J42 中的相应数值(流量)

第二个约束是节点的总流入量与总流出量的平衡约束。其计算步骤如下:

① 计算各节点的总流入量

节点的总流入量等于所有流入该节点的流量之和。用单元格 C26 表示节点 1 的总流入量,其计算公式如下:

=sum(C18:C25)

将上述公式复制到单元格 D26:J26,得到其他节点的总流入量。

② 计算各节点的总流出量

节点的总流出量等于从该节点的所有流出量之和。用单元格 K18 表示节点 1 的总流出量,其计算公式如下:

=sum(C18:J18)

将上述公式复制到单元格 K19:K25,得到其他节点的总流出量。

③ 计算各节点的净流出量

为便于计算节点的净流出量,需将单元格 K18:K25 的总流出量写入单元格 C27:J27。可在单元格 C24 中输入:

=K18

然后,用同法逐个将单元格 K19:K25 的内容分别写入单元格 D27:J27。

节点的净流出量等于该节点的总流出量与总流入量之差。用单元格 C28 表示节点 1 的净流出量,它的计算公式如下:

=C27-C26

将上述公式复制到单元格 D28:J28,得到其他节点的净流出量。

④ 单元格 C28:J28 中各节点的净流出量应等于单元格 C30:J30 中给定的净流出量。

(5) 用表格软件中的规划求解功能求出本问题的解

在"规划求解参数"对话框中输入目标单元格(目标函数地址)、可变单元格(决策变量地址)和两个约束条件,然后在规划求解选项参数框中选择"采用线性模型"和"假定非负",最后求解得到本问题的最优解。"规划求解参数"对话框如图 7-4 所示。

模型运行结果如表 7-2 所示。由表 7-2 可知,本问题的最优解是:从工厂 1 运输 150 t 至用户 1,从工厂 2 运输 160 t 至仓库 1,运输 70 t 至仓库 2,从工厂 3 运输 80 t 至仓库 2,再由仓库 1 运输 160 t 至用户 2,由仓库 2 运输 150 t 至用户 1。该最优解如图 7-5 所示。这时,总费用最小,为 1030 元。需节点的净流出量为 −70 t,说明工厂的生产能力尚有 70 t 未使用。

图 7-4 最小费用问题的"规划求解参数"对话框

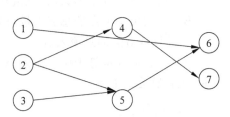

图 7-5 公司运输优化结果

7.2 最大流问题与 VBA 求解

在许多实际的网络系统中都存在着流量和最大流问题。例如铁路运输系统中的车辆流,城市给排水系统的水流问题等。而网络系统最大流问题是图与网络流理论中十分重要的优化问题,它对解决生产中的实际问题起着十分重要的作用。

7.2.1 最大流问题的基本概念

最大流问题与网络中的流有关,但目标不是使流的总成本最小,而是寻找一个流的方案,使得通过网络的流量最大。除了目标(流最大化和成本最小化)不一样外,最大流问题的特征和最小费用流问题的特征非常相似。

【例 7-3】 某公司要从起始点 v_s(发点)运送货物到目的地 v_t(收点),其网络如图 7-6 所示。

图 7-6 中每条弧(节点 i → 节点 j)旁边的权 c_{ij} 表示这段运输线路的最大通过能力(容量)。要求制定一个运输方案,使得从 v_s 到 v_t

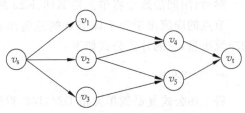

图 7-6 最大流问题

的运输量达到最大,这个问题就是寻求网络系统的最大流问题。

最大流问题的假设:

(1) 网络中所有流起源于一个叫做源的节点(发点),所有的流终止于另一个叫做汇的节点(收点);

(2) 其余的节点叫做转运点;

(3) 通过每一条弧的流只允许沿着弧的箭头方向流动;

(4) 目标是使得从发点(源)到收点(汇)的总流量最大。

7.2.2 最大流问题的数学模型

最大流问题的数学模型为:

(1) 决策变量。设 f_{ij} 为通过弧(节点 i→节点 j)的流量。

(2) 目标是使通过网络的总流量最大,即从发点流出的总流量最大。

(3) 约束条件

① 所有转运点(中间点)净流量为零;

② 所有弧的流量 f_{ij} 受到弧的容量限制;

③ 所有弧的流量 f_{ij} 非负。

具体而言,对于上述例子的最大流问题,其线性数学模型为:

(1) 决策变量。设 f_{ij} 为通过弧(节点 i→节点 j)的流量。

(2) 目标函数。

本问题的目标是从 v_s 流出的总流量最大,即

$$\max F = f_{vs \to v1} + f_{vs \to v2} + f_{vs \to v3}$$

(3) 约束条件

① 转运点 $v1$: $f_{v1 \to v4} - f_{vs \to v1} = 0$

转运点 $v2$: $(f_{v2 \to v4} + f_{v2 \to v5}) - f_{vs \to v2} = 0$

转运点 $v3$: $f_{v3 \to v5} - f_{vs \to v3} = 0$

转运点 $v4$: $f_{v4 \to vt} - (f_{v1 \to v4} + f_{v2 \to v4}) = 0$

转运点 $v5$: $f_{v5 \to vt} - (f_{v2 \to v5} + f_{v3 \to v5}) = 0$

② 弧的容量限制: $f_{ij} \leqslant c_{ij}$

③ 非负: $f_{ij} \geqslant 0$

得到数学模型为

$$\max F = f_{vs \to v1} + f_{vs \to v2} + f_{vs \to v3}$$

$$f_{v1 \to v4} - f_{vs \to v1} = 0$$

$$(f_{v2 \to v4} + f_{v2 \to v5}) - f_{vs \to v2} = 0$$

$$f_{v3 \to v5} - f_{vs \to v3} = 0$$

$$f_{v4 \to vt} - (f_{v1 \to v4} + f_{v2 \to v4}) = 0$$

$$f_{v5\to vt}-(f_{v2\to v5}+f_{v3\to v5})=0$$

$$f_{ij}\leqslant c_{ij}$$

$$f_{ij}\geqslant 0$$

7.2.3 最大流问题的数学模型的 VBA 求解

可以使用电子表格程序来求解该最大流问题，程序如下：

```
Sub js()
Cells(4, 9)="=SUMIF(从,节点,流量)-SUMIF(到,节点,流量)"
Cells(5, 9)="=SUMIF(从,节点,流量)-SUMIF(到,节点,流量)"
Cells(6, 9)="=SUMIF(从,节点,流量)-SUMIF(到,节点,流量)"
Cells(7, 9)="=SUMIF(从,节点,流量)-SUMIF(到,节点,流量)"
Cells(8, 9)="=SUMIF(从,节点,流量)-SUMIF(到,节点,流量)"
Cells(9, 9)="=SUMIF(从,节点,流量)-SUMIF(到,节点,流量)"
Cells(10, 9)="=SUMIF(从,节点,流量)-SUMIF(到,节点,流量)"
Cells(14, 4)="=I4"
SolverReset
Call SolverOk("$D$14", 1, 0, "$D$4:$D$12")
Call SolverOptions(AssumeLinear:=True, AssumeNonNeg:=True)
Call SolverAdd("$I$5:$I$9", 2, "$K$5:$K$9")
Call SolverAdd("$D$4:$D$12", 1, "$F$4:$F$12")
SolverSolve (True)
End Sub
```

运行该程序，其结果如图 7-7 所示。

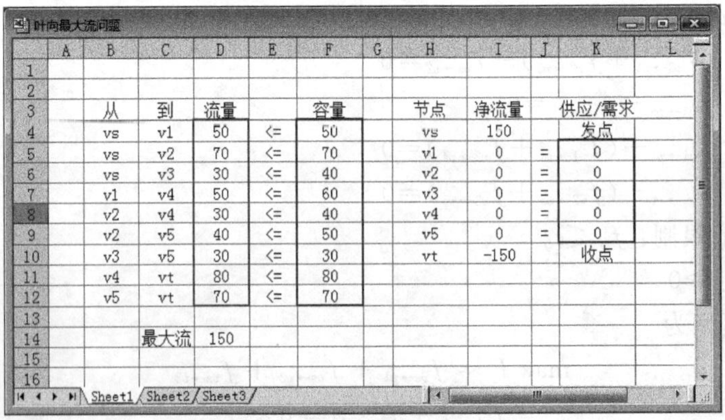

	A	B	C	D	E	F	G	H	I	J	K	L
1												
2												
3		从	到	流量		容量		节点	净流量		供应/需求	
4		vs	v1	50	<=	50		vs	150		发点	
5		vs	v2	70	<=	70		v1	0	=	0	
6		vs	v3	30	<=	40		v2	0	=	0	
7		v1	v4	50	<=	60		v3	0	=	0	
8		v2	v4	30	<=	40		v4	0	=	0	
9		v2	v5	40	<=	50		v5	0	=	0	
10		v3	v5	30	<=	30		vt	-150		收点	
11		v4	vt	80	<=	80						
12		v5	vt	70	<=	70						
13												
14			最大流	150								
15												
16												

图 7-7　运算结果

请读者思考：多个发点，多个收点的情况。

7.2.4 最大流问题的电子表格求解

下面我们从另外一个角度,举一个例子来说明最大流问题的建模与求解。

【**例 7-4**】 某城市有 7 个供水加压站,分别用节点 1,节点 2,…,节点 7 表示。如图 7-8 所示。

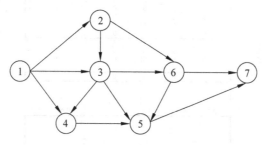

图 7-8 供水网络

其中节点 1 为水厂,各泵站之间现有的管网用相应节点间的边表示.现规划在节点 7 处建一个开发区,经过现有管网调查,各阶段管网尚可增加的供水能力(万 t/d)如图 7-9 所示 C22:I28 中的数值所示。依照现有管网状况,从水厂(源点)到开发区(汇点),每天最多可增加多少供水量?

解:本问题要解决的问题是在各管网可增加的供水能力为定值时,该网络可增加的从水厂至开发区的最大供水流量。这是一个网络最大流问题。这时可在图 7-8 的网络图中添加一条从节点 7(汇点)至节点 1(源点)的"虚"边(由于实际上并不存在从节点 7 流向节点 1 的管道,所以称该边为"虚"的)。增加这条边的目的,是为了使网络各节点的边形成回路,各节点的流出量与流入量的代数和(即净流出量)为零。

本问题可以看作在满足边容量约束条件下的网络流优化问题,目标函数是开发区(节点 7)的总流入量(或虚拟的总流出量)最大化,这时节点 7 的总流入量(或虚拟的总流出量)就是网络最大流,也就是开发区可能增加的最大供水流量。

本问题的电子表格软件计算结果如图 7-9 所示。

(1) 输入部分

首先输入已知数据。在单元格 C22:I28 中输入各节点间的边的容量增量。例如在单元格 F22 中输入 3,表示从节点 1 到节点 4 的边可增加的供水能力为 3(万 t/d),等等。凡是节点间没有管道相连的边,令其容量为零。从节点 7 至节点 1 的边为"虚"边,可设它的能力增量等于从源点(节点1)出发的所有边的供水能力增量之和,即:3+4+3=10。此外,当网络中总流入量与总流出量达到平衡时,应满足以下条件:

① 各中间节点的流出量等于流入量,即他们的净流出量应等于零;
② 源点的流出量与从汇点经虚边的流入量的代数和应等于零;

管理运筹建模与求解——基于 Excel VBA 与 MATLAB

	A	B	C	D	E	F	G	H	I	J	K	L	M
1	例 城市供水问题												
2													
3	流量												
4						至							
5			节点1	节点2	节点3	节点4	节点5	节点6	节点7	总流出量		最大流量	
6		节点1	0	2	4	3	0	0	0	9		9	
7		节点2	0	0	0	0	0	2	0	2			
8		节点3	0	0	0	1	2	1	0	4			
9	从	节点4	0	0	0	0	4	0	0	4			
10		节点5	0	0	0	0	0	0	6	6			
11		节点6	0	0	0	0	0	0	3	3			
12		节点7	9	0	0	0	0	0	0	9			
13		总流入量	9	2	4	4	6	3	9				
14		总流出量	9	2	4	4	6	3	9				
15		净流出量	0	0	0	0	0	0	0				
16			=	=	=	=	=	=	=				
17		给定的净流出量	0	0	0	0	0	0	0				
18													
19	边的容量												
20						至							
21			节点1	节点2	节点3	节点4	节点5	节点6	节点7				
22		节点1		3	4	3							
23		节点2				2		2					
24		节点3				3	2	1					
25	从	节点4					4						
26		节点5							6				
27		节点6						5	5				
28		节点7	10										

图 7-9 城市供水网络最大流量模型

③ 汇点的流入量与从汇点经虚边的流出量的代数和应等于零。

因此，所有节点的净流出量均应等于零。在单元格 C17：I17 中输入各节点净流出量应取的值，它们均为零。

(2) 决策变量

本问题的决策变量用 C16：I12 中的单元格表示，它们是从各节点到其他节点的流量，也是供水流量增量在网络中各条边上的分配量。例如单元格 D6 表示节点 1 流入节点 2 的流量，也是连接节点 1 与节点 2 的边上的流量。

(3) 目标函数

本问题的目标函数是流入节点 7 的总流入量最大（即开发区得到的供水流量增量最大），或者从节点 7 流向节点 1 的流出量最大。在单元格 L6 中输入目标函数，它用下式计算：

=C12

(4) 约束条件

本问题的约束条件有三个，第一个是网络中边的容量约束，第二个是各节点的总流入量与总流出量的平衡约束，第三个是决策变量非负约束。

第一个约束是网络中边的容量约束。容量约束是指各节点间的边上的流量不得超过该边的容量。因此有：

单元格 C6：I12 中的数值（边流量）≤单元格 C22：I28 中的数值（边流量）

第二个约束是节点的总流入量与总流出量的平衡约束。其计算过程如下：

① 计算各节点的总流入量

节点的总流入量等于所有流入该节点的流量之和。用单元格 C13 表示节点 1 的总流入量,其计算公式如下:

=sum(C6:C12)

将上述公式复制到单元格 D13:I13,得到其他节点的总流入量。

② 计算各节点的总流出量

节点的总流出量等于从该节点的所有流出量之和。用单元格 J6 表示节点 1 的总流出量,其计算公式如下:

=sum(C6:I6)

将上述公式复制到单元格 J7:J12,得到其他节点的总流出量。

③ 计算各节点的净流出量

为便于计算节点的净流出量,需将单元格 J6:J12 的总流出量写入单元格 C14:I14。可在单元格 C14 中输入:

=J6

然后,用同法逐个将单元格 J6:J12 的内容分别写入单元格 D14:I14。

节点的净流出量等于该节点的总流出量与总流入量之差。在单元格 C17:I17 中输入各节点的净流出量。单元格 C15 表示节点 1 的净流出量,它的计算公式如下:

=C14-C13

将上述公式复制到单元格 D15:I15,得到其他节点的净流出量。

④ 当网络中总流入量与总流出量达到平衡时,所有节点的净流出量均为零

(5) 用表格软件中的规划求解功能求出本问题的解

在"规划求解参数"对话框中输入目标单元格(目标函数地址)、可变单元格(决策变量地址)和两个约束条件,然后在规划求解选项参数框中选择"采用线性模型"和"假定非负",最后求解得到本问题的最优解。"规划求解参数"对话框如图 7-10 所示。

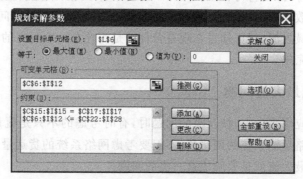

图 7-10 最大流问题的"规划求解参数"对话框

模型运行结果如图7-9所示。由图7-9可知,本问题的最优解如表7-3所示。这时,节点7的总流入量为9,达到最大值,即该供水网络最多可供给开发区的供水流量增量为9(t/d)。

表7-3 城市供水问题优化结果

	节点1	节点2	节点3	节点4	节点5	节点6	节点7
节点1	0	2	4	3	0	0	0
节点2	0	0	0	0	0	2	0
节点3	0	0	0	1	2	1	0
节点4	0	0	0	0	4	0	0
节点5	0	0	0	0	0	0	6
节点6	0	0	0	0	0	0	3
节点7	9	0	0	0	0	0	0

上述结果如图7-11所示。

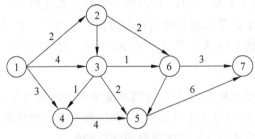

图7-11 运行结果图

在实际工作中,除了类似上例中的最大流问题外,有些其他问题也可以化为最大流问题。例如在任务安排时,可将每日(月,年等)可提供的人工数作为供应量(源),将完成各项任务所需要的人工数作为需求量(汇),就可以构造出一个网络最大流问题。用最大流模型计算该问题的网络最大流,便可知道在现有条件下是否存在一个可行的任务安排方案,使得各项任务都能如期完成。

7.2.5 最小费用最大流问题

在实际的网络应用当中,当涉及流的问题时,有时考虑的不只是流量,还要考虑费用的问题。比如一个铁路运输系统的网络流,不但要考虑网络系统的货运量最大,还要考虑总费用最小。最小费用最大流就是要解决这一类的问题。

所谓最小费用最大流问题就是:给定一个带收点和发点的网络,对每一条弧(节点$i \to$

节点 j),除了给出容量 c_{ij} 外,还给出了这条弧的单位流量的费用 b_{ij},要求一个最大流 F,并使得总的运费最小。

最小费用最大流问题也是一个线性规划问题。

【**例 7-5**】 某公司有一个管道网络如图 7-12 所示,使用这个网络可以把石油从采地 v_1 运送到销地 v_7。由于输油管道长短不一,每段管道除了有不同的流量 c_{ij} 限制外,还有不同的单位流量的费用 b_{ij}。每段管道旁边括号内的数值的意义为 (c_{ij}, b_{ij})。如果使用这个网络系统,从采地 v_1 到销地 v_7 运送石油,怎样运送才能运送最多的石油并使得总的运送费用最小?

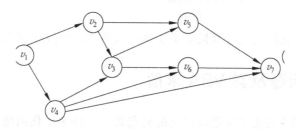

图 7-12 管道网络图

用线性规划来求解此问题,可以分两步走:

第一步:先求出此网络系统的最大流量 F。

设弧 (v_i, v_j) 上的流量为 f_{ij},则最大流问题的数学模型为

$$\max F = f_{12} + f_{14}$$

$$(f_{25} + f_{23}) - f_{12} = 0 \quad 转运点 \ v_2$$

$$(f_{35} + f_{36}) - (f_{23} + f_{43}) = 0 \quad 转运点 \ v_3$$

$$(f_{43} + f_{46} + f_{47}) - f_{14} = 0 \quad 转运点 \ v_4$$

$$f_{57} - (f_{25} + f_{35}) = 0 \quad 转运点 \ v_5$$

$$f_{67} - (f_{36} + f_{46}) = 0 \quad 转运点 \ v_6$$

$$f_{ij} \leqslant c_{ij} \quad 容量限制$$

$$f_{ij} \geqslant 0 \quad 非负$$

该最大流问题的计算机电子表格模型略,留给读者作为练习思考。

第二步:在最大流量 F 的所有解中,找出一个最小费用的解。

仍然设弧 (v_i, v_j) 上的流量为 f_{ij},这时网络上的最大流量 F 已经知道,只要在第一步的约束条件上,加上发点的总流量必须等于 F 的约束条件:$f_{12} + f_{14} = F$,即得最小费用最大流问题的约束条件,其目标函数是求其流量的最小费用:$\min z = \sum f_{ij} \cdot c_{ij}$。

最小费用最大流问题的数学模型为

$$\min z = 6f_{12} + 3f_{14} + 4f_{25} + 5f_{23} + 4f_{35} + 3f_{36}$$
$$+ 2f_{43} + 3f_{46} + 8f_{47} + 7f_{57} + 4f_{67}$$

s.t. $f_{12} + f_{14} = 10$ 发点 v_1

$(f_{25} + f_{23}) - f_{12} = 0$ 转运点 v_2

$(f_{35} + f_{36}) - (f_{23} + f_{43}) = 0$ 转运点 v_3

$(f_{43} + f_{46} + f_{47}) - f_{14} = 0$ 转运点 v_4

$f_{57} - (f_{25} + f_{35}) = 0$ 转运点 v_5

$f_{67} - (f_{36} + f_{46}) = 0$ 转运点 v_6

$0 - (f_{12} + f_{14}) = -10$ 收点 v_7

$f_{ij} \leqslant c_{ij}$ 容量限制

$f_{ij} \geqslant 0$ 非负

该最小费用最大流问题的计算机电子表格模型略,留给读者作为练习思考。

7.3 最短路问题及其 VBA 求解

最短路问题是网络理论中应用最广泛的问题之一。许多优化问题都可使用这个模型,如线路安排、管道铺设和设备更新等。

7.3.1 最短路问题基本概念

最短路问题最普遍的应用是在两个点之间寻找最短路,是最小费用流的一种特殊类型。源的供应量为 1,目的地(需求点)的需求量为 1,转运点的净流量为 0,没有弧的容量限制,目标是使通过网络到目的地总距离最短。

【例 7-6】 如图 7-13 所示,某人每天从住处 v_1 开车到工地 v_7 上班,图中各弧旁的数字表示道路的长度/公里,试问他从家出发到工地,应选择哪条路线,才能使路上行驶的总距离最短。这是一个最短路问题。

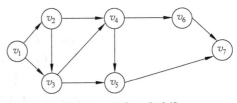

图 7-13 开车上班路线

最短路问题的假设:

(1) 在网络中选择一条路,始于某源点终于目的地;

(2) 连接两个节点的连线叫做边(允许向任一方向行进)、弧(只允许沿着一个方向行进),和每条边(弧)相关的一个非负数,叫做该边的长度;

(3) 目标是为了寻找从源点到目标地的最短路(总长度最小的路)。

7.3.2 最短路问题的数学模型

最短路问题的数学模型为:

(1) 决策变量。设 x_{ij} 为弧(节点 $i \rightarrow$ 节点 j)是否走(1 表示走,0 表示不走)。

(2) 目标是通过网络的总长度最小,即从源点到目标地的最短路。

(3) 约束条件

① 一个源(出发点)：净流量为 1(表示开始)；

② 所有中间点：净流量为零(表示如果有走入必有走出)；

③ 一个目的地(收点)：净流量为 -1(表示结束)；

④ x_{ij} 非负。

由于最短路问题是最小费用流问题的一种特殊类型,因此,也具有整数解的特征,没有必要加上所有决策变量是 0-1 变量的约束。

具体而言,对于上述例题的最短路问题,其线性规划数学模型为：

(1) 决策变量。设 x_{ij} 为弧(节点 $i\rightarrow$ 节点 j)是否走(1 表示走,表示不走)。

(2) 目标。本问题的目标是总距离最短,即

$$\min z = 2x_{12} + 9x_{13} + 6x_{23} + 8x_{24} + 1x_{34} + 3x_{35} + 4x_{45} + 3.5x_{46} + 2.5x_{57} + 5x_{67}$$

(3) 约束条件(节点净流量、非负)。

① 源(出发点)$v1$：$x_{12} + x_{13} = 1$；

② 中间点：

$$v_2: x_{23} + x_{24} - x_{12} = 0$$
$$v_3: x_{34} + x_{35} - (x_{13} + x_{23}) = 0$$
$$v_4: x_{46} + x_{45} - (x_{24} + x_{34}) = 0$$
$$v_5: x_{57} - (x_{35} + x_{45}) = 0$$
$$v_6: x_{67} - x_{46} = 0$$

③ 目的地：

$$v_7: 0 - (x_{67} + x_{57}) = -1 \quad 或 \quad x_{67} + x_{57} = 1$$

④ $x_{ij} \geqslant 0$。

7.3.3 最短路问题的 VBA 求解

该问题的电子表格程序如下：

```
Sub js()
Cells(4, 9)="=SUMIF(从,节点,是否走)-SUMIF(到,节点,是否走)"
Cells(5, 9)="=SUMIF(从,节点,是否走)-SUMIF(到,节点,是否走)"
Cells(6, 9)="=SUMIF(从,节点,是否走)-SUMIF(到,节点,是否走)"
Cells(7, 9)="=SUMIF(从,节点,是否走)-SUMIF(到,节点,是否走)"
Cells(8, 9)="=SUMIF(从,节点,是否走)-SUMIF(到,节点,是否走)"
Cells(9, 9)="=SUMIF(从,节点,是否走)-SUMIF(到,节点,是否走)"
Cells(10, 9)="=SUMIF(从,节点,是否走)-SUMIF(到,节点,是否走)"
Cells(15, 4)="=SUMPRODUCT(D4:D13,F4:F13)"
SolverReset
Call SolverOk("$D$15", 2, 0, "$D$4:$D$13")
```

```
Call SolverOptions(AssumeLinear:=True, AssumeNonNeg:=True)
Call SolverAdd("$I$4:$I$10", 2, "$K$4:$K$10")
SolverSolve (True)
End Sub
```

运行此程序,得到如图 7-14 所示结果。

从	到	是否走	距离	节点	净流量		供应/需求
v1	v2	1	2	v1	1	=	1
v1	v3	0	9	v2	0	=	0
v2	v3	1	6	v3	0	=	0
v2	v4	0	8	v4	0	=	0
v3	v4	0	1	v5	0	=	0
v3	v5	1	3	v6	0	=	0
v4	v5	0	4	v7	−1	=	−1
v4	v6	0	3.5				
v5	v7	1	2.5				
v6	v7	0	5				
	总距离		13.5				

图 7-14　运行结果

7.3.4　最短路问题的电子表格求解

最短路问题实际上是最小费用流问题的特例。当需要确定网络中从任一节点 i 至另一节点 j 的最短路时,只要在最小费用流模型中作以下假定:

(1) 作为起点的节点 i 为供应节点且其净流出量为 1,作为终点的节点 j 为需求节点且其净流出量为 −1,所有其他节点的净流出量为零。

(2) 当网络中任意两个节点之间存在连接的边时,边上的单位流量费用等于该边的长度;当两个节点之间不存在连接的边时,则边上的单位流量费用等于一个很大的数,以表示不能沿着该边运行。

(3) 各条边上的流量均为非负。

(4) 各条边的容量无限制。

(5) 总费用等于从节点 i(起点)到节点 j(终点)所经过的各条边的长度之和,目标函数是总费用最小,也就是从节点 i 到节点 j 的路径最短。

运行该最小费用流模型后,运行结果中流量为 1 的边就构成了从节点 i 到节点 j 的最短路径。由于由节点 1 发送的流量为 1 个单位,而各边的容量无限制,所以在最优解中,各边的流量均为 1 或 0,其中最短路径所包含的边上的流量均为 1,其他未使用的边上的流量均为 0。下面举例说明最短路模型的应用。

第7章 网络规划模型的建立与 VBA 求解

【例 7-7】 最短路径问题,如图 7-15 所示,某人要从 s 城(图中节点 1)到 t 城市(图中节点 7)出差,因无直通车,从换乘的火车在时间上能很好衔接考虑,可供选择的各城市如图中各节点所示,各城市间的火车通行方向及距离(km)均注于图 7-16 内。确定应走哪条路总长最短。

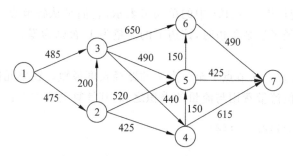

图 7-15 各城市火车通行方向及距离/km

解:本问题要确定从节点 1 至节点 7 的最短路径,可用最短路径模型求解。
本问题的电子表格软件计算结果如图 7-16 所示。

	A	B	C	D	E	F	G	H	I	J
4						至				
5			节点1	节点2	节点3	节点4	节点5	节点6	节点7	
6		节点1	0	475	485	10000	10000	10000	10000	
7		节点2	10000	0	200	425	520	10000	10000	
8		节点3	10000	10000	0	440	490	650	10000	
9	从	节点4	10000	10000	10000	0	150	10000	615	
10		节点5	10000	10000	10000	10000	0	150	425	
11		节点6	10000	10000	10000	10000	10000	0	490	
12		节点7	10000	10000	10000	10000	10000	10000	0	
13										最短路:
14	路径选择									1400
15						至				
16			节点1	节点2	节点3	节点4	节点5	节点6	节点7	总流出量
17		节点1	0	0	1	0	0	0	0	1
18		节点2	0	0	0	0	0	0	0	0
19		节点3	0	0	0	0	1	0	0	1
20	从	节点4	0	0	0	0	0	0	0	0
21		节点5	0	0	0	0	0	0	1	1
22		节点6	0	0	0	0	0	0	0	0
23		节点7	0	0	0	0	0	0	0	0
24		总流入量	0	0	1	0	1	0	1	
25		总流出量	1	0	1	0	1	0	0	
26		净流出量	1	0	0	0	0	0	-1	
27			=	=	=	=	=	=	=	
28		给定净流出	1	0	0	0	0	0	-1	

图 7-16 两城市间的最短路径模型

(1) 输入部分

首先输入已知数据。在单元格 C6:I12 中输入网络中各边的单位流量费用。其中,当两个节点之间有直接的边存在时,边上的单位流量费用等于该边的长度;当两个节点之间不存在直接的边时,边上的单位流量费用等于一个很大的数,本题中假设为 10 000。然后,在 C28:I28 中输入各节点给定的净流出量。其中,各中间节点的流出量等于流入量,即它们的净流出量应等于零;起点(节点 1)的净流出量等于 1;汇点(节点 7)的净流出量等于 -1。

(2) 决策变量

本问题的决策变量用 C17:I23 中的单元格表示,它们是从各节点到其他节点的边上的流量,当所选择的路径经过某条边时,该边上的流量为 1,否则为零。

(3) 目标函数

本问题的目标函数是从节点 1 至节点 7 的路径长度最短。在单元格 J14 中输入目标函数,它等于各边的单位流量费用与流量的乘积之和,其计算公式如下:

=SUMPRODUCT(C6:I12,C17:I23)

(4) 约束条件

本问题的约束条件有两个,第一个是各节点的净流出量约束,第二个是决策变量非负约束。

节点的净流出量等于该节点的总流出量减去总流入量的差。网络中各节点的净流出量约束是指各节点的净流出量应等于该节点给定的净流出量。其计算过程如下:

① 计算各节点的总流入量

节点的总流入量等于所有流入该节点的流量之和。用单元格 C24 表示节点 1 的总流入量,其计算公式如下:

=sum(C17:C23)

将上述公式复制到单元格 D24:I24,得到其他节点的总流入量。

② 计算各节点的总流出量

节点的总流出量等于从该节点的所有流出量之和。用单元格 J17 表示节点 1 的总流出量,其计算公式如下:

=sum(C17:I17)

将上述公式复制到单元格 J18:J23,得到其他节点的总流出量。

③ 计算各节点的净流出量

为便于计算节点的净流出量,需将单元格 J17:J23 的总流出量写入单元格 C25:I25。在单元格 C25 中输入:

=J17

然后,用同法逐个将单元格 J17:J23 的内容分别写入单元格 D25:I25。

节点的净流出量等于该节点的总流出量与总流入量之差。用单元格 C26 表示节点 1 的净流出量,它的计算公式如下:

=C25-C24

将上述公式复制到单元格D26:I26,得到其他节点的净流出量。

④ 各节点的净流出量(用单元格C26:I26表示)应等于给定的净流出量(用单元格C28:I28表示)。

(5) 用表格软件中的规划求解功能求出本问题的解

在"规划求解参数"对话框中输入目标单元格(目标函数地址)、可变单元格(决策变量地址)和两个约束条件,然后在规划求解选项参数框中选择"采用线性模型"和"假定非负",最后求解得到本问题的最优解。"规划求解参数"对话框如图7-17所示。

图7-17 最短路径问题的"规划求解参数"对话框

模型运行结果如图7-16所示。由图7-16可知,本问题的最优解是:从节点1(起点)出发,在节点3换乘火车至节点5,再换乘火车至节点7(终点)。该最优解可用如图7-18所示的网络图表示。这时,总路径最短,为1400 km。

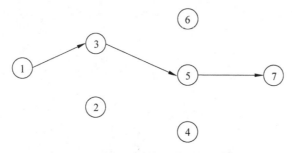

图7-18 城市间最短路径问题运行结果

这三类网络规划问题若在MATLAB环境中可以使用线性规划函数linprog()实现。留给读者练习。

习　　题

1. 在电子表格 Excel 环境下,对本章例题中的所有数学模型做计算实验。
2. 结合例题最小费用流问题的计算机方法,写出其数学模型。
3. 结合例题最大流问题的计算机方法,写出其数学模型。
4. 结合例题最小费用最大流问题的计算机方法,写出其数学模型。
5. 结合例题最短路径问题的计算机方法,写出其数学模型。

第 8 章 非线性规划模型的建立及其 VBA 与 MATLAB 求解

8.1 非线性规划模型及其求解

在管理运筹学的规划问题中,如果其目标函数和约束条件中至少有一个是决策变量的非线性函数,则这类规划问题称为非线性规划问题。

为描述非线性规划问题,首先引入凸函数与凹函数的概念。

若一个变量的函数,其斜率在某区域中总是非减的,则该函数在区域内为凸函数。若一个变量的函数,其斜率在某区域中总是非增的,则该函数在区域内为凹函数。

下面给出有两个变量的函数的凸性定义。

定义 若对于任意 $x_1, x_2, x_1 \neq x_2$ 及 $\lambda \in (0,1)$,都有
$$f(\lambda x_1 + (1-\lambda)x_2) \leqslant \lambda f(x_1) + (1-\lambda)f(x_2)$$
则称 $f(x)$ 为凸函数。若上式以严格不等式成立,则称 $f(x)$ 为严格凸函数。

如果函数 $f(x)$ 的负值(即 $-f(x)$)为(严格)凸函数,则 $f(x)$ 称为(严格)凹函数。

常见的凸函数有:
$$y = cx^a, \quad a \geqslant 1, c \geqslant 0, x \geqslant 0$$
$$y = ce^x, \quad c \geqslant 0$$

常见的凹函数有:
$$y = c\ln x, \quad c \geqslant 0, x > 0$$
$$y = cx^a, \quad 0 \leqslant a \leqslant 1, c \geqslant 0, x \geqslant 0$$

可以证明,凹函数之和也是凹函数;凸函数之和也是凸函数。

一般地,运用 Excel 的"规划求解"功能正确求解非线性规划问题的条件如下:

(1) 对于最大化问题。必须同时满足以下条件:

① 目标函数是凹的,或目标函数的对数是凹的;

② 约束条件是线性的。

(2) 对于最小化问题。必须同时满足以下条件:

① 目标函数是凸的,或目标函数的对数是凸的;

② 约束条件是线性的。

当上述条件满足时,运用"规划求解"功能总是能够正确求解。

运用"规划求解"功能求解非线性规划问题的具体步骤与求解线性规划问题的步骤相同,只是在"规划求解选项"对话框中,不选择"采用线性模型",如图 8-1 所示。

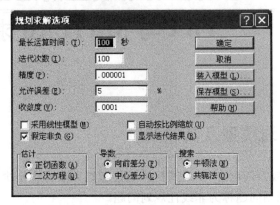

图 8-1　求解非线性规划问题的"规划求解选项"对话框

8.2　投资组合的非线性规划模型及其 VBA 求解

下面运用非线性规划模型的"规划求解"功能来讨论投资组合优化问题。

投资组合优化,就是确定一组投资项目的最优投资比例。这里所说的"最优",可以是指在一定风险水平下使得投资回报最大,或者是指在一定期望投资回报水平下使得风险最小。在 20 世纪 50 年代,Harry Markowitz 研究了一定期望投资回报水平下使得方差最小的最优投资比例问题,Harry Markowitz 在该问题上取得的研究成果以及关于投资的其他研究成果,使他荣获 1990 年诺贝尔经济奖。

下面用一个例子说明投资组合优化问题的建模与求解方法。

8.2.1　单项投资的期望回报率与风险

如果投资对象只有一个,则该投资的回报可以用期望回报率来描述,该投资的风险可以方差或均方差来描述。下面介绍期望值、方差与均方差的概念。

如果某人要对项目投资,例如购买某一种股票,他如何估计该项目的平均回报和风险呢? 设该项目的投资回报率为 r_i。该回报率是一个随机数,它表明在第 i 年每元钱投资的年回报率,例如 $r_i=0.15$,说明在年初投资 1 元,在年末就增值到 $1+1\times0.15=1.15$(元);当 $r_i=-0.15$,说明在年初投资 1 元,在年末就变为 $1+1\times(-0.15)=0.85$ 元。该项目在前 n 年的回报率是由 n 个数组成的向量 $(r_1,r_2,\cdots,r_n)$。由于无法确切地知道该项目未来的回报率,所以通常只能用该项目的历史业绩来近似地估计未来的回报率,即用前 n 年的回报率 $(r_1,r_2,\cdots,r_n)$ 的期望值来估计本年的期望回报率。这 n 个数的期望值的计算公式如下:

$$\bar{r} = \frac{r_1 + r_2 + \cdots + r_n}{n} = \frac{\sum_{i=1}^{n} r_i}{n}$$

上式中，r_i 为第 i 年的回报率；$\bar{r}$ 为期望回报率；n 为数据的个数。

期望回报率 $\bar{r}$ 描述了投资的平均汇报水平。不过，仅仅用期望回报率来描述投资效果是不够的，例如有一组回报率由 $(-0.10, 0.30, 0.70)$ 组成，其期望回报率是 0.3；另一组回报率由 $(0.25, 0.30, 0.35)$ 组成，其期望回报率也是 0.30。两组数的期望回报率相同，但前一组中的数据比较分散，反映出前一项投资回报率的起落较大，或者说风险较大；而后一组中的数据则比较接近，反映出后一项投资回报率较平稳，或者说风险较小。所以，还需用离散趋势的量度来描述数据的起落，也就是风险的大小。表述一组回报率 $(r_1, r_2, \cdots, r_n)$ 离散趋势的常用测度是方差和标准差。方差的计算公式如下：

$$\sigma^2 = \frac{\sum_{i=1}^{n} (r_i - \bar{r})^2}{n}$$

上式中，σ^2 为回报率的方差；r_i 为第 i 年的回报率；$\bar{r}$ 为期望回报率；n 为数据的个数。

将方差开平方，得到的即为回报率的标准差。标准差的计算公式如下：

$$\sigma = \sqrt{\frac{\sum_{i=1}^{n} (r_i - \bar{r})^2}{n}}$$

上式中，σ 为回报率的标准差。

综上所述，一个投资项目的投资效果可以用投资回报率的期望值和方差（或标准差）描述，前者反映了该项投资的回报水平；后者反映了该项投资的风险状况。

为反映两个投资项目相互影响的程度，可用协方差或相关系数来表示。两个资产 A、B 的协方差的计算公式如下：

$$\text{Cov}(r_A, r_B) = E[(r_A - E(r_A))(r_B - E(r_B))]$$

其中资产 $E(r_A)$ 为资产 A 的期望值，在统计上一般用平均值来代替。

资产 A、B 的相关系数的计算公式如下：

$$\text{Corr}(r_A, r_B) = \frac{\text{Cov}(r_A, r_B)}{\sigma_A \sigma_B}$$

8.2.2 投资组合的期望回报与风险

如果投资对象不止一个，则该组投资的回报率不仅与各投资项目的单项期望回报率有关，而且与各项目的投资比例有关。设一组投资由 m 个投资项目组成，它们的单项期望回报率为 $(\mu_1, \mu_2, \cdots, \mu_m)$，对该 m 个项目的投资比例为 $(x_1, x_2, \cdots, x_m)$，则该组投资的总回报率 R 的期望值为单项回报率与相应的投资比例的乘积之和。其估算公式如下：

$$R \text{ 的期望值} = x_1\mu_1 + x_2\mu_2 + \cdots + x_m\mu_m \tag{8-1}$$

上式中，R 为投资组合的总回报率；

$\mu_1,\mu_2,\cdots,\mu_m$ 为第 1 至第 m 个项目的单项期望回报率；

$x_1,x_2,\cdots,x_m$ 为第 1 至第 m 个项目的投资比例。

投资组合的总回报率期望值描述了多项投资的总体平均回报水平。同样地，仅仅用总回报率期望值来描述投资组合的效果是不够的，还需描述总回报率的离散趋势，也就是整个投资组合风险的大小。一组投资的总回报率的风险（或离散趋势）的常用测度是总回报率的方差和标准差。总回报率的方差与下面几个因素有关：

（1）与单项回报率的方差有关。因为单项回报率的方差越大（即单项投资的风险越大），总回报率的方差也越大（即投资组合的风险越大）；

（2）与各项目的投资比例有关。投资比例大的项目，对投资组合的风险影响也大；

（3）与各投资项目之间的相关性，一个投资项目的风险，可能影响另一个投资项目的风险状况，从而影响整个投资组合的风险。

总回报率 R 的方差的估算公式如下：

$$R \text{ 的方差} = x_1^2\sigma_1^2 + x_2^2\sigma_2^2 + \cdots + x_m^2\sigma_m^2 + \sum_{i\neq j} x_i x_j \rho_{ij}\sigma_i\sigma_j \tag{8-2}$$

式中，R 为投资组合的总回报率；

$x_1,x_2,\cdots,x_m$ 为第 1 至第 m 个项目的投资比例；

$\sigma_1^2,\sigma_2^2,\cdots,\sigma_m^2$ 为第 1 至第 m 个项目的单项回报率的方差；

$\sigma_1,\sigma_2,\cdots,\sigma_m$ 为第 1 至第 m 个项目的单项回报率的标准差；

ρ_{ij} 为第 i 个投资项目与第 j 个投资项目的相关系数，$0 \leqslant \rho_{ij} \leqslant 1$，$\rho_{ij} = \rho_{ji}$，$\rho_{ii} = 1$。

式(8-2)的右边包含了两个部分，第一部分是 $x_1^2\sigma_1^2 + x_2^2\sigma_2^2 + \cdots + x_m^2\sigma_m^2$，它是各投资项目的单项回报率的方差与该项目投资比例的平方的乘积之和，它反映出总方差取决于各项目的单项方差与投资比例。第二部分是 $\sum_{i\neq j} x_i x_j \rho_{ij}\sigma_i\sigma_j$，它反映出总方差还取决于各投资项目的相关性，当相关系数 $\rho_{ij} = 0$ 时，第 i 个投资项目与第 j 个投资项目之间无相关性，第二部分的值等于零；当相关系数 $\rho_{ij} \neq 0$ 时，由于项目之间的相关性，第 i 个投资项目的风险将影响第 j 个投资项目的风险，从而进一步影响整个投资组合的风险。其中，当 $\rho_{ij} > 0$ 时，说明第 i 个投资项目的投资风险的增加将使得第 j 个投资项目的风险增加（称为正相关），从而使得整个投资组合的风险增加；当 $\rho_{ij} < 0$ 时，说明第 i 个投资项目的投资风险的增加将使得第 j 个投资项目的风险减小（称为负相关），从而使得整个投资组合的风险减小。

综上所述，一组投资项目的投资效果可以用投资组合的总回报率的期望值和方差（或者标准差）描述，前者反映了该组投资的总体回报水平；后者反映了该组投资的总体风险状况。

8.2.3　用电子表格计算期望值、方差、均方差和相关系数

前面介绍的期望值、方差、标准差、相关系数等，均可以用 Excel 的命令求得，如表 8-1 所示。

第 8 章 非线性规划模型的建立及其 VBA 与 MATLAB 求解

表 8-1 Excel 计算公式表

计算内容	期望值	方差	标准差	协方差	相关系数
Excel 的相应公式符号	average	var	stdev	covar	correl

下面通过一个例子来说明用 Excel 公式计算投资回报率的期望值、方差、标准差和相关系数的方法。

【例 8-1】 投资回报率的期望值、方差、标准差和相关系数。

现有三个可投资的项目：股票 1，股票 2 和债券。它们自 1981 年至 2000 年 20 年的投资回报率如表 8-2 所示。分别计算这三个单项投资回报率的期望值、方差、标准差，以及三个项目之间的相关系数矩阵。

表 8-2 三个投资项目的单项回报率历史数据

	A	B	C	D
1	【例 8-1】	投资组合优化模型		
2	历史数据			
3	年份	股票 1	股票 2	债券
4	1	0	0.07	0.06
5	2	0.04	0.13	0.07
6	3	0.13	0.14	0.05
7	4	0.19	0.43	0.04
8	5	−0.15	0.67	0.07
9	6	−0.27	0.64	0.08
10	7	0.37	0	0.06
11	8	0.24	−0.22	0.04
12	9	−0.07	0.18	0.05
13	10	0.07	0.31	0.07
14	11	0.19	0.59	0.1
15	12	0.33	0.99	0.11
16	13	−0.05	−0.25	0.15
17	14	0.22	0.04	0.11
18	15	0.23	−0.11	0.09
19	16	0.06	−0.15	0.1
20	17	0.32	−0.12	0.08
21	18	0.19	0.16	0.06
22	19	0.05	0.22	0.05
23	20	0.17	−0.02	0.07

解：用 Excel 中公式，如表 8-1 所示；计算这三个投资项目的单项回报率的期望值、方差、标准差和相关系数。其 Spreadsheet 中的公式如表 8-3 所示。

表 8-3 三个投资项目的期望值、方差、标准差和相关系数计算公式表

	A	B	C	D
25	统计量计算			
26	期望值	=AVERAGE(B4:B23)	=AVERAGE(C4:C23)	=AVERAGE(D4:D23)
27	方差	=VAR(B4:B23)	=VAR(C4:C23)	=VAR(D4:D23)
28	标准差	=STDEV(B4:B23)	=STDEV(C4:C23)	=STDEV(D4:D23)
29				
30	相关系数			
31		股票 1	股票 2	债券
32	股票 1	1	=CORREL(B4:B23,C4:C23)	=CORREL(B4:B23,D4:D23)
33	股票 2	=C32	1	=CORREL(C4:C23,D4:D23)
34	债券	=D32	=D33	1

由表 8-3 可知，计算期望值时只需在单元格中输入公式：

=average(数据组所在的地址)

计算方差时只需输入公式：

=var(数据组所在的地址)

计算标准差时只需输入公式：

=stdev(数据组所在的地址)

计算三个项目的相关系数时，要分别计算项目 1 和 2 的相关系数、项目 1 和 3 的相关系数，以及项目 2 和 3 的相关系数。在计算项目 1 和 2 的相关系数时，在单元格中输入公式：

=correl(项目 1 的数据地址,项目 2 的数据地址)

同理可以计算出项目 1 和 3 的相关系数，以及项目 2 和 3 的相关系数。

计算相关系数的另一个方法是打开 Excel 中的"工具"菜单，选择项目"数据分析"，就会出现一张数据分析表，如图 8-2 所示。

在图 8-2 中的数据分析图上选择"相关系数"，得到相关系数表，如图 8-3 所示。在图 8-3 的相关系数表中填入三个项目的历史数据所在地址区域以及输出区域（只需填入输

出区域左上角的单元格地址),就可得到三个项目的相关系数矩阵。

在图 8-3 中单击"确定"按钮,即可得到如表 8-4 所示的计算结果。

图 8-2 在数据分析表中选择相关系数功能

图 8-3 相关系数表

表 8-4 三个投资项目的期望值、方差、标准差和相关系数计算结果

	A	B	C	D
25	统计量计算			
26	单项期望值	0.1130	0.1850	0.0755
27	单项方差	0.0274	0.1102	0.0008
28	标准差	0.1656	0.3319	0.0278
29				
30	相关系数			
31		股票 1	股票 2	债券
32	股票 1	1.0000	－0.1959	－0.0289
33	股票 2	－0.1959	1.0000	－0.0134
34	债券	－0.0289	－0.0134	1.0000

上述计算方法比较麻烦,我们可以通过编制一个 VBA 程序,简化上述的计算。程序如下:

```
Sub sjcl()

Sheets("sheeet1").Select
Range("b26")=Application.Average(Range("b4:b23"))
Range("c26")=Application.Average(Range("c4:c23"))
Range("d26")=Application.Average(Range("d4:d23"))

Range("b27")=Application.Var(Range("b4:b23"))
```

```
            Range("c27")=Application.Var(Range("c4:c23"))
            Range("d27")=Application.Var(Range("d4:d23"))

            Range("b28")=Application.StDev(Range("b4:b23"))
            Range("c28")=Application.StDev(Range("c4:c23"))
            Range("d28")=Application.StDev(Range("d4:d23"))

            Range("b32")=1
            Range("c32")=Application.Correl(Range("b4:b23"), Range("c4:c23"))
            Range("d32")=Application.Correl(Range("b4:b23"), Range("d4:d23"))

            Range("b33")=Range("c32")
            Range("c33")=1
            Range("d33")=Application.Correl(Range("c4:c23"), Range("d4:d23"))

            Range("b34")=Range("d32")
            Range("c34")=Range("d33")
            Range("d34")=1

        End Sub
```

8.2.4 投资组合优化的非线性规划模型及其 VBA 求解

大部分投资者的目标是获得大的投资回报和承担小的投资风险。投资组合优化模型就是确定一组投资项目的最优投资比例(或者各项目的最优投资额),在该投资组合的总回报率的方差不超过某个可接受的值的约束下(即在可接受的风险水平下),使得总回报率的期望值最大(即投资回报最大);或者在投资组合的总回报率的期望值不低于某个所要求的值的约束下(即在所要求的投资回报水平下),使得总回报率的方差最小(即投资风险最小)。由于总回报率的方差通常总是投资比例的非线性函数,所以该规划是一个非线性规划。

例如,对于目标函数为风险最小的投资组合优化模型,由式(8-2)可得到投资总回报率 R 的方差估计量,又由式(8-1)可以得到投资总回报率 R 的期望值。该模型的形式如下:

$$\text{o.b. } \min R \text{ 的方差} = x_1^2\sigma_1^2 + x_2^2\sigma_2^2 + \cdots + x_m^2\sigma_m^2 + \sum_{i \neq j} x_i x_j \rho_{ij}\sigma_i\sigma_j$$

$$\text{s.t. } R \text{ 的期望值} = x_1\mu_1 + x_2\mu_2 + \cdots + x_m\mu_m \geq P \quad (8\text{-}3)$$

$$x_1 + x_2 + \cdots + x_m = 1$$

$$x_1, x_2, \cdots, x_m \geq 0$$

式(8-3)中,$x_1, x_2, \cdots, x_m$ 为第 1 至第 m 个项目的投资比例(决策变量);

$\sigma_1^2, \sigma_2^2, \cdots, \sigma_m^2$ 为第 1 至第 m 个项目的单项回报率的方差;

$\sigma_1, \sigma_2, \cdots, \sigma_m$ 为第 1 至第 m 个项目的单项回报率的标准差;

ρ_{ij} 为第 i 个投资项目与第 j 个投资项目的相关系数；

$\mu_1, \mu_2, \cdots, \mu_m$ 为第 1 至第 m 个项目的单项期望回报率；

P 为投资者所要求的回报率水平。

下面通过【例 8-2】说明投资组合优化问题的建模与求解方法。

【例 8-2】 投资组合优化问题。

计算【例 8-1】中对三个投资项目的最优投资比例，要求在总投资回报率不低于 0.13 的前提下，使得投资的风险最小。

解：这是以投资总风险最小为目标，以总回报率不低于要求值为约束条件的优化问题，该问题可以用式(8-3)建立非线性规划模型来求解。该问题的 Spreadsheet 如表 8-5 所示。其步骤如下：

第一步：输入已知数据

首先在 Spreadsheet 上输入已知数据。在 A4：D23 输入三个投资项目在各历史年份的回报率，以及所要求的总回报率期望值。

表 8-5 已知数据表

	A	B	C	D	E	F	G
1	【例 8-1】	投资组合优化模型					
2	历史数据						
3	期次	股票 1	股票 2	债券			
4	1	0	0.07	0.06			
5	2	0.04	0.13	0.07			
6	3	0.13	0.14	0.05			
7	4	0.19	0.43	0.04			
8	5	−0.15	0.67	0.07			
9	6	−0.27	0.64	0.08			
10	7	0.37	0	0.06			
11	8	0.24	−0.22	0.04			
12	9	−0.07	0.18	0.05			
13	10	0.07	0.31	0.07			
14	11	0.19	0.59	0.1			
15	12	0.33	0.99	0.11			
16	13	−0.05	−0.25	0.15			

续表

	A	B	C	D	E	F	G
17	14	0.22	0.04	0.11			
18	15	0.23	−0.11	0.09			
19	16	0.06	−0.15	0.1			
20	17	0.32	−0.12	0.08			
21	18	0.19	0.16	0.06			
22	19	0.05	0.22	0.05			
23	20	0.17	−0.02	0.07			
24							
25	统计量计算						
26	单项期望值	0.1130	0.1850	0.0755			
27	单项方差	0.0274	0.1102	0.0008			
28	标准差	0.1656	0.3319	0.0278			
29							
30	相关系数						
31		股票1	股票2	债券			
32	股票1	1.0000	−0.1959	−0.0289			
33	股票2	−0.1959	1.0000	−0.0134			
34	债券	−0.0289	−0.0134	1.0000			
35							
36	模型						
37							
38	决策变量						
39		股票1	股票2	债券	投资比例之和		
40	投资比例	0.5063	0.3243	0.1693	1	=	1
41	投资比例的平方	0.2564	0.1052	0.0287			
42							
43	总回报率期望值						
44		实际值		要求值			

续表

	A	B	C	D	E	F	G
45		0.1300	≥	0.13			
46							
47							
48		总回报率方差	0.0151				
49							
50		总回报率标准差	0.1228				

第二步：计算各投资项目的单项回报率期望值、单项回报率方差，及各投资项目之间的相关系数。

根据前面介绍的 Excel 的公式，可计算出各投资项目的各个统计量。其计算方法与【例 8-1】同，这里不再重复。计算公式如表 8-6 所示。

表 8-6 投资组合优化模型中统计量的计算公式

	A	B	C	D
25	统计量计算			
26	期望值	=AVERAGE(B4:B23)	=AVERAGE(C4:C23)	=AVERAGE(D4:D23)
27	方差	=VAR(B4:B23)	=VAR(C4:C23)	=VAR(D4:D23)
28	标准差	=STDEV(B4:B23)	=STDEV(C4:C23)	=STDEV(D4:D23)
29				
30	相关系数			
31		股票 1	股票 2	债券
32	股票 1	1	=CORREL(B4:B23,C4:C23)	=CORREL(B4:B23,D4:D23)
33	股票 2	=C32	1	=CORREL(C4:C23,D4:D23)
34	债券	=D32	=D33	1

第三步：建立非线性规划模型

本问题的决策变量是各投资项目的投资比例。用单元格 B40:D40 分别表示股票 1、股票 2 和债券的投资比例，如表 8-5 所示。

本问题的目标函数使得投资组合的风险最小，即投资组合总回报率的方差最小。由式(8-2)可知，投资组合总回报率 R 的方差的计算公式如下：

$$R \text{ 的方差} = x_1^2 \sigma_1^2 + x_2^2 \sigma_2^2 + \cdots + x_m^2 \sigma_m^2 + \sum_{i \neq j} x_i x_j \rho_{ij} \sigma_i \sigma_j$$

本题中有三个投资项目，所以上式变为：

$$R \text{ 的方差} = x_1^2\sigma_1^2 + x_2^2\sigma_2^2 + x_3^2\sigma_3^2 + x_1x_2\rho_{12}\sigma_1\sigma_2 + x_2x_1\rho_{21}\sigma_2\sigma_1 + x_1x_3\rho_{13}\sigma_1\sigma_3$$
$$+ x_3x_1\rho_{31}\sigma_3\sigma_1 + x_2x_3\rho_{23}\sigma_2\sigma_3 + x_3x_2\rho_{32}\sigma_3\sigma_2$$
$$= x_1^2\sigma_1^2 + x_2^2\sigma_2^2 + x_3^2\sigma_3^2 + 2x_1x_2\rho_{12}\sigma_1\sigma_2 + 2x_1x_3\rho_{13}\sigma_1\sigma_3 + 2x_2x_3\rho_{23}\sigma_2\sigma_3 \quad (8\text{-}4)$$

用单元格 C48 表示投资组合总回报率 R 的方差（即目标函数）。根据式(8-3)，在单元格 C48 中输入：

=sumproduct(B41:D41,B27:D27)+2*B40*C40*C32*B28*C28+2*B40*D40*D32*B28*D28+2*C40*D40*D33*C28*D28

上式中，单元格 B41：D41 中的三个值分别为三个项目投资比例的平方；单元格 B27：D27 中的三个值分别为三个项目的单项回报率的方差；单元格 B28：D28 中的三个值分别为三个项目的单项回报率的标准差；单元格 C32，D32，D33 中的值分别为股票 1 与股票 2、股票 1 与债券、股票 2 与债券之间的相关系数。

如果我们建立了如下的协方差矩阵，则上述表达式可简化如表 8-7 所示。

表 8-7　建立协方差矩阵后的计算公式

	A	B	C	D
30	协方差矩阵			
31		股票 1	股票 2	债券
32	股票 1	=B27	=COVAR(B4:B23,C4:C23)	=COVAR(B4:B23,D4:D23)
33	股票 2	=C32	=C27	=COVAR(C4:C23,D4:D23)
34	债券	=D32	=D33	=D27

这时，投资组合总回报率 R 的方差（即目标函数），可以用如下更简单的方法表示：

=SUMPRODUCT(MMULT(B40:D40,B32:D34),B40:D40)

本问题有三个约束条件。第一个约束条件是投资组合总回报率的期望值约束。由式(8-1)可知，投资组合总回报率 R 的期望值的计算公式如下：

$$R \text{ 的期望值} = x_1\mu_1 + x_2\mu_2 + \cdots + x_m\mu_m$$

本题中有三个投资项目，所以上式变为：

$$R \text{ 的期望值} = x_1\mu_1 + x_2\mu_2 + x_3\mu_3 \quad (8\text{-}5)$$

用单元格 B45 表示实际投资组合总回报率 R 的期望值。根据上式，在单元格 B45 输入：

=sumproduct(B26:D26,B40:D40)

上式中，单元格 B26：D26 中的三个值分别为三个项目的单项投资回报率期望值，单元格 B40：D40 中的值分别是三个项目的投资比例。式(8-5)计算得到的投资组合总回报率的期望值必须不小于要求达到的值，本题中要求达到的期望值为 0.13，用单元格 D45 表示。

第二个约束条件是投资比例之和应等于 1。用单元格 E40 表示投资比例之和，可用下式计算：

=sum(B40:D40)

它应等于 1。

第三个约束是条件非负约束。

第四步：利用"规划求解"功能求出非线性规划的解。

在"规划求解参数"对话框中输入目标单元格（目标函数地址）、可变单元格（可变变量地址）和约束条件。其"规划求解参数"对话框如图 8-4 所示。

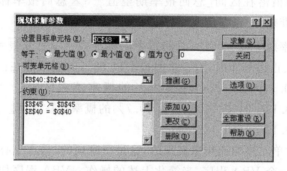

图 8-4 "规划求解参数"对话框

然后在"规划求解选项"对话框中选择"假定非负"（注意：本问题是非线性规划问题，所以不选择"采用线性模型"），最后在"规划求解参数"对话框中单击"求解"得到本问题的解。

第五步：判断用"规划求解"功能求出是否是本问题的最优解。

本问题的模型如式(8-3)所示：

$$\begin{aligned} \text{o.b.} \ \min R \text{ 的方差} &= x_1^2\sigma_1^2 + x_2^2\sigma_2^2 + \cdots + x_m^2\sigma_m^2 + \sum_{i \neq j} x_i x_j \rho_{ij} \sigma_i \sigma_j \\ \text{s.t.} \ R \text{ 的期望值} &= x_1\mu_1 + x_2\mu_2 + \cdots + x_m\mu_m \geqslant P \\ x_1 + x_2 \cdots + x_m &= 1 \\ x_1, x_2, \cdots, x_m &\geqslant 0 \end{aligned} \quad (8\text{-}6)$$

本问题为最小化问题，其目标函数是总风险（总方差）最小。由式(8-6)可知，总风险是决策变量的幂函数。

由凸函数的定义可知，幂函数 $Y = cx^a, a \geqslant 1, c \geqslant 0, x \geqslant 0$ 是凸函数。

可见式(8-6)的目标函数是若干个凸函数之和，因此，本问题的目标函数是一个凸函数。此外，本问题的约束条件均为线性，所以本问题满足运用"规划求解"功能正确求解非线性规划问题的条件，所求得的解是整体最优解。

模型运行结果见表 8-5。由该表可得本问题的最优解如下：股票 1、股票 2、债券的投资比例为 0.5063：0.3243：0.1693。这时，投资组合的总回报率期望值达到所要求的 0.13，而投资组合的总回报率的方差最小，为 0.0151。

第六步：置信区间分析

当投资组合总回报率服从正态分布时，根据正态分析的统计理论，总回报率的置信区间如下。

(1) 总回报率的值落在区间[总回报率期望值－总回报率标准差，总回报率期望值＋总回报率标准差]的概率是 68%；

(2) 总回报率的值落在区间[总回报率期望值－2×总回报率标准差，总回报率期望值＋2×总回报率标准差]的概率是 95%；

(3) 总回报率的值落在区间[总回报率期望值－3×总回报率标准差，总回报率期望值＋3×总回报率标准差]的概率是 99.7%。

本题中，总回报率期望值＝0.13，总回报率的标准差＝$\sqrt{总方差}$＝$\sqrt{0.0151}$＝0.1228，所以当总回报率服从正态分布时，有：总回报率以 68% 的概率落在区间[0.0072, 0.2528]（即[0.13－0.1228, 0.13＋0.1228]）；以 95% 的概率落在区间[－0.1156, 0.3756]（即[0.13－2×0.1228, 0.13＋2×0.1228]）；以 99.7% 的概率落在区间[－0.2384, 0.4984]（即[0.13－3×0.1228, 0.13＋3×0.1228]）。

上面的计算是对单元格的操作来实现的，这是很麻烦的，稍不小心，就很容易出错，为避免出错，我们编制了一个 VBA 程序，来简化上述的操作。VBA 程序如下：

```
Sub js()
  Range("b26")=Application.Average(Range("b4:b23"))
  Range("c26")=Application.Average(Range("c4:c23"))
  Range("d26")=Application.Average(Range("d4:d23"))

  Range("b27")=Application.Var(Range("b4:b23"))
  Range("c27")=Application.Var(Range("c4:c23"))
  Range("d27")=Application.Var(Range("d4:d23"))

  Range("b28")=Application.StDev(Range("b4:b23"))
  Range("c28")=Application.StDev(Range("c4:c23"))
  Range("d28")=Application.StDev(Range("d4:d23"))

  Range("b32")=1
  Range("c32")=Application.Correl(Range("b4:b23"), Range("c4:c23"))
  Range("d32")=Application.Correl(Range("b4:b23"), Range("d4:d23"))

  Range("b33")=Range("c32")
```

第 8 章　非线性规划模型的建立及其 VBA 与 MATLAB 求解

```
    Range("c33")=1
    Range("d33")=Application.Correl(Range("c4:c23"), Range("d4:d23"))

    Range("b34")=Range("d32")
    Range("c34")=Range("d33")
    Range("d34")=1
    Cells(40, 5)="=SUM(B40:D40)"
    Cells(41, 2)="=B40^2"
    Cells(41, 3)="=c40^2"
    Cells(41, 4)="=d40^2"
    Cells(45, 2)="=SUMPRODUCT(B26:D26,B40:D40)"
    Cells(48, 3)="=SUMPRODUCT(B41:D41,B27:D27)+2*B40*C40*C32*B28*C28+2*
    B40*D40*D32*B28*D28+2*C40*D40*D33*C28*D28"
    Cells(50, 3)="=SQRT(C48)"
    SolverReset
    SolverOk setcell:="$c$50", MaxminVal:=2, ValueOf:="0", byChange:="$b$40:$
    d$40"
    SolverAdd CellRef:="$e$40", Relation:=2, FormulaText:="100%"
    SolverAdd CellRef:="$b$45", Relation:=3, FormulaText:="13%"
    SolverSolve (True)
End Sub
```

此程序还有如下一种更简洁的表示方法：

```
Sub js1()

    Cells(26, 2)="=AVERAGE(B4:B23)"
    Cells(26, 3)="=AVERAGE(C4:C23)"
    Cells(26, 4)="=AVERAGE(D4:D23)"

    Cells(27, 2)="=VAR(B4:B23)"
    Cells(27, 3)="=VAR(C4:C23)"
    Cells(27, 4)="=VAR(D4:D23)"

    Cells(32, 2)="=B27"
    Cells(32, 3)="=COVAR(B4:B23,C4:C23)"
    Cells(32, 4)="=COVAR(B4:B23,D4:D23)"

    Cells(33, 2)=Cells(32, 3)
    Cells(33, 3)="=C27"
    Cells(33, 4)="=COVAR(C4:C23,D4:D23)"
```

```
Cells(34, 2)=Cells(32, 4)
Cells(34, 3)=Cells(33, 4)
Cells(34, 4)=Cells(27, 4)
Cells(40, 5)="=SUM(B40:D40)"
Cells(41, 2)="=B40^2"
Cells(41, 3)="=c40^2"
Cells(41, 4)="=d40^2"
Cells(45, 2)="=SUMPRODUCT(B26:D26,B40:D40)"
Cells(48, 4)="=SUMPRODUCT(MMULT(B40:D40,B32:D34),B40:D40)"
Cells(50, 4)="=SQRT(C48)"
SolverReset
SolverOk setcell:="$c$50", MaxminVal:=2, ValueOf:="0", byChange:="$b$40:$d$40"
SolverAdd CellRef:="$e$40", Relation:=2, FormulaText:="100%"
SolverAdd CellRef:="$b$45", Relation:=3, FormulaText:="d45"
SolverSolve (True)
End Sub
```

第 2 个程序与第 1 个程序相比，方差的表示方法为

=SUMPRODUCT(MMULT(B40:D40,B32:D34),B40:D40)

它比

=SUMPRODUCT(B41:D41,B27:D27)+2*B40*C40*C32*B28*C28+2*B40*D40*D32*B28*D28+2*C40*D40*D33*C28*D28

的表示方法要简洁得多，对于比较复杂的投资组合，第 2 个程序更可取，希望读者学到这一表示方法的技巧，下面将要介绍的通用投资组合程序设计方法也要用到这一技巧。

注意：在调用任何包含 SolverOk()、SolverAdd() 等函数的宏之前，必须先建立一个对规划求解的引用，保持 Visual Basic 模块在激活状态，点击工具菜单中的引用，然后浏览并找到 Solver.xla（这个工具通常放在\Office\Library 目录下）。

8.2.5 通用投资组合优化决策模型及其 VBA 求解

1. 投资组合的期望回报与风险

当一个投资组合中有很多风险资产时，投资组合的预期收益率和标准差的计算公式为

$$R_P = \sum_{i=1}^{n} w_i R_i, \quad \sigma_P^2 = \sum_{i=1}^{n}\sum_{j=1}^{n} w_i w_j \rho_{ij} \sigma_i \sigma_j,$$

式中，R_P 为投资组合的预期收益率；σ_P^2 为投资组合的方差；R_i 为资产 i 的期望收益率；w_i 为资产 i 在投资组合中所占的权重；n 为投资组合中资产的个数。

投资组合的预期收益率 R_P 和标准差 σ_P^2 之间的关系可以用下面的方程来表示：

第 8 章 非线性规划模型的建立及其 VBA 与 MATLAB 求解

$$\sigma_P^2 = \frac{C}{D}\left(R_P - \frac{A}{C}\right)^2 + \frac{1}{C}$$

参数 A、B、C、D 计算公式如下：

$$A = \boldsymbol{R}^T\boldsymbol{V}^{-1}\boldsymbol{I}, \quad B = \boldsymbol{R}^T\boldsymbol{V}^{-1}\boldsymbol{R}, \quad C = \boldsymbol{I}^T\boldsymbol{V}^{-1}\boldsymbol{I}, \quad D = BC - A^2 > 0$$

式中，$\boldsymbol{R} = (R_1, R_2, \cdots, R_n)^T$ 为资产预期收益率的列向量；$\boldsymbol{V}$ 为资产之间的协方差矩阵；$\boldsymbol{I} = (1,1,\cdots,1)^T$ 为单位列向量。这里假定投资组合中有 n 种风险资产，它们的预期收益率和标准差为有限值，且预期收益率彼此不等，并设这些收益率的协方差矩阵 $\boldsymbol{V}$ 为正定矩阵。

从上可知，根据投资组合中各项资产的投资比重，可以计算出所对应的投资组合的期望收益率，而根据不同投资组合的预期收益率 R_P 又可以计算出对应的投资组合的方差 σ_P^2，将这些结果绘制图形，即可得到 n 种风险资产构成的投资组合的预期收益率与方差之间的关系曲线。在投资组合的期望收益率与方差之间的关系曲线上，存在有一个最低风险（方差）的投资组合（即最低投资组合）。

2. 通用投资组合风险的最优化模型的信息化实现

（1）首先建立一个名字为"给定最低预期收益率的最优投资组合规划求解模型.xls"的工作簿，在当前的 sheet1 上设计模型的结构，如图 8-5 所示。

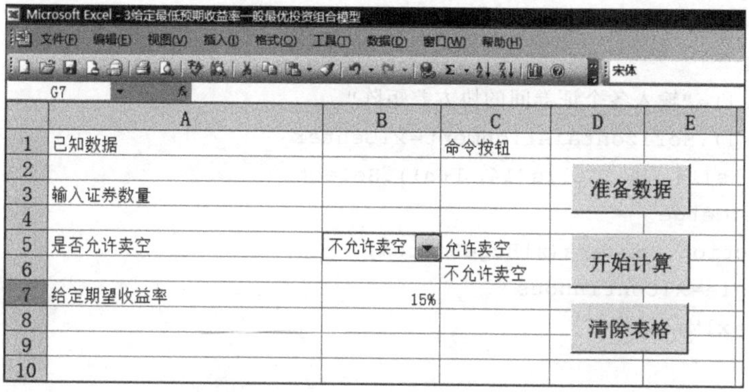

图 8-5 给定最低预期收益率的最优投资组合规划求解模型

"是否允许卖空"的下拉列表框控件插入在单元格 B5 的位置，此下拉列表框控件的单元格链接为"＄B＄5"，数据区域为"＄C＄5:＄C＄6"，并在单元格 C5 和 C6 中分别输入"允许卖空"和"不允许卖空"，且此两个单元格的字体颜色设置为白色，以便使模型界面美观。

（2）模型由以下三部分组成：已知数据区域、命令按钮区域（包括一个"准备数据"按钮、一个"开始计算"按钮、一个"清除表格"按钮）和计算结果区域（在单击"开始计算"按钮后计算结果的输出区域）。

（3）对"准备数据"按钮指定一个名字为"Sub 准备数据()"的宏，并编写如下的程序代码：

```vba
Sub 准备数据()
Dim n, i, j As Integer
n=Cells(3, 2)
Cells(10, 1)="输入各个证券的预期收益率"
Cells(10, 1).HorizontalAlignment=xlCenter
Range(Cells(10, 1), Cells(10, 1+n)).Select
Selection.Merge
With Selection.Borders(xlEdgeBottom)
  .LineStyle=xlContinuous
  .Weight=xlMedium
End With
For i=1 To n
   Cells(11, i+1)="证券" & i
   Cells(11, i+1).HorizontalAlignment=xlCenter
Next i
Cells(12, 1)="预期收益率"
Range(Cells(12, 1), Cells(13, 1)).HorizontalAlignment=xlCenter
Range(Cells(12, 1), Cells(12, 1+n)).Select
With Selection.Borders(xlEdgeBottom)
   .LineStyle=xlContinuous
   .Weight=xlMedium
End With
Cells(14, 1)="输入各个证券间的协方差矩阵"
Cells(14, 1).HorizontalAlignment=xlCenter
Range(Cells(14, 1), Cells(14, 1+n)).Select
Selection.Merge
With Selection.Borders(xlEdgeBottom)
   .LineStyle=xlContinuous
   .Weight=xlMedium
End With
For i=1 To n
   Cells(15, i+1)="证券" & i
   Cells(15, i+1).HorizontalAlignment=xlCenter
   For j=1 To n
     Cells(15+j, 1)="证券" & j
     Cells(15+j, 1).HorizontalAlignment=xlCenter
   Next j
Next i
For i=1 To n
   For j=i To n
     Cells(15+i, 1+j).Select
     With Selection.Interior
```

```
            .ColorIndex=36
            .Pattern=xlSolid
        End With
        With Selection.Borders(xlEdgeLeft)
            .LineStyle=xlContinuous
            .Weight=xlThin
        End With
        With Selection.Borders(xlEdgeTop)
            .LineStyle=xlContinuous
            .Weight=xlThin
        End With
        With Selection.Borders(xlEdgeBottom)
            .LineStyle=xlContinuous
            .Weight=xlThin
        End With
        With Selection.Borders(xlEdgeRight)
            .LineStyle=xlContinuous
            .Weight=xlThin
        End With
    Next j
Next i
Range(Cells(15+n, 1), Cells(15+n, 1+n)).Select
With Selection.Borders(xlEdgeBottom)
        .LineStyle=xlContinuous
        .Weight=xlMedium
End With
End Sub
```

(4) 对"开始计算"按钮指定一个名字为"Sub 开始计算()"的宏,并编写如下的程序代码:

```
Sub 开始计算()
Dim n, i, j As Integer
Dim myrange1, myrange2, myrange3 As String
Dim x1, x2, x3 As String
n=Cells(3, 2)
For i=1 To n
  For j=1 To n
    Cells(15+j, 1+i)=Cells(15+i, 1+j)
  Next j
Next i
```

```
If Cells(5, 2)=1 Then
    Cells(17+n, 1)="优化计算结果--允许卖空"
Else
    Cells(17+n, 1)="优化计算结果--不允许卖空"
End If

For i=1 To n
    Cells(18+n, i+1)="证券" & i
Next i

Cells(18+n, n+2)="合计"
Cells(19+n, 1)="比重(%)"

Cells(20+n, 1)="预期收益率"
Cells(21+n, 1)="标准差"

myrange1="b" &12 &":" &Chr(65+n) &12    '各个证券收益率数据区域
myrange2="b16" &":" &Chr(65+n) &15+n    '协方差矩阵数据区域
myrange3="b" &19+n &":" &Chr(65+n) &19+n '投资比例结算结果数据区域

Cells(20+n, 2)="=sumproduct(" &myrange1 &"," &myrange3 &")"
Cells(21+n, 2)="=sqrt(sumproduct(" &myrange3 &",mmult(" &myrange3 &"," &myrange2 &")))"

Cells(19+n, n+2)="=sum(" &myrange3 &")"
x1=Chr(66+n) &19+n              '投资组合比重合计率数据区域
x2="b" &21+n                    '投资组合标准差数据区域
x3="b" &20+n                    '投资组合预期收益率数据区域
Range(myrange3).NumberFormat="0.00%"
Range(x1).NumberFormat="0.00%"
Range(x2).NumberFormat="0.00%"
Range(x3).NumberFormat="0.00%"
'开始利用规划求解工具计算
SolverReset
SolverOk setcell:=x2, MaxminVal:=2, ValueOf:="0", byChange:=myrange3

SolverAdd CellRef:=x1, Relation:=2, FormulaText:="100%"
```

```
    SolverAdd CellRef:=x3, Relation:=3, FormulaText:="$b$7"
    If Cells(5, 2)=2 Then
      SolverAdd CellRef:=myrange3, Relation:=3, FormulaText:="0"
    End If
    SolverSolve (True)
End Sub
```

(5) 对"清除表格"按钮指定一个名字为"Sub 清除表格()"的宏,并编写如下的程序代码:

```
Sub 清除表格()
    Cells(3, 2)=""
    Rows("10:10000").Delete Shift:=xlUp
End Sub
```

3. 通用投资组合风险的最优化模型的应用举例

【例 8-3】 某 4 个证券资产的投资组合,各个证券的预期收益率、标准差和证券之间的协方差矩阵如表 8-8 和表 8-9 所示,要求的最低期望收益率为 15%,试计算不允许卖空情况下的最优投资组合。

表 8-8　各证券的预期收益率

	证券 1	证券 2	证券 3	证券 4
预期收益率	8%	12%	6%	18%

表 8-9　各证券间的协方差矩阵

	证券 1	证券 2	证券 3	证券 4
证券 1	0.1024	0.0328	0.0655	−0.0022
证券 2	0.0328	0.0676	−0.0058	0.0184
证券 3	0.0655	−0.0058	0.2025	0.0823
证券 4	−0.0022	0.0184	0.0823	0.1296

计算步骤如下:

(1) 在单元格 B3 中输入证券数据"4"。

(2) 单击"准备数据"按钮,模型自动对工作表进行格式化,格式化后的工作表如图 8-6 所示。

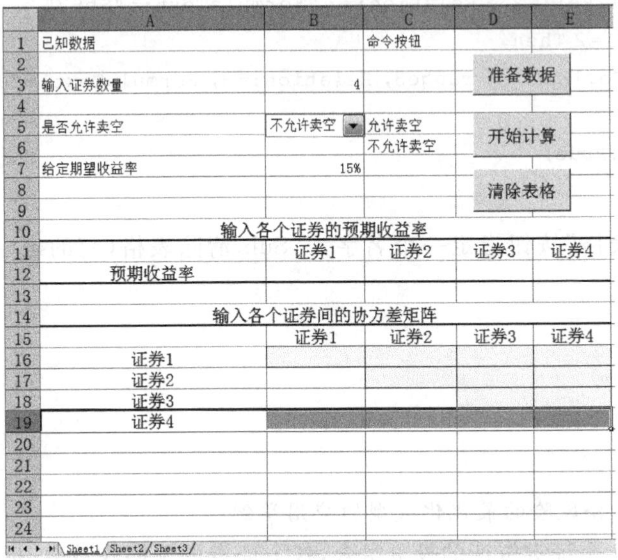

图 8-6 格式化后的工作表

（3）按照格式化后的工作表输入表 8-8 和表 8-9 所示的有关数据。由于协方差矩阵的对称性，只需要在图 8-6 中灰度的单元格中（矩阵对角线上方）输入协方差数据即可。

（4）单击是否允许卖空下拉列表框的下拉三角按钮，选择"不允许卖空"，单击"开始计算"按钮，则模型自动计算最优投资比例结果，如图 8-7 所示。

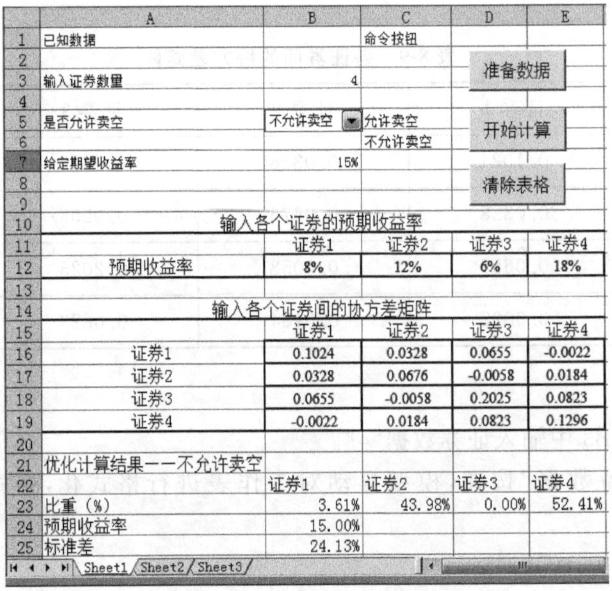

图 8-7 最优投资比例计算结果

8.2.6 投资组合优化的非线性规划模型及其 MATLAB 求解

下面我们考虑用二次规划模型来求解投资组合，二次规划问题（Quadratic Programming）的标准形式如下：

$$\min \frac{1}{2} \boldsymbol{x}^\mathrm{T} \boldsymbol{H} \boldsymbol{x} + \boldsymbol{q}^\mathrm{T} \boldsymbol{x}$$

$$\text{s.t.} \quad \boldsymbol{A}\boldsymbol{x} \leqslant \boldsymbol{b}$$

$$\boldsymbol{A}_{eq} * \boldsymbol{x} = \boldsymbol{b}_{eq}$$

$$\boldsymbol{L}_b \leqslant \boldsymbol{x} \leqslant \boldsymbol{U}_b$$

其中，x, b, b_{eq}, l_b, u_b 为向量；H 为对称矩阵；A, A_{eq} 为矩阵。

约束条件分成两部分，前一部分约束条件是不等式，后一部分约束条件是等式。在投资组合问题中，H 多为协方差矩阵。

在 MATLAB 中求解此类问题的函数式 quadprog。

调用方式：

```
[xopt,fopt]=quadprog(H,q,A,b)
[xopt,fopt]=quadprog(H,q,A,b,Aeq,beq,lb,ub)
```

输入参数包括 b,beq,lb,ub,H,A,Aeq,q 等。

【例 8-4】投资组合中有 5 种资产，各资产的收益率和协方差矩阵如表 8-10 所示。

表 8-10 各资产的收益率和协方差矩阵

		资产 1	资产 2	资产 3	资产 4	资产 5
协方差矩阵	资产 1	0.2	0.05	−0.01	0.03	0.05
	资产 2	0.05	0.3	0.015	0.01	0.03
	资产 3	−0.01	0.015	0.1	0.02	0.01
	资产 4	0.03	0.01	0.02	0.1	0.015
	资产 5	0.05	0.03	0.01	0.015	0.15
预期回报		0.2	0.14	0.12	0.05	0.07

寻找最优投资组合，使得投资组合收益率为 0.1，且方差最小。

我们建立一个名为 xxgh.m 的 M 文件，代码如下：

```
H=[0.2 0.05 -0.01 0.03 0.05;
   0.05 0.3 0.015 0.01 0.03;
   -0.01 0.015 0.1 0.02 0.01;
   0.03 0.01 0.02 0.1 0.015;
   0.05 0.03 0.01 0.015 0.15];
```

```
q=[0 0 0 0 0];
A=[-0.2 -0.14 -0.12 -0.05 -0.07];
b=[-0.1];
aeq=[1 1 1 1 1];
beq=[1];
lb=[0 0 0 0 0];
ub=[1 1 1 1 1];
[xopt,fopt]=quadprog(H,q,A,b,aeq,beq,lb,ub)
```

在 MATLAB 状态下输入 fxxgh,得到下列结果:

```
Optimization terminated.
xopt =
     0.1235
     0.0755
     0.3480
     0.2802
     0.1727
fopt =
     0.0210
```

结果表明:资产 1、资产 2、资产 3、资产 4、资产 5 的权重分别为 0.1235,0.0755, 0.3480,0.2802,0.1727,投资组合的最小风险为 0.0210。

【例 8-5】 设计资产 1、资产 2、资产 3 的协方差矩阵如下:

$$H = \begin{bmatrix} 0.052122 & -0.02046 & -0.00026 \\ -0.02046 & 0.20929 & -0.00024 \\ -0.00026 & -0.00024 & 0.00147 \end{bmatrix}$$

注意:这个协方差矩阵是在 8.2.4 节中计算出来的结果。

现在的问题是:在不允许卖空的情况下,计算例中对三个资产的投资组合的最优投资比例,要求在总投资回报率不低于 0.13 的前提下,使得投资的风险最小?

我们用 MATLAB 软件建立一个名为 fxxgh1.m 的 M 文件,代码如下:

```
H=[0.052122,-0.02046,-0.00026;
-0.02046,0.20929,-0.00024;
-0.00026,-0.00024,0.00147];
q=[0,0,0];
A=[-0.1130,-0.1850,-0.0755];
b=[-0.13];
Aeq=[1,1,1];
beq=[1];
```

```
lb=[0 0 0];
[xopt,fopt]=quadprog(H,q,A,b,Aeq,beq,lb)
```

在 MATLAB 状态下输入 fxxgh1,得到下列结果:

```
Optimization terminated.
xopt =
    0.5063
    0.3243
    0.1694
fopt =
    0.0143
```

结果表明,资产1、资产2、资产3的权重分别为 0.5063,0.3243,0.1694,投资组合的最小风险为 0.0143。

8.3 最佳现金持有量的非线性规划决策模型及其 VBA 求解

企业既不能保留很多的货币资金,又不能一点都没有,到底保留多少现金余额才合适,是现金管理的一个核心问题。企业财务管理部门通常都应该根据自身特点确定一个合理的现金余额目标,使现金持有量达到最佳状态。本节讨论如何建立现金持有量模型,并应用"规划求解工具"进行分析的方法。

8.3.1 确定最佳现金持有量的理论方法

确定最佳现金持有量的理论方法很多,如巴摩尔模型、密勒模型、成本分析模型等。这里仅介绍巴摩尔模型,并通过对此理论的讨论,为建立计算机最佳现金持有量模型奠定理论基础。

巴摩尔模型理论的依据是把持有的有价证券同货币资金的库存联系起来观察,比较现金储存的成本和买卖有价证券的固定成本,以求得两者成本之和最低时的现金余额。

按巴摩尔模型确定最佳现金余额,要建立在这样一些条件上:

(1) 企业一定时期内货币资金支出和收入的变化是周期性均衡发展的,其现金余额也定期地由最低时的 0 到最高时的 C 变化,其平均现金余额为 $C/2$。

(2) 当现金余额趋于 0 时,企业靠出售有价证券或借款来补充库存资金。

不管是保留现金或出售有价证券都要付出一定代价。保留现金意味着放弃了有价证券带来利息的机会,出售和购进有价证券又意味着要花费证券交易的成本。保持现金余额越多,损失的机会成本越大,而证券交易买卖的次数越少,买卖交易的成本则越低。

现金余额总成本公式为

总成本 = 持有现金成本 + 证券(借债)交易成本

= 现金平均余额×有价证券利率＋变现次数×有价证券每次交易的固定成本
= $C/2 \times r + T/C \times b$

式中,C 为现金余额;r 为持有现金而损失的机会成本(等于该时期证券或借款利率);T 为每个转换周期中的现金总需要量;b 为每次周期交易或借款所需的固定成本费用。

现金余额总成本的构成清楚了,最佳现金余额就应该是总成本最低时的持有量 C^*。

对上式求导并令其等于 0,得到最佳持有量 C^* 的公式为

$$C^* = \sqrt{\frac{2bT}{r}}$$

8.3.2 最佳现金持有量模型的建立

我们创建一个工作表,将其名字改为"现金持有量",以巴摩尔模型理论为依据,在该工作表中建立的最佳现金持有量模型如表 8-11 所示。

表 8-11 最佳现金持有量模型

	A	B	C	D	E	F	G	H
3	基本数据			最佳现金持有量规划求解分析				
4	现金总量 T	500 000						
5	每次交易成本 b	180		最佳现金余额				
6	有价证券利率 r	15%		总成本				
7								
8								
9			最佳现金持有量分析表					
10	现金余额	30 000	35 000	38 000	42 000	50 000	55 000	5000
11	持有成本	2250	2625	2850	3150	3750	4125	375
12	交易成本	3000	2571	2368	2143	1800	1636	18 000
13	总成本	5250	5196	5218	5293	5550	5761	18 375

(1) 基本数据。在基本数据区域输入有关要素的值。模型中都对基本数据所在单元定义名字。

(2) 最佳现金持有量分析表。在最佳现金持有量分析表中,定义各要素之间的钩稽关系如下:

第 11 行"持有成本"的公式＝现金余额/2 * r(＝B10/2 * $B$6)

第 12 行"交易成本"的公式＝T/现金余额 * b(＝$B$4/B10 * $B$5)

第 13 行"总成本"的公式＝持有成本＋交易成本(＝B11＋B12)

用"复制"的方法把 B 列第 11、12、13 行复制到 C、D、E、F、G、H 列的第 11、12、13 行。
当在基本数据输入数据后,最佳现金持有量分析表中的值将自动计算出来。

在分析表中,我们可以粗略观察到,现金余额为 35 000 元时,总成本最低,即该现金余额为最佳现金持有量。

8.3.3 最佳现金持有量的 VBA 求解

1. 最佳现金持有量规划求解区域公式定义

最佳现金持有量求解分析区域中,F5 单元格输入 30 000,总成本 F6 单元格定义了公式:

=最佳现金余额/2 * r+T/最佳现金余额 * b(=F5/2 * B6+B4/F5 * B5)

2. 规划求解工具的使用

(1) 在"工具"菜单中选择"规划求解"命令,弹出"规划求解参数"对话框。
(2) 在"目标单元"中输入 F6。
(3) 在"等于"选项中选择"最小值"。
(4) 在"可变单元格"中输入 F5。
(5) 单击"添加"按钮,增加约束条件 F5>30 000。

假设企业要求最低现金持有量为 30 000。

(6) 在"规划求解选项"对话框中,将"采用线性模型"复选框设置为"不选"(因为这是非线性问题)。
(7) 单击"求解"按钮,经过一段时间的自动计算求解,将最佳现金持有量的结果显示在 F5 单元。这样就得到精确的结果。

如表 8-12 所示。

表 8-12 最佳现金持有量表

	A	B	C	D	E	F	G
3	基本数据			最佳现金持有量规划求解分析			
4	现金总量 T	500 000					
5	每次交易成本 b	180		最佳现金余额		34 641.02	
6	有价证券利率 r	15%		总成本		5196.152	

上面的计算是很麻烦的,为了提高工作效率,减少出错,我们编制如下程序:

```
Sub js()
Cells(6, 6)="=F5/2 * B6+B4/F5 * B5"
SolverReset
```

```
SolverOk SetCell:="$f$6", MaxminVal:=2, ValueOf:="0", byChange:="$f$5"
SolverAdd CellRef:="$f$5", Relation:=3, FormulaText:="30000"
SolverSolve (True)
End Sub
```

8.4 最佳订货批量的非线性规划决策模型及其 VBA 求解

为了保证企业生产、销售的持续和正常进行,在一定时期内保持一定数量的存货,对任何一个企业都是必需的。但是存货资金在企业全部流动资金中占有相当大的比重,存货的取得、保管又需要付出成本。日本企业曾经提出了"零库存"的口号,但这并不意味着在生产过程中一点存货都没有,而是对存货水平进行恰当的控制,在保证生产经营活动顺利进行的前提下,尽可能降低存货。因此,任何一个企业对存货库存水平的确定,其目标并不是"零"而是"最优"。怎样才能确定最优的库存水平?一种比较普遍应用的方法——经济订货批量可以帮助我们解决这个问题。本章讨论如何建立最优订货批量模型,并应用"规划求解工具"进行分析。

8.4.1 经济订货批量的基本原理

经济订货批量方法的基本原理是借助于各类物资库存成本的不同特点,寻求它们之间的规律,找出一个总库存成本最低时的库存水平(存货数量)。

1. 经济订货批量基本模型

经济批量数学模型建立之前,需要一定的假设条件。

(1) 存货的年需要量和日消耗量是均衡的。

(2) 从存货到货物到达所间隔的时间是固定的,而且每批货物均一次到达。

(3) 不考虑数量折扣。

(4) 不会发生缺货。

所谓订货批量 Q 是指每次订货的数量,在某项存货年需要量既定的前提下,降低订货批量,一方面可以使存货的储存成本(指变动储存成本,下同)随着平均储存量的下降而下降(因为平均储存量相当于订货批量的一半);另一方面却使订货成本(变动订货成本,下同)随着订货数量的增加而增加。反之,减少订货批量以降低订货成本,又会使储存成本增加。决策分析的目的就是要找出使两种成本合计数最低的订货批量,即经济订货批量。

设:D 为某存货的全年需要量;

Q 为订货批量;

D/Q 为订货次数;

K 为每次订货的变动成本;

C 为单位存货年储存成本;

T 为年成本合计,即年订货成本和年储存成本的合计。

这样可以得到经济订货批量的基本公式。

年成本合计可由下式计算：

$$T = 储存成本 + 订货成本$$
$$= Q/2 \cdot C + D/Q \cdot K$$

2. 经济订货批量的改进模型——陆续到货

经济订货批量的基本公式是在前面的假设条件下建立的,但是现实生活中能够满足这些条件的情况很少,为使模型更接近于实际情况,应该放宽条件,改进模型。

如果我们考虑到存货不能一次到达,各批存货可能陆续入库,使存货陆续增加。在这种情况下,对基本模型做一些修改。

设：P 为每日送货量；

Q/P 为每批存货全部送达所需日数；

d 为每日消耗量；

$Q/P \cdot d$ 为送货期内全部耗用量。

由于存货边送边用,所以每批送完时,最高库存量 $Q - Q/P \cdot d$,平均存量为 $(Q - Q/P \cdot d)/2$。因此基本模型被扩充为

$$T = 储存成本 + 订货成本$$
$$= (Q - Q/P \cdot d)/2 \cdot C + D/Q \cdot K$$

最优订货批量 Q^*,即 T 总成本最低时的订货批量 Q。

每年最佳订货次数 $N^* = D/Q$。

最佳订货周期 $t^* = 1/N^*$（年）

经济订货量占用资金 $I^* = (Q^*/2) \times 单价$

3. 考虑数量折扣、陆续到货的经济订货批量模型

数量折扣是指供应商对于一次购买某货品数量达到或超过规定限度的客户,在价格上给予优待。在经济订货批量基本模型的基础上,考虑到存货不能一次到达,各批存货可能陆续入库,对基本模型进行一些修改,使其进一步完善。但是还没有考虑有数量折扣的情况,即是以采购价格不随定购批量的变动而变动的假设条件为前提的。因此,决策模型中只有订货成本和储存成本两项。如果供应商实行数量折扣,那么,除了订货成本和储存成本之外,采购成本也成了决策中的相关成本。这时,这三种成本的年成本合计最低的方案,才是最优方案。

$$T = 储存成本 + 订货成本 + 采购成本$$
$$= (Q - Q/P \cdot d)/2 \cdot C + D/Q \cdot K + D \cdot U \cdot (1 - d_i)$$

式中,U 为采购单价；d_i 为数量折扣。

在实际工作中,企业还可以结合具体情况,不断完善模型,最后建立比较合理的模型。这里就不进一步讨论数学模型的建立,而是把重点放在如何根据最优订货批量数学模型,建

立计算机最优订货批量模型的方法。

8.4.2 最优订货批量模型的建立

我们创建一个工作表,将其名字改为"最优订货",以考虑数量折扣与陆续到货的经济订货批量模型为依据,在该工作表中建立的最优订货批量模型如表 8-13 所示。

表 8-13 最优订货批量模型

	A	B	C	D	E
3	存货名称	甲	乙	丙	丁
4	材料年需要量 D	18 000	20 000	30 000	25 000
5	一次订货成本 K	25	25	25	25
6	单位存储成本 C	2	3	4	3
7	每日送货量 P	100	200	300	250
8	每日耗用量 D	20	30	40	25
9	数量折扣 d_i	2%	2%	2%	2%
10	单价 U	10	20	30	25

1. 基本数据

模型中假设企业有四种存货需要采购,并且供应商也规定了数量折扣。因此,在基本数据区域,给出了模型中所需的基本数据输入区,基本数据包括每种存货的要素:

    存货名称   B3:E3 单元区域

    全年需要量 D B4:E4 单元区域

    一次订货 K B5:E5 单元区域

    单位储存成本 C B6:E6 单元区域

    每日送货量 P B7:E7 单元区域

    每日消耗量 d B8:E8 单元区域

    数量折扣 d_i B9:E9 单元区域

    单价 U B10:E10 单元区域

2. 最优订货批量规划求解分析区域的公式定义

在最优订货批量规划求解分析区定义存货的采购成本、订货成本、存货成本和总成本公式,先定义甲存货成本的公式:

    采购成本公式 $= D \cdot U \cdot (1 - d_i)$

    订货成本公式 $= D/Q \cdot K$

    储存成本公式 $= (Q - Q/P \cdot d)/2 \cdot C$

    每种存货的总成本公式 = 采购成本 + 订货成本 + 储存成本

    每年最佳订货次数公式 $= D/Q^*$

$$最佳订货周期\ t^* = 1/N^*(年)$$

用"复制"和"粘贴"将公式复制到每种存货分析区域。

四种存货总成本或综合成本 C21 单元的公式为:

=甲存货总成本+乙存货总成本+丙存货总成本+丁存货总成本

8.4.3 最优订货批量的 VBA 求解

运用规划求解工具求最优解时,应该先设置目标单元格、可变单元格、约束条件等,然后求解。

1. 设置

假设供应商提出的数量折扣条件为:当甲材料订货数量≥400 kg、乙材料订货数量≥450 kg、丙材料订货数量≥500 kg、丁材料订货数量≥500 kg 才给予数量折扣。这可以作为规划求解的约束条件。

2. 规划求解工具的使用

(1) 在"工具"菜单中选择"规划求解"命令,弹出"规划求解参数"对话框。

(2) 在"目标单元"中输入 C21。

(3) 在"等于"选项中选择"最小值"。

(4) 在"可变单元格"中输入 B16:E16(四种存货的订货批量单元区域)。

(5) 单击"添加"按钮,增加约束条件:

根据供应商提供的条件:

甲订货批量≥400(即 B16≥400)

乙订货批量≥450(即 C16≥450)

丙订货批量≥500(即 D16≥500)

丁订货批量≥500(即 E16≥500)

(6) 在"规划求解选项"对话框中,将"采用线性模型"复选框设置为"不选"(因为这是非线性问题)。

(7) 当目标单元格、可变单元格、约束条件不变时,无论基本数据如何改变,都不用修改以上的设置,直接进行求解。单击"求解"按钮,求出每种存货的最优订货批量,并自动计算出最优订货批量下的总成本,每年最佳订货次数、最佳订货周期等。计算结果如表 8-14 所示。

表 8-14 计算结果

	A	B	C	D	E
14					
15	存货名称	甲	乙	丙	丁
16	最优订货批量 Q^*	750	626	658	680
17	采购成本	176 400	392 000	882 000	612 500

续表

	A	B	C	D	E
18	订货成本	599.999 93	798.436 25	1140.1754	918.558 67
19	存储成本	600.000 07	798.4357	1140.1754	918.558 64
20		177 600	393 596.87	884 280.35	614 337.12
21	总成本		206 9814.3		
22	最佳订货次数	0.026 666 7	0.047 906 2	0.060 809 4	0.036 742 3
23	最佳订货周期（月）	37.500 004	20.874 136	16.444 838	27.216 552
24	经济订货量占用资金	3750.0004	6262.2407	9866.9026	8505.1726

计算公式如表 8-15 所示。

表 8-15 计算公式

	A	B	C	D	E
14					
15	存货名称	甲	乙	丙	丁
16	最优订货批量 Q^*				
17	采购成本	=B4*B10*(1−B9)	=C4*C10*(1−C9)	=D4*D10*(1−D9)	=E4*E10*(1−E9)
18	订货成本	=B4/B16*B5	=C4/C16*C5	=D4/D16*D5	=E4/E16*E5
19	存储成本	=(B16−B16/B7*B8)/2*B6	=(C16−C16/C7*C8)/2*C6	=(D16−D16/D7*D8)/2*D6	=(E16−E16/E7*E8)/2*E6
20		=B17+B18+B19	=C17+C18+C19	=D17+D18+D19	=E17+E18+E19
21	总成本	综合成本	=B20+C20+D20+E20		
22	最佳订货次数	=B8/B16	=C8/C16	=D8/D16	=E8/E16
23	最佳订货周期（月）	=1/B22	=1/C22	=1/D22	=1/E22
24	经济订货量占用资金	=B16/2*B10	=C16/2*C10	=D16/2*D10	=E16/2*E10

在模型中总成本与各要素之间建立了动态链接。当企业财务政策发生变化，如存货全年需要量 D 改变，或经济条件发生变化，如每次订货变动成本 K、单位存货年储存成本 C 随着经济条件的变化而变化，企业财务管理人员只需改变基本数据区域的各要素值，计算机最优订货批量模型便可迅速计算出相应的结果。

上面的计算是很麻烦的，为了提高工作效率，减少出错，我们编制如下程序：

```vba
Sub js()
Cells(17, 2)="=B4 * B10 * (1-B9)"
Cells(18, 2)="=B4/B16 * B5"
Cells(19, 2)="= (B16-B16/B7 * B8)/2 * B6"
Cells(20, 2)="=B17+B18+B19"

Cells(17, 3)="=C4 * C10 * (1-C9)"
Cells(18, 3)="=C4/C16 * C5"
Cells(19, 3)="= (C16-C16/C7 * C8)/2 * C6"
Cells(20, 3)="=C17+C18+C19"

Cells(17, 4)="=D4 * D10 * (1-D9)"
Cells(18, 4)="=D4/D16 * D5"
Cells(19, 4)="= (D16-D16/D7 * D8)/2 * D6"
Cells(20, 4)="=D17+D18+D19"

Cells(17, 5)="=E4 * E10 * (1-E9)"
Cells(18, 5)="=E4/E16 * E5"
Cells(19, 5)="= (E16-E16/E7 * E8)/2 * E6"
Cells(20, 5)="=E17+E18+E19"

Cells(21, 3)="=B20+C20+D20+E20"

SolverReset
SolverOk setcell:="$c$21", MaxminVal:=2, ValueOf:="0", byChange:="$b$16:$e$16"
SolverAdd CellRef:="$b$16", Relation:=3, FormulaText:="400"
SolverAdd CellRef:="$c$16", Relation:=3, FormulaText:="450"
SolverAdd CellRef:="$d$16", Relation:=3, FormulaText:="500"
SolverAdd CellRef:="$e$16", Relation:=3, FormulaText:="500"
SolverSolve (True)
End Sub
```

习 题

1. 在 Excel 环境中,对所有例题中的非线性优化模型进行计算。

2. 某投资公司的最优投资组合管理。某公司正在对资产进行股票的投资组合,要投资的股票包括一只科技股、一只银行股、一只能源股。公司的金融分析师已经搜集了数据,并估计了有关这些股票的收益率的期望值,以及有关这些股票的标准差和相关系数信息,具体如表 8-16 所示。如果公司预期回报的最低可接受水平为 11%,请确定三种股票的最优投资比例,使投资组合的总风险最小。

表 8-16　三只股票的相关系数和有关数据

股票	年预期收益率/%	收益率的标准差/%	相关系数		
			科技股票	银行股票	能源股票
科技股票	11	4			
银行股票	14	4.69	0.160		
能源股票	7	3.16	−0.395	0.067	

3. 一名投资商正在考虑下一年投资四家不同公司股票的资金分配比例。根据市场数据的统计分析,他估计年预期收益、标准差和这些年收益之间的相关系数,分析结果如表 8-17 所示。

表 8-17　四家公司股票的年预期收益、标准差和相关系数

公司	年收益率的预期值/%	年收益率的标准差/%	相关系数			
			公司1	公司2	公司3	公司4
公司1	18	30				
公司2	12	20	−0.035			
公司3	20	27	0.182	0.104		
公司4	23	15	0.124	0.305	0.396	

假设投资组合的年预期收益率是 20%,投资商的投资组合的标准差的最小值是多少?最优资产分配比例是多少?

4. 一名投资组合经理正在设计一个三家公司股票和一只基金的投资组合。表 8-18 是这名经理的估计,这些估计包括三家公司股票和一个基金的年预期收益、标准差和这些年收益之间的相关系数。

表 8-18　三家公司股票和一只基金的相关数据

公司	年收益率的预期值/%	年收益率的标准差/%	相关系数			
			公司1	公司2	公司3	基金
公司1	15	12				
公司2	33	24	0.158			
公司3	60	38	0.078	0.241		
基金	12	9	0.579	0.302	0.282	

假设投资组合的年预期目标收益率是 30%,投资经理投资组合的标准差的最小值是多少?最优资产分配比例是多少?

第9章 数据包络分析模型建立及其 MATLAB 和电子表格求解

9.1 数据包络分析引例

数据包络分析方法(DEA)是著名运筹学家 Charnes 和 Cooper 等在"相对效率评价"概念基础上发展起来的,是评价同类型决策单元相对有效性的一种系统分析方法。自从第一个 DEA 模型——C^2R 模型建立以来,随着 DEA 理论研究的不断深入,应用范围不断扩展,DEA 已经成为管理科学与工程领域一种重要而有效的分析工具,并在多个领域得到广泛应用。本章主要介绍 DEA 模型中常用的 C^2R 模型。

在管理科研和实践中,组织就是一个将投入转化为产出的系统。企业是将人力、物力和财力等投入转化为利润和就业等产出的系统;高校是将教师、研究经费和实验设施等投入转化为毕业学生、科研成果和社会服务等产出的系统;创新系统是将研究开发经费、研究开发人员和研究开发设施转换为新产品和新服务的系统。上述组织系统都是将一定投入转化为一定产出的实体,我们称这些系统为决策单元 DMU。同类型的 DMU 指具有下述三个特征的 DMU 集合:

(1) 具有相同的目标和任务;
(2) 具有相同的外部环境;
(3) 具有相同的输入和输出指标。

相对有效性是指在同类型的组织(称为决策单元)各投入一定数量的资源、资金或劳动力后,对其产量、经济效益或社会效益等产出相互间进行比较而言的。评价同类组织的相对有效性有利于比较不同组织的特点,找出效率低下决策单元的主要制约因素。数据包络分析就是评价同类型决策单元相对有效性的数学方法。

【例 9-1】 某个县城有 A、B、C、D 四所学校。县政府实施了一系列教学标准测试(SOL),包括阅读、数学和历史,要求所有学校对五年级的所有小孩以此标准化管理。测试的平均分会作为衡量学校业绩的输出。学校委员会确定了 3 个主要的资源或输入,它们会影响学校的 SOL 分数,这些要素是教师对学生的比例、每位学生的补充基金(在正常预算之上由私人提供的部分)以及家长的平均教育水平(其中,12——高中水平,16——大学水平等)。这些输入和输出总结如下:

输入 1 = 教师对学生的比例　　　输出 1 = 平均阅读 SOL 分数
输入 2 = 每位学生的补充基金　　输出 2 = 平均数学 SOL 分数
输入 3 = 家长的平均教育水平　　输出 3 = 平均历史 SOL 分数

每个学校的实际输入和输出实际值如表 9-1 所示。

表 9-1　学校的有关数据表

学校	输入			输出		
	1	2	3	1	2	3
A	0.06	260	11.3	86	75	71
B	0.05	320	10.5	82	72	67
C	0.08	340	12.0	81	79	80
D	0.06	460	13.1	81	73	69

例如，在 A 学校，教师对学生的比例是 0.06(或者大约 16.67 个学生对 1 个教师)，每个学生有 260 美元的补充基金，家长的平均教育水平是 11.3。A 学校在阅读、数据和历史方面的平均分分别为 86,75 和 71。

学校委员会想找出此镇中的哪些学校在把输入转化成输出方面的效率低。DEA 线性规划模型将把一个学校与其他的学校进行比较。为了进行完整的分析，每个学校都必须有一个单独的模型。在这个例子中，我们将把 D 学校和其他学校进行比较。

1. 决策变量

在 DEA 模型中，决策变量定义为每单位输入和输出的价格，这些不是输入和输出的实际价格。用经济学的观点，这些价格叫做机会成本。这些价格是学校中的输入和输出相比的相对值。这些对我们的意义不大，随着建模的过程，这些价格变得越来越明显。现在，决策变量定义为

$$x_i = 每单位输出的价格，\quad i = 1,2,3$$
$$y_i = 每单位输入的价格，\quad i = 1,2,3$$

2. 目标函数

模型的目标是确定 D 学校是否有效。在 DEA 模型中，当我们需要确定一个单位(例如学校)是否有效时，简单的方法是调整输入价格，以使单位输入的总值等于 1。单位的有效性将等于单位的输出值。对于这个例子，一旦调整 D 学校的输入价格使其等于 1,D 学校的有效性等于输出的值。问题的目标就是使 D 学校的输出值最大化，得出的值也就是有效性：

$$\max z = 81x_1 + 73x_2 + 69x_3$$

因为学校的输入值被调整为 1,目标函数中列出的 D 学校的输出最大值只能是 1。如果目标函数等于 1,学校的运转有效；如果目标函数小于 1,学校在低效运转。

3. 模型的约束条件

调整 D 学校的输入为 1 的约束条件定义为

$$0.06y_1 + 460y_2 + 13.1y_3 = 1$$

把输入的值设为 1,最后让输出的值等于或小于 1。这样同时也会使决策变量的值失去意义。

下一组约束条件将使输出的值小于等于 1。通俗地讲,学校(或任何生产单位)的有效性可以定义为

$$\text{有效性} = \text{输出值}/\text{输入值}$$

对于学校或任何服务机构,有效性不可能超过 100%;因此学校的有效性肯定小于或等于 1。

$$\text{学校的输出值}/\text{学校的输入值} \leqslant 1$$

把它转换成标准线性模式,则

$$\text{学校的输出值} \leqslant \text{学校的输入值}$$

把输入和输出的模型决策变量和参数替换成标准约束条件格式,可以为每一个学校建立一个约束条件:

$$86x_1 + 75x_2 + 71x_3 \leqslant 0.06y_1 + 260y_2 + 11.3y_3$$
$$82x_1 + 72x_2 + 67x_3 \leqslant 0.05y_1 + 320y_2 + 10.5y_3$$
$$81x_1 + 79x_2 + 80x_3 \leqslant 0.08y_1 + 340y_2 + 12.0y_3$$
$$81x_1 + 73x_2 + 69x_3 \leqslant 0.06y_1 + 460y_2 + 13.1y_3$$

4. 模型综述

确定 D 学校有效性的完整的线性规划模型如下:

$$\max z = 81x_1 + 73x_2 + 69x_3$$
$$\text{s.t. } 0.06y_1 + 460y_2 + 13.1y_3 = 1$$
$$86x_1 + 75x_2 + 71x_3 \leqslant 0.06y_1 + 260y_2 + 11.3y_3$$
$$82x_1 + 72x_2 + 67x_3 \leqslant 0.05y_1 + 320y_2 + 10.5y_3$$
$$81x_1 + 79x_2 + 80x_3 \leqslant 0.08y_1 + 340y_2 + 12.0y_3$$
$$81x_1 + 73x_2 + 69x_3 \leqslant 0.06y_1 + 460y_2 + 13.1y_3$$
$$x_i, y_i \geqslant 0, \quad i = 1, 2, 3$$

这个模型的目标是确定 D 学校是否有效运转。若目标函数的值等于 1,学校运转有效;若小于 1,运转效率低。如前所述,决策变量 x_i, y_i 的值对我们没有明显的意义,它们是把输入转换成输出的含蓄价格,但是为了简化模型,它们已经被调整为 1。模型的解选择 x_i, y_i 的值使学校的有效值最高,其最大值为 1,但是这些值除了这些没有更深的含义。

5. 运用 Excel 规划求解器求解

这个 DEA 案例里的 Excel 电子表格显示如图 9-1 所示,求解窗口显示如图 9-2 所示。决策变量位于单元格 B12:B14 和 D12:D14。目标函数值 Z,也就是 D 学校是否有效运转的标志,位于单元格 C16。这个值根据定义 D 学校输出值的公式=B8×B12+ C8×B13+

D8×B14 计算而得到，这个公式显示在单元格 H8，是对学校有效性的评价。

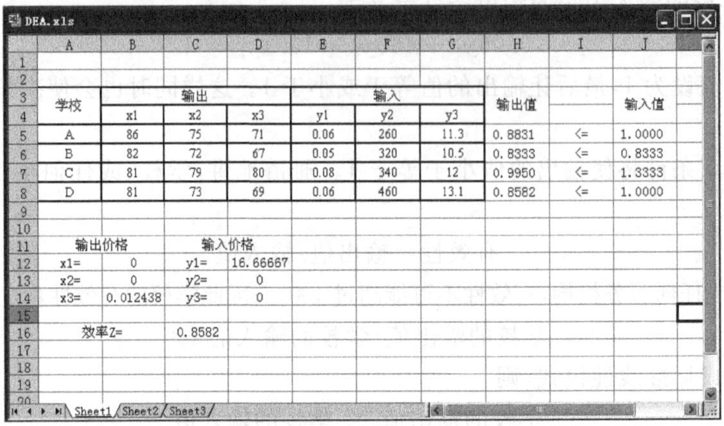

学校	输出			输入			输出值		输入值
	x1	x2	x3	y1	y2	y3			
A	86	75	71	0.06	260	11.3	0.8831	<=	1.0000
B	82	72	67	0.05	320	10.5	0.8333	<=	0.8333
C	81	79	80	0.08	340	12	0.9950	<=	1.3333
D	81	73	69	0.06	460	13.1	0.8582	<=	1.0000

输出价格		输入价格	
x1=	0	y1=	16.66667
x2=	0	y2=	0
x3=	0.012438	y3=	0
效率Z=		0.8582	

图 9-1 Excel 电子表格显示结果图

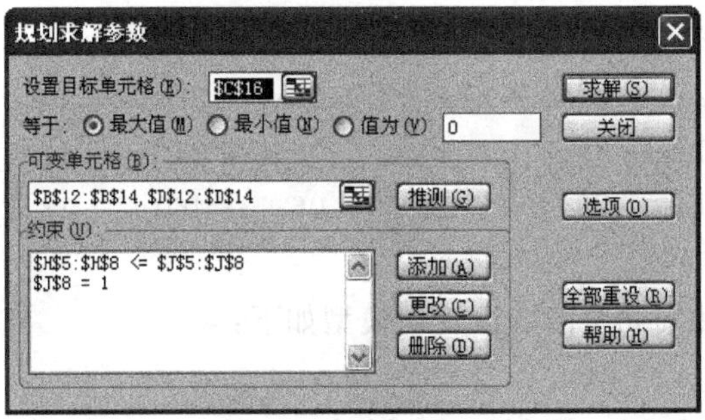

图 9-2 求解过程图

每个学校的输入和输出分别位于单元格 H5:H8 和 J5:J8。这些值用来定义求解窗口中定义的模型约束条件 H5:H8 和 J5:J8。比例约束条件显示为 J8=1，这被用来调整 D 学校的输入值公式=E8×D12+F8×D13+ G8×D14，这个公式位于单元格 J8。

6. 解的分析

与这个问题唯一相关的解值是目标函数的值：

Z=0.8582

因为这个值小于 1，D 学校与其他学校相比是效率差的，它在输入转为输出方面比其他学校的效率低。这表明其他学校只需要较少的资源就能达到与 D 学校相同的输出水平。回过头去看，发现学校的输入和输出之间是存在逻辑关系的。D 学校的输入与其他学校相比是最高的，它的输出测试分数是最低的。

评估其他三所学校的有效性的方法非常简单。例如，要确定 A 学校的有效性，把输出值放入求解窗口中目标函数的 H5 单元格,输入值的公式放入单元格 J5,在求解窗口中设置比例约束条件 J5＝1。其他两所学校的有效性可以用现实的方法评估。通过计算三所学校的目标函数值表明它们都是有效的。

【例 9-2】 某公司有 A、B、C 和 D 四个企业,为评价这几个企业的创新绩效,收集了反映其创新投入(研究开发经费和研究开发人员)和创新产出(专利、新产品产值)的有关数据,如表 9-2 所示。问:四家企业创新相对绩效如何?

表 9-2 数据表

	A	B	C	D
研究开发经费/万元	20	80	54	30
研究开发人员	4	7	8	6
专利/件	1	2	4	1
新产品产值/万元	500	1000	200	300

解:上述四家企业技术创新投入和创新产出项目相同,因此构成四个同类型决策单元。由于投入指标与产出指标都不止一个,因此必须对投入和产出的指标进行加权综合,这样每一个企业技术创新系统就可以看做只有一个总体输入和总体产出的系统,设 v_i 为第 i 个投入指标 x_i 的权重,u_r 为第 r 个产出指标 y_r 的权重,则第 j 个企业创新投入的综合值为 $\sum_{i=1}^{2} v_i x_{ij}$,产出的综合值 $\sum_{r=1}^{2} u_r y_{rj}$,其效率为

$$h_j = \frac{\sum_{j=1}^{2} u_r y_{rj}}{\sum_{i=1}^{2} v_i x_{ij}}$$

上述问题实际上是确定一组最佳的权变量 v_1, v_2 和 u_1, u_2,使第 j 个企业的创新绩效值 h_j 最大。这个最大的效率评价值是该企业相对于其他三家企业来说不可能有更高的相对效率评价值。

我们限定所有的 h_j 值($j=1,2,3,4$)不超过 1,即 $\max\{h_j\} \leqslant 1$。因此若第 k 个企业 $h_k=1$,则该企业创新系统是相对其他企业有效的;若 $h_k<1$,那么该企业相对于其他企业来说创新绩效还有待提高。根据上述分析,可以建立确定任一个企业,不妨设为第 j_0 个企业,其相对创新绩效的最优化模型如下:

$$\max H = h_j$$
$$\text{s.t.} \begin{cases} h_j \leqslant 1, & j=1,2,3,4 \\ u_r \geqslant 0, & r=1,2 \\ v_i \geqslant 0, & i=1,2 \end{cases}$$

其中

$$h_j = \frac{u_1 y_{1j} + u_2 y_{2j}}{v_1 x_{1j} + v_2 x_{2j}}, \quad j = 1, 2, 3, 4$$

9.2 数据包络分析 C^2R 模型的建立

设有 n 个决策单元,对于每个决策单元都有 m 种不同的输入和 s 种不同的输出。令 x_{ij} 表示第 j 个决策单元关于第 i 种投入的值,y_{kj} 表示第 j 个决策单元关于第 k 种产出的值。设输入和输出权重系数向量分别为 $v=(v_1,v_2,\cdots,v_m)$ 和 $u=(u_1,u_2,\cdots,u_s)$,则可以定义第 j 个决策单元的效率评价指数如下:

$$h_j = \frac{\sum_{k=1}^{s} u_k y_{kj}}{\sum_{i=1}^{m} v_i x_{ij}}, \quad j = 1, 2, \cdots, n$$

理论上,我们总是可以选取适当的权系数 v 和 u,使其满足 $h_j \leqslant 1$。

现在对第 j_0 个决策单元进行效率评价($j_0 = 1, 2, \cdots, n$)以权重 v 和 u 为变量,以第 j_0 个决策单元的效率指数为目标,以所有的决策单元的效率指标 $h_j \leqslant 1$ 为约束,构成如下的最优化模型:

$$(\overline{P}) \max h_{j_0} = \frac{\sum_{k=1}^{s} u_k y_{kj_0}}{\sum_{i=1}^{m} v_i x_{ij_0}}$$

$$\text{s.t.} \begin{cases} \dfrac{\sum_{k=1}^{s} u_k y_{kj}}{\sum_{i=1}^{m} v_i x_{ij}} \leqslant 1, \quad j = 1, 2, \cdots, n \\ v = (v_1, \cdots, v_m)' \geqslant 0 \\ u = (u_1, \cdots, u_s)' \geqslant 0 \end{cases}$$

不难看出,利用上述模型评价决策单元 j_0 是否有效,是相对于其他所有决策单元而言的。令

$$x_j = (x_{1j}, \cdots, x_{mj})', \quad y = (y_{1j}, \cdots, y_{sj})', \quad j = 1, 2, \cdots, n;$$
$$x_0 = (x_{1j_0}, \cdots, x_{mj_0})', \quad y_0 = (y_{1j_0}, \cdots, y_{sj_0})'$$

则规划模型 $\overline{P}$ 可以化为

$$\overline{P} \max v_P = \frac{u' y_0}{v' x_0}$$

第 9 章 数据包络分析模型建立及其 MATLAB 和电子表格求解

$$\text{s. t.} \begin{cases} \dfrac{u'y_j}{v'x_j} \leqslant 1, & j=1,2,\cdots,n \\ v \geqslant 0, \quad u \geqslant 0 \end{cases}$$

其中($\overline{P}$)是一个分式规划模型，使用 Charnes 和 Cooper 变换，可以转化为一个等价的线性规划模型。为此，令 $t=\dfrac{1}{v'x_0},\omega=tv,\mu=tu$，则有

$$\begin{cases} \mu'y_0 = \dfrac{u'y_0}{v'x_0} \\ \dfrac{u'y_j}{v'x_j} = \dfrac{\mu'y_j}{\omega'x_j} \leqslant 1, & j=1,2,\cdots,n \\ \omega'x_0 = 1 \\ \omega \geqslant 0, \mu \geqslant 0 \end{cases}$$

因此分式规划模型 $\overline{P}$ 变为

$$(P)\ \max v_P = \mu'y_0$$
$$\text{s. t.} \begin{cases} \omega'x_j - \mu'y_j \geqslant 0, & j=1,2,\cdots,n \\ \omega'x_0 = 1, \quad \omega \geqslant 0, \mu \geqslant 0 \end{cases}$$

定理 9-1 分式规划模型($\overline{P}$)和线性规划模型(P)在下述意义下等价：

(1) 若 v_0, u_0 为($\overline{P}$)的最优解，则

$\omega_0 = t_0 v_0, \mu_0 = t_0 u_0$ 为(P)的最优解，并且最优解相等，其中 $t_0 = \dfrac{1}{v_0'x_0}$。

(2) 若 ω_0, μ_0 为(P)的最优解，则 v_0, u_0 也为 $\overline{P}$ 的最优解，并且最优解相等。

定义 9-1 若线性规划模型(P)的最优解 ω_0, μ_0 满足 $v_P = \mu_0'y_0 = 1$，则称决策单元 j_0 为弱 DEA 有效。

定义 9-2 若线性规划模型(P)的最优解中存在 $\omega_0 > 0, \mu_0 > 0$ 满足 $v_P = \mu_0'y_0 = 1$，则称决策单元 j_0 为 DEA 有效。

由上面的定义知，若决策单元 j_0 为 DEA 有效，则必为弱 DEA 有效。

易知线性规划模型(P)的对偶线性规划模型为

$$(D)\ \min v_D = \theta$$
$$\text{s. t.} \begin{cases} \sum_{j=1}^{n} x_j \lambda_j + S^- = \theta x_0 \\ \sum_{j=1}^{n} y_j \lambda_j - S^- = y_0 \\ \lambda_j \geqslant 0, \quad j=1,2,\cdots,n \\ S^+ \geqslant 0, S^- \geqslant 0, \quad \theta \text{ 无约束} \end{cases}$$

定理 9-2 线性规划模型(P)及其对偶线性规划模型(D)都存在最优解且最优值

$$v_D = v_P \leqslant 1$$

定理 9-3 对于对偶线性规划模型(D)有

(1) 若(D)的最优值 $v_D=1$，则决策单元 j_0 为弱 DEA 有效；反之亦然。

(2) 若(D)的最优值 $v_D=1$，并且它的最优解 $\lambda^0, S^{0-}, S^{0+}, \theta^0$ 都有 $S^{0-}=0, S^{0+}=0$，则决策单元 j_0 为 DEA 有效；反之亦然。

线性规划模型(D)称为评价决策单元相对有效性的 C^2R 模型。

根据【例 9-2】的数据，可以列出评价各个企业创新绩效 C^2R 模型。

对于 A 企业，评价其相对创新绩效的 C^2R 模型为

$$(D_A) \min v_{D_A} = \theta$$

$$\text{s.t.} \begin{cases} 20\lambda_1 + 80\lambda_2 + 54\lambda_3 + 30\lambda_4 + S_1^- = 20\theta \\ 4\lambda_1 + 7\lambda_2 + 8\lambda_3 + 6\lambda_4 + S_2^- = 4\theta \\ \lambda_1 + 2\lambda_2 + 4\lambda_3 + \lambda_4 - S_3^+ = 1 \\ 500\lambda_1 + 1000\lambda_2 + 200\lambda_3 + 300\lambda_4 - S_4^+ = 500 \\ \lambda_j \geqslant 0, \quad j=1,2,3,4; S_1^-, S_2^-, S_3^+, S_4^+ \geqslant 0 \end{cases}$$

对于 B 企业，评价其相对创新绩效的 C^2R 模型为

$$(D_B) \min v_{D_B} = \theta$$

$$\text{s.t.} \begin{cases} 20\lambda_1 + 80\lambda_2 + 54\lambda_3 + 30\lambda_4 + S_1^- = 80\theta \\ 4\lambda_1 + 7\lambda_2 + 8\lambda_3 + 6\lambda_4 + S_2^- = 7\theta \\ \lambda_1 + 2\lambda_2 + 4\lambda_3 + \lambda_4 - S_3^+ = 2 \\ 500\lambda_1 + 1000\lambda_2 + 200\lambda_3 + 300\lambda_4 - S_4^+ = 1000 \\ \lambda_j \geqslant 0, \quad j=1,2,3,4; S_1^-, S_2^-, S_3^+, S_4^+ \geqslant 0 \end{cases}$$

对于 C 企业，评价其相对创新绩效的 C^2R 模型为

$$(D_C) \min v_{D_C} = \theta$$

$$\text{s.t.} \begin{cases} 20\lambda_1 + 80\lambda_2 + 54\lambda_3 + 30\lambda_4 + S_1^- = 54\theta \\ 4\lambda_1 + 7\lambda_2 + 8\lambda_3 + 6\lambda_4 + S_2^- = 8\theta \\ \lambda_1 + 2\lambda_2 + 4\lambda_3 + \lambda_4 - S_3^+ = 4 \\ 500\lambda_1 + 1000\lambda_2 + 200\lambda_3 + 300\lambda_4 - S_4^+ = 200 \\ \lambda_j \geqslant 0, \quad j=1,2,3,4; S_1^-, S_2^-, S_3^+, S_4^+ \geqslant 0 \end{cases}$$

对于 D 企业，评价其相对创新绩效的 C^2R 模型为

$$(D_D) \min v_{D_D} = \theta$$

$$\text{s.t.} \begin{cases} 20\lambda_1 + 80\lambda_2 + 54\lambda_3 + 30\lambda_4 + S_1^- = 30\theta \\ 4\lambda_1 + 7\lambda_2 + 8\lambda_3 + 6\lambda_4 + S_2^- = 6\theta \\ \lambda_1 + 2\lambda_2 + 4\lambda_3 + \lambda_4 - S_3^+ = 1 \\ 500\lambda_1 + 1000\lambda_2 + 200\lambda_3 + 300\lambda_4 - S_4^+ = 300 \\ \lambda_j \geqslant 0, \quad j=1,2,3,4; S_1^-, S_2^-, S_3^+, S_4^+ \geqslant 0 \end{cases}$$

求解上述 4 个线性规划模型(D_A),(D_B),(D_C),(D_D),即可得到各个企业技术创新的相对绩效。

9.3 含非阿基米德无穷小 ε 的 C^2R 模型和 C^2GS^2 模型

根据定理 9-3,如果使用规划模型(D)

$$(D) \quad \min v_D = \theta$$

$$\text{s. t.} \begin{cases} \sum_{j=1}^{n} x_j \lambda_j + S^- = \theta x_0 \\ \sum_{j=1}^{n} y_j \lambda_j - S^- = y_0 \\ \lambda_j \geqslant 0, \quad j=1,2,\cdots,n \\ S^+ \geqslant 0, \quad S^- \geqslant 0, \quad \theta \text{ 无约束} \end{cases}$$

评价决策单元的相对有效性,则需要检查它的所有解 $\lambda^0, S^{0-}, S^{0+}, \theta^0$ 是否都满足

$$\theta^0 = v_D = 1, \quad S^{0-} = 0, \quad S^{0+} = 0$$

为简化判断,可以使用具有非阿基米德无穷小 ε 的 C^2R 模型。评价第 j_0 个决策单元相对有效性的具有非阿基米德无穷小 ε 的 C^2R 模型如下:

$$(D) \quad \min [\theta - \varepsilon(e^t S^- + e^t S^+)]$$

$$\text{s. t.} \begin{cases} \sum_{j=1}^{n} x_j \lambda_j + S^- = \theta x_0 \\ \sum_{j=1}^{n} y_j \lambda_j - S^- = y_0 \\ \lambda_j \geqslant 0, \quad j=1,2,\cdots,n \\ S^+ \geqslant 0, \quad S^- \geqslant 0 \end{cases}$$

定理 9-4 设 ε 非阿基米德无穷小,上述 C^2R 模型的最优解为 $\lambda^*, S^{*-}, S^{*+}, \theta^*$。
(1) 若 $\theta^* = 1$,则决策单元 j_0 为弱 DEA 有效。
(2) 若 $\theta^* = 1$,且 $S^{*-} = 0, S^{*+} = 0$,则决策单元 j_0 为 DEA 有效。

C^2R 模型对决策单元的规模有效和技术有效同时进行评价,即 C^2R 模型中的 DEA 有效决策单元既是规模适当又是技术水平高。如果只对决策单元的技术有效性进行评价,则可以选用 C^2GS^2 模型。

评价第 j_0 个决策单元相对有效性的具有非阿基米德无穷小 ε 的 C^2GS^2 模型如下:

$$(D) \quad \min [\delta - \varepsilon(e^t S^- + e^t S^+)]$$

$$\text{s.t.} \begin{cases} \sum_{j=1}^{n} x_j \lambda_j + S^- = \delta x_0 \\ \sum_{j=1}^{n} y_j \lambda_j - S^- = y_0 \\ \sum_{j=1}^{n} \lambda_j = 1 \\ \lambda_j \geqslant 0, \quad j=1,2,\cdots,n \\ S^+ \geqslant 0, \quad S^- \geqslant 0 \end{cases}$$

定理 9-5 设 ε 非阿基米德无穷小,上述 C^2GS^2 模型的最优解为 S^{*-}, S^{*+}, δ^*。

(1) 若 $\delta^* = 1$,则决策单元 j_0 为弱 DEA 有效。

(2) 若 $\delta^* = 1$,且 $S^{*-} = 0, S^{*+} = 0$,则决策单元 j_0 为 DEA 有效。

C^2GS^2 模型只对决策单元技术有效进行评价,即 C^2GS^2 模型中的 DEA 有效决策单元是技术水平高的。

9.4 含非阿基米德无穷小 ε 的 C^2R 模型和 C^2GS^2 模型的 MATLAB 求解

由于 DEA 的问题求解都可以化为线性规划问题,因此可以使用 MATLAB 软件中提供的线性规划函数 linprog 进行处理,在处理过程中令非阿基米德无穷小 ε 为 0.000 001 即可。当我们评价多个决策单元时,需要计算多次线性规划和进行多次数据录入。为了提高效率,我们开发了一个求解 DEA 问题的程序。该软件可以求解 C^2R 模型和 C^2GS^2 模型,并将计算结果存入到 ASCII 文件 dgejg 中,我们编制 MATLAB 程序代码如下:

```
%计算非阿基米德无穷小ε的DEA模型的MATLAB程序
%s为松弛和冗余变量
s=zeros(nx+ny,nx+ny);
%'处理冗余和松弛变量
for i=1:nx
    s(i,i)=1;
end
for i=nx+1:ny+nx
    s(i,i)=-1;
end
%lamda,theta,s的下限
l=zeros(m+nx+ny+1,1);
%f为DEA模型对应线性规划的目标函数向量,非阿基米德无穷小ε=0.000001
```

```
f=zeros(m+nx+ny+1,1);
for i=1:m+nx+ny
    f(i,1)=-0.000001;
end
f(m+nx+ny+1,1)=1;
%result 为 DEA 模型 C2R 输出结果矩阵
result=zeros(m,1);
%result1 为 DEA 模型 C2GS2 输出结果矩阵只存放 theta 值
result1=zeros(m,1);
for dmui=1:m
    %dmux 为所计算决策单元相对有效性变量 theta 对应得系数 x0
    dmux1=dmu(1:nx,dmui:dmui);
    dmux=[dmux1;zeros(ny,1)];
    %dmuy 为所计算决策单元相对有效性的约束 y0
    dmuy1=dmu(nx+1:ny+nx,dmui:dmui);
    dmuy=[zeros(nx,1);dmuy1];
    %a 为 DEA 模型 C2R 对应线性规划的系数矩阵；
    a=[dmu s-dmux];
    %a1 为 DEA 模型 C2GS2 对应线性规划的系数矩阵
    temp1=zeros(1,m);
    for i=1:m
      temp1(1,i)=1;
    end
    temp2=zeros(1,nx+ny+1);
    temp=[temp1 temp2];
    a1=[a;temp];
    %b 为 DEA 模型 C2R 对应线性规划的约束矩阵；
    b=dmuy;
    %b1 为 DEA 模型 C2GS2 对应线性规划的约束矩阵
    b1=[b;[1]];
    %求解线性规划模型 C2R
    [x,fval]=linprog(f,[],[],a,b,l,[]);
    %将 lamda s theta 存入 result
    for i=1:m+nx+ny+1
        result(dmui)=fval;
    end
    %求解线性规划模型 C2GS2
    [x,fval]=linprog(f,[],[],a1,b1,l,[]);
    %将 lamda s theta 存入 result1 中
    result1(dmui)=fval;
end
```

```
table=[result1(1:m,1:1) result(1:m,1:1)];
%将模型 C2GS2 结果 theta,模型 C2R 结果 theta,模型的影子价格,lemata 之和以及输入亏空先
赋值 0
save deajg table-ascii
```

下面以【例 9-2】为例,说明上述程序的使用方法。

首先建立名为"例 9-2"的 Excel 文件,并在其中建立 4 个工作表 dmu、m、nx、ny 分别存储各决策单元数据(将表 9-2 中 4 行 4 列数据录入)、决策单元数量、输入变量数、输出变量数。

然后再 MATLAB 中调入上述数据,并将 MATLAB 当前路径修改 DEA 计算程序"dea.m"所在目录,在 MATLAB 中输入 DEA 计算程序名字,回车后则将所计算的结果存放到当前目录下文件名为 deajg 的 ASCII 码文件中。采用下述步骤可以打开结果文件:

(1) 运行 Excel 软件;
(2) 选中文件菜单中"打开"命令,出现如图 9-3 所示对话框。

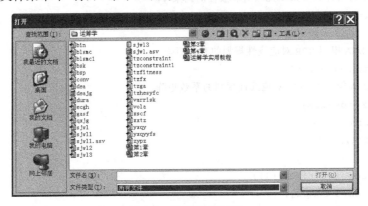

图 9-3 "打开"对话框

在"查找范围"中选择文件所在目录,打开 deajg 文件,出现如图 9-4 所示对话框。

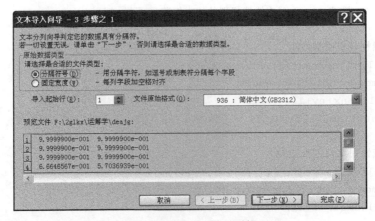

图 9-4 "文本导入向导"对话框(一)

第 9 章　数据包络分析模型建立及其 MATLAB 和电子表格求解

单击"下一步"按钮,出现如图 9-5 所示对话框。

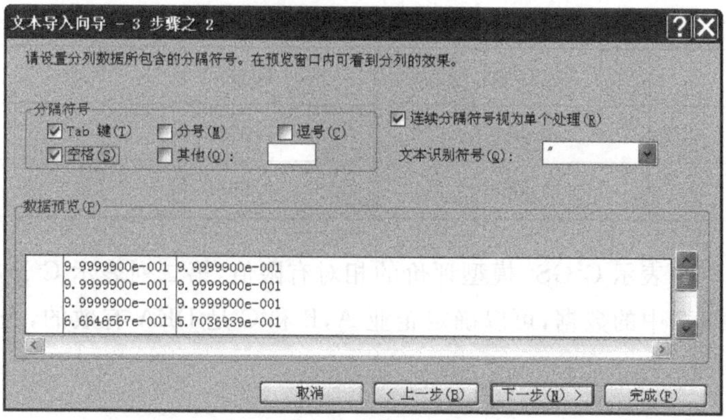

图 9-5　"文本导入向导"对话框(二)

再单击"下一步"按钮,出现如图 9-6 所示对话框。

图 9-6　"文本导入向导"对话框(三)

单击"完成"按钮,数据导入到 Excel 文件,如图 9-7 所示。

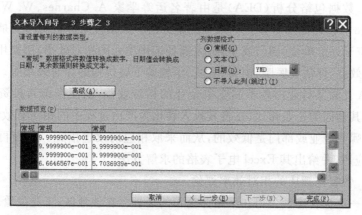

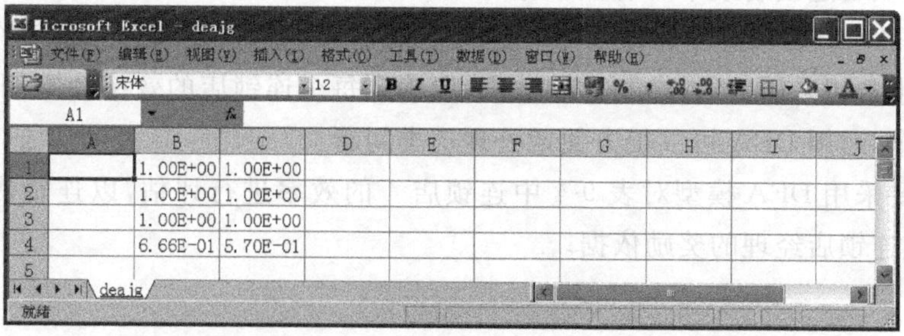

图 9-7　数据处理后的结果

将数据所在单元格属性改为数值型,小数位占 4 位,这些数据如表 9-3 所示。

表 9-3 数据结果

C^2GS^2	C^2R	C^2GS^2	C^2R
1.0000	1.0000	1.0000	1.0000
1.0000	1.0000	0.6665	0.5704

表 9-3 中第一列表示 C^2GS^2 模型评价的相对有限值,第二列表示 C^2R 模型评价的相对效率值。根据表 9-2 中的数据,可以确定企业 A,B 和 C 是 DEA 有效的,企业 D 是 DEA 无效的。

9.5 数据包络分析的建模与 Excel 电子表格求解

我们知道,数据包络分析(DEA)是由著名运筹学家 A. Charnes、W. W. Cooper 和 E. Rhodes 于 1978 年提出的一种多目标规划决策方法。数据包络分析实际上是线性规划模型的应用,它可应于评价单位(部门或企业)内部各运作单元的相对效率,例如用于比较公司下属各连锁店的效益,评估各医院、银行、法院、学校等下属机构的相对效率等。投资分析者也可以运用 DEA 比较某行业内各不同竞争企业的相对效益,以便作出其投资决策。它能分析一个企业与其他同类企业相比、在将其投入转化为产出过程中的相对有效性。运用 DEA 方法可以确定哪些企业或部门是低效的,从而采取相应的改进措施。下面再用一个例子来说明 DEA 的应用,并给出其 Excel 电子表格的求解方法。

【例 9-3】 快餐连锁店的相对效率评价。

王先生是一家快餐连锁公司在某地分公司的经理。在该地区,王先生管理着 10 个下属的快餐连锁店。王先生正在对这 10 家快餐连锁店去年的业绩进行评估,并依据或部分依据各连锁店的相对效率,提出关于这 10 家快餐连锁店经理年终奖的分配方案。王先生收集了反映该 10 家快餐连锁店效率的有关数据,如表 9-4 所示。其中,连锁店的输出包括三个项目:净利润,平均顾客满意度和增长率。连锁店的输入包括两个项目:总工作时间和生产成本。王先生希望采用 DEA 分析这些数据,以确定每个连锁店的效率。本例中的输入、输出目标有多个,运用 DEA 可以很方便地处理这类问题。

王先生要采用 DEA 模型对表 9-4 中连锁店 4 的效率进行评估,以连锁店 4 去年的业绩,作为对该连锁店经理的奖励依据。

第9章 数据包络分析模型建立及其 MATLAB 和电子表格求解

表 9-4 10 家快餐连锁店的输入与输出数据

连锁店序号	顾客满意度	净利润/百万元	增长率/%	工作时间/万 h	生产成本/千万元
1	93	10	7.9	13	6.75
2	90	14	8.4	20	9.07
3	95	12	7.6	22	8.69
4	92	10	8.0	16	6.31
5	93	6	8.5	16	7.34
6	91	4	10.0	9	4.43
7	85	10	9.0	24	7.28
8	90	6	9.2	17	3.23
9	96	15	6.7	15	7.42
10	89	10	8.7	21	6.35

1. 基本思路

解：首先，构造一个基于 10 个连锁店的输入与输出数据的、虚拟的合成连锁店，该合成连锁店的三项输出指标（净利润、满意度和增长率）等于 10 个连锁店相应输出指标的加权平均值；而该合成连锁店的输入指标（工作时间和生产成本）则等于 10 个连锁店相应输入指标的加权平均值。其中，当计算 10 个连锁店的输入的加权平均值时，各连锁店所取的权重与计算输出的加权平均值时所取的权重必须相同。然后，建立一个线性规划模型，该规划的约束条件是该虚拟合成连锁店的各项输出均必须大于或等于连锁店 4（即要求评价其相对效率的连锁店）的输出。这时，如果可以证明该合成连锁店的输入小于连锁店 4 的输入，那就表明合成连锁店与连锁店 4 相比，在较少的输入下，可以获得相同的或更多的输出。在这种情况下，合成连锁店比连锁店 4 的效率更高，换句话说，连锁店 4 比合成连锁店的效率低。由于合成连锁店的输入与输出是基于所有 10 个连锁店的数据的加权平均之上的，它反映所有 10 个连锁店的总体状况，所以在这种情况下，连锁店 4 与其他连锁店相比，相对效率较低。

本例的 DEA 模型及其电子表格解法如下。

2. DEA 模型

在计算虚拟合成连锁店的输入与输出时，首先要确定每个连锁店的权重。设第 i 个连锁店的权重为 w_i，其中 $i=1,2,\cdots,10$。DEA 模型要求这些权重之和等于 1。由此得到模型的第一个约束条件：

$$w_1 + w_2 + w_3 + \cdots + w_{10} = 1 \tag{9-1}$$

虚拟合成连锁店的输出等于所有 10 个连锁店的相应输出的加权平均值。例如，合成连锁店的输出指标"满意度"用下式计算：

合成连锁店的满意度 =（连锁店 1 的满意度）$\times w_1$ +（连锁店 2 的满意度）$\times w_2$
+（连锁店 3 的满意度）$\times w_3$ + ⋯ +（连锁店 10 的满意度）$\times w_{10}$

将各连锁店的满意度代入上式，得

合成连锁店的满意度
$= 93w_1 + 90w_2 + 95w_3 + 92w_4 + 93w_5 + 91w_6 + 85w_7 + 90w_8 + 96w_9 + 89w_{10}$

同理可得合成连锁店的其他输出指标。

对应于每一个输出指标，均有一个约束条件，那就是：合成连锁店的各个输出指标必须大于或等于连锁店 4 的相应输出指标。已知连锁店 4 的满意度是 92，所以对应于满意度指标的约束条件是：

$$93w_1 + 90w_2 + 95w_3 + 92w_4 + 93w_5 + 91w_6 + 85w_7 + 90w_8 + 96w_9 + 89w_{10} \geqslant 92$$

(9-2)

同理可得其他两个输出指标对应的约束条件。在这些关于输出的约束条件中，权重 w_i 是通过求解具有这些约束条件的线性规划模型得出的。因此，如果能够找到满足这些约束条件的解，那就说明合成连锁店的输出不小于连锁店 4 的输出。

然后考虑合成连锁店的输入，并写出合成连锁店各输入指标对应的约束条件。例如，合成连锁店的输入指标"工作时间"用下式计算：

合成连锁店的工作时间
=（连锁店 1 的工作时间）$\times w_1$ +（连锁店 2 的工作时间）$\times w_2$
+（连锁店 3 的工作时间）$\times w_3$ + ⋯
+（连锁店 10 的工作时间）$\times w_{10}$

同理可得合成连锁店的生产成本指标。每个输入指标对应于一个约束条件，这些约束条件的左边分别是合成连锁店的各个输入指标，右边则是合成连锁店的资源可提供量。在 DEA 模型中，设合成连锁店的可用资源（即约束条件右边）等于连锁店 4 的相应可用资源输入量乘以某个百分比 E。这里 E 是一个决策变量，它表示可提供给合成连锁店的输入资源与连锁店 4 的输入资源的比率。

在 DEA 模型中，如果合成单元能够以低于待评价单元的输入，获得不低于待评价单元的输出，则可以断定该待评价单元是相对低效率的。本例中，已知连锁店 4 的生产成本是 6.31，而（6.31E）表示合成连锁店的生产成本提供量。当 $E = 1$ 时，合成连锁店的生产成本提供量为 6.31，这说明合成连锁店与连锁店 4 具有相同的生产成本提供量；当 $E > 1$ 时，合成连锁店比连锁店 4 具有更多的生产成本资源提供量；当 $E < 1$ 时，合成连锁店比连锁店 4 具有较少的可用生产成本。可见，E 可以直接影响合成连锁店的输入资源提供量，所以 E 又称为效率指数。

DEA 模型的目标函数是使得 E 的值最小化，也就是使得合成连锁店的输入资源最小化。这里的 E 既是决策变量又是目标函数。如果求解结果为 $E = 1$ 或 $E > 1$（实际上 $E > 1$

第 9 章 数据包络分析模型建立及其 MATLAB 和电子表格求解

在理论上是不可能的),则表明合成连锁店需要与连锁店 4 相同或更多的输入资源,以获得不低于连锁店 4 的输出,这时无法断定连锁店 4 是相对低效的;如果 $E<1$,则表明合成连锁店可用比连锁店 4 低的输入资源,却得到不低于连锁店 4 的输出,这时合成连锁店具有更高的效率,这是可以断定连锁店 4 是相对低效的。

$$\min E$$
$$\text{s.t. } w_1 + w_2 + w_3 + \cdots + w_{10} = 1$$
$$93w_1 + 90w_2 + 95w_3 + 92w_4 + 93w_5 + 91w_6 + 85w_7 + 90w_8 + 96w_9 + 89w_{10} \geqslant 92$$
$$10w_1 + 14w_2 + 12w_3 + 10w_4 + 6w_5 + 4w_6 + 10w_7 + 6w_8 + 15w_9 + 10w_{10} \geqslant 10$$
$$7.9w_1 + 8.4w_2 + 7.6w_3 + 8w_4 + 8.5w_5 + 10w_6 + 9w_7 + 9.2w_8 + 6.7w_9 + 8.7w_{10} \geqslant 8$$
$$13w_1 + 20w_2 + 22w_3 + 16w_4 + 16w_5 + 9w_6 + 24w_7 + 17w_8 + 15w_9 + 21w_{10} \leqslant 16E$$
$$6.75w_1 + 9.07w_2 + 8.69w_3 + 6.31w_4 + 6.34w_5$$
$$+ 4.43w_6 + 7.28w_7 + 3.23w_8 + 7.42w_9 + 6.35w_{10} \leqslant 6.31E$$

3. 运用电子表格建立与求解 DEA 模型

下面以上例为背景,说明采用电子表格建立与求解 DEA 模型的方法与步骤。例子中 DEA 模型的 Excel 电子表格如表 9-5 所示。

表 9-5 快餐连锁店 DEA 模型 Excel 电子表格

	A	B	C	D	E	F	G	H	I	J	K	L
1	【例 9-3】 快餐连锁店 4 的效率											
2						连锁店						
3	输出指标	1	2	3	4	5	6	7	8	9	10	
4	满意度	93	90	95	92	93	91	85	90	96	89	
5	净利润	10	14	12	10	6	4	10	6	15	10	
6	增长率	7.9	8.4	7.6	8	8.5	10	9	9.2	6.7	8.7	
7												
8	输入指标											
9	工作时间	13	20	22	16	16	9	24	17	15	21	
10	生产成本	6.75	9.07	8.69	6.31	6.34	4.43	7.28	3.23	7.42	6.35	
11												
12												
13	模型											
14												
15												

续表

	A	B	C	D	E	F	G	H	I	J	K	L
16							权重					效率
17		w_1	w_2	w_3	w_4	w_5	w_6	w_7	w_8	w_9	w_{10}	E
18	最优解	0	0	0	0	0	0.231	0	0.2730	0.496	0	0.885
19												
20	约束条件		左边		右边			Min E	0.885			
21	权重之和＝1		1	=	1							
22	满意度		94.206	≥	92							
23	净利润		10.00	≥	10							
24	增长率		8.145	≥	8							
25	工作时间		14.160	≤	14.160							
26	生产成本		5.585	≤	5.584							

其基本步骤如下。

(1) 输入已知数据

首先输入已知数据。在单元格 B4:K6 中输入 10 个连锁店的输出数据,在单元格 B9:K10 中输入 10 个连锁店的输入数据,如表 9-5 所示。

(2) 决策变量

本题的决策变量是各连锁店的权重和连锁店 4 的效率指数 E。用单元格 B18:L18 分别表示 10 个连锁店的权重和连锁店 4 的效率指数。

(3) 目标函数

本题的目标函数是使得连锁店 4 的效率指数 E 最小化。用单元格 I20 表示目标函数 E,它也就是单元格 L18 中的决策变量 E。在单元格 I20 中输入:

=L18

(4) 约束条件

如前所述,所有 10 个连锁店的权重之和应等于 1,同时每一个输出与输入指标都有一个对应的约束条件。所以本题共有 6 个约束条件。第一个约束条件是 10 个连锁店的权重之和等于 1。用单元格 C21 表示该约束条件的左边,并输入下式:

=sum(B18:K18)

得到 10 个连锁店的权重之和。用单元格 E21 表示第一个约束条件右边,并输入数字 1。该约束条件的左边应等于右边。

第 9 章 数据包络分析模型建立及其 MATLAB 和电子表格求解

第二个约束条件是输出指标"满意度"对应的约束条件。用单元格 C22 表示第二个约束条件的左边,并输入下式:

=sumproduct(B4:K4,$B$18:$K$18)

得到合成连锁店的满意度。将上述公式复制到单元格 C23:C24,分别得到第三和第四个约束条件的左边,它们分别表示合成连锁店的净利润和增长率的输出指标。用单元格 E22 表示第二个约束条件的右边,并输入下式:

=E4

得到连锁店 4 的满意度。合成连锁店的满意度应不小于连锁店 4 的满意度。将上述公式复制到单元格 E23:E24,分别得到第三和第四个约束条件的右边,它们分别表示连锁店 4 的净利润和增长率。合成连锁店的净利润和增长率应不小于连锁店 4 的相应指标。

第五个约束条件是输入指标"工作时间"对应的约束条件。用单元格 C25 表示第五个约束条件的左边,并输入下式:

=sumproduct(B9:K9,$B$18:$K$18)

得到合成连锁店的工作时间。将上述公式复制到单元格 C26,得到第六个约束条件的左边的合成连锁店的生产成本。用单元格 E25 表示第五个约束条件的右边,并输入下式:

=E9*$L$18

得到连锁店 4 的工作时间与效率指数 E 的乘积。它表示可提供给合成连锁店的工作时间资源。合成连锁店的工作时间应不超过其工作时间可提供量。将上述公式复制到单元格 E26,得到第六个约束条件的右边,它表示允许合成连锁店的生产成本,合成连锁店的生产成本应不超过生产成本的允许量。

模型的公式如表 9-6 所示。

表 9-6 快餐连锁店 DEA 模型的公式

	A	B	C	D	E	F	G	H	I	J	K	L
1	【例 9-3】		快餐连锁店 4 的效率									
2							连锁店					
3	输出指标	1	2	3	4	5	6	7	8	9	10	
4	满意度	93	90	95	92	93	91	85	90	96	89	
5	净利润	10	14	12	10	6	4	10	6	15	10	
6	增长率	7.9	8.4	7.6	8	8.5	10	9	9.2	6.7	8.7	
7												

续表

	A	B	C	D	E	F	G	H	I	J	K	L
8	输入指标											
9	工作时间	13	20	22	16	16	9	24	17	15	21	
10	生产成本	6.75	9.07	8.69	6.31	6.34	4.43	7.28	3.23	7.42	6.35	
11												
12												
13	模型											
14												
15												
16							权重					效率
17		w_1	w_2	w_3	w_4	w_5	w_6	w_7	w_8	w_9	w_{10}	E
18	最优解	0	0	0	0	0	0.231	0	0.273	0.496	0	0.885
19												
20	约束条件		左边		右边		Min E = L18					
21	权重之和=1		=sum(b18:k18)		=		1					
22	满意度		=sumproduct(B4:K4, \$B\$18:\$K\$18)		⩾		E4					
23	净利润		=sumproduct(B5:K5, \$B\$18:\$K\$18)		⩾		E5					
24	增长率		=sumproduct(B6:K6, \$B\$18:\$K\$18)		⩾		E6					
25	工作时间		=sumproduct(B9:K9, \$B\$18:\$K\$18)		⩽		E9 * \$L\$18					
26	生产成本		=sumproduct(B10:K10, \$B\$18:\$K\$18)		⩽		E10 * \$L\$18					

(5) 运用电子表格求解

运用 Excel 的规划求解功能,可以求出本问题的解。在"规划求解参数"对话框内输入目标函数、决策变量和约束条件,如图 9-8 所示,单击"选项"按钮,选择"采用线性模型"和"假定非负",单击"求解",即在电子表格上得到规划的解。

从表 9-7 可见,最优解为

$w_1 = w_2 = w_3 = w_4 = w_5 = w_7 = w_{10} = 0$, $w_6 = 0.231$, $w_8 = 0.273$, $w_9 = 0.496$, $E = 0.885$

这时目标函数 $E=0.885$。

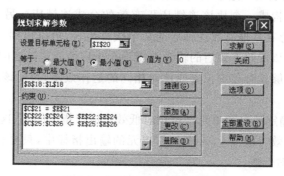

图 9-8 "规划求解参数"对话框

(6) 求解结果分析

从本题的最优解可知,目标函数 $E=0.885$,即连锁店 4 的效率指数得分为 0.885。这说明合成连锁店只要能够得到相当于连锁店 4 输入资源的 88.5% 作为其输入资源,就可以获得不小于连锁店 4 的输出,因此,通过 DEA 分析得到的结论是:合成连锁店比连锁店 4 具有更高的效率,而连锁店 4 则是相对低效的。

从本题的最优解还可以知道,合成连锁店是由权重为 23.1% 的连锁店 6,27.3% 的连锁店 8 和 49.6% 的连锁店 9 加权平均所构成的。即合成连锁店的输入和输出分别是由权重为 23.1% 的连锁店 6,27.3% 的连锁店 8 和 49.6% 的连锁店 9 的输入和输出加权平均所得出的。通过对约束条件的分析,还可以得到关于连锁店 4 和其他连锁店的效率比较方面的信息。合成连锁店至少可以获得与连锁店 4 相同的输出,事实上,合成连锁店能够以小于连锁店 4 的输入资源,获得比连锁店 4 大 1.206 的满意度,以及比连锁店 4 高 0.146 的增长率(比较 C22:C24 和单元格 E22:E24 可得)。从表 9-7 中的工作时间约束可见,合成连锁店使用的工作时间仅相当于连锁店 4 的工作时间的 88.5% 左右(比较单元格 C25 和 E9 可得)。显然合成连锁店比连锁店 4 具有更高的效率。可以确定,连锁店 4 与其他连锁店相比,是相对低效的。根据 DEA 分析得到的结果,管理者应进一步考察和改善连锁店的运作情况,以确定采取哪些措施可以使得连锁店 4 更有效地使用资源,并获得更多的产出。

采用同样的方法可分别对其他连锁店进行 DEA 分析。通过这些分析,最终得到如表 9-7 所示的结论。

表 9-7 连锁店 DEA 分析的结论

连锁店	1	2	3	4	5	6	7	8	9	10
$E=$	0.944	1	1	0.885	0.76	1	0.967	1	1	0.945

由表 9-7 可见,连锁店 2、3、6、8、9 的效率指数为 100%,因此根据 DEA 分析结果,它们是有效率的,而其他连锁店均为相对低效的。值得注意的是,这里得到的某连锁店的效率指

数为100%,并不一定表明该连锁店的运作已经处于最佳状态了。它只表明其他连锁店的各种线性组合均不能构成一个比该连锁店更有效的合成连锁店。另一方面,对于DEA低效的连锁店而言,则存在其他有效连锁店的某个线性组合,可以得到一个合成连锁店,该合成连锁店能够以小于该低效连锁店的输入获得不小于该低效连锁店的输出。DEA认为,一个待评价单元应该能够具有与虚拟合成单元相同的运作效率,否则该待评价决策单元就是DEA低效的。

DEA的目的是确定某决策单元是否相对低效。应当指出的是,这种方法不能判断一个运作单元是否绝对有效。事实上,一个运作单元的输出指标中,只要有一个最大输出,就不能被DEA判断为相对低效。

习 题

1. 在Excel环境中,对例题中的数据包络分析模型进行计算。

2. 考虑一个城镇有4所学校,它们分别是:A、B、C、D。县政府实施了一系列教学标准测试(SOL),包括阅读、数学和历史,要求所有学校对五年级的所有小孩以此标准化管理。测试的平均分会作为衡量学校业绩的输出。学校委员会确定了3个主要的资源或输入,它们会影响学校的SOL分数,这些要素是教师对学生的比例、每位学生的补充基金(在正常预算之上由私人提供的部分)以及家长的平均教育水平(其中,12——高中水平,16——大学水平等)。这些输入和输出总结如下:

输入1=教师对学生的比例　　输出1=平均阅读SOL分数
输入2=每位学生的补充基金　　输出2=平均数学SOL分数
输入3=家长的平均教育水平　　输出3=平均历史SOL分数

每个学校的实际输入和输出实际值如表9-8所示。

表9-8 已知数据

学校	输入			输出		
	1	2	3	1	2	3
A	0.06	260	11.3	86	75	71
B	0.05	320	10.5	82	72	67
C	0.08	340	12.0	81	79	80
D	0.06	460	13.1	81	73	69

学校委员会想找出此镇中的哪些学校在把输入转化成输出方面的效率低。请把A学校和其他学校进行比较分析。

第 10 章 模拟决策模型及其 Excel 电子表格模拟计算

10.1 模拟及随机数的产生

模拟是对真实系统的模仿。当某些复杂系统难以直接研究时,就可用模拟的方法。例如对于船只在不同风浪下的性能的实验,若直接研究,就会造成很大的经济损失,人们可以用船模在实验室的模拟风浪中进行实验,通过考察船模在模拟风浪下的性能来研究真实船舶在不同风浪下的性能,节约了费用和时间,有效地避免了经济损失。

用计算机进行模拟,可以大大缩短研究周期、节约经费。例如对不同数量的服务台在不同顾客达到密度情况下的服务水平的研究,如果直接研究,需要大量的时间观察与分析,而采用计算机模拟,可以大大节省试验的时间与费用。

随机数在模拟中有着重要作用。下面讨论如何用电子表格中的命令产生各种随机数。

在 Excel 的单元格中输入下述公式:

=rand()

便可得到在区间[0,1)中均匀分布的随机数。

在 Excel 的单元格中输入下述公式:

=a+(b-a)rand()

便可得到在区间[a,b)中均匀分布的随机数。

在 Excel 的单元格中输入下述公式:

=NORMINV(RAND(),μ,σ)

便可得到均值为 μ、标准方差为 σ 的正态分布的随机数。

在 Excel 的单元格中输入下述公式:

=VLOOP(RAND(),$A$10:$C$14,3)

便可产生按历史统计规律分布的随机数。

上式中 $A$10:$C$14 是随机数抽样表的区间,"3"表示该表中的第 3 列是随机输入变量(即不可控变量)。

一般公式为：

=VLOOP(RAND(),表左上角地址:表右下角地址,输入变量所在列数)

10.2 库存系统模拟

用模拟方法可以对库存系统进行模拟，以得到合理的库存策略，如订购点、订货批量、库存水平等。【例 10-1】对某企业主要原材料在不同订货批量下的总成本进行了模拟，分析了最佳库存水平政策。

【例 10-1】 某厂的库存问题。

某厂要确定生产所需要的一种主要原材料的库存水平。根据该厂有关部门核算，该原材料占有成本与储存费用为每件每周 10 元，订货成本为每批 25 元，缺货成本为每件 30 元。该厂的订货时间是一周的最后一个工作日，到货时间是下一周的第一个工作日，当前的库存控制政策是：对该原材料的再订购点为 21 件(即库存低于 21 件时进行订货)，订购量的确定原则是保持库存水平为 25 件。例如当周末库存为 20 件时，则需订货 5 件，以保证下周的期初库存量为 25 件；当周末库存不低于 21 时则不订货。该厂发现，根据当前的订货政策，原材料占有成本与库存储存费用较高，所以希望通过调整订货政策降低成本。根据以往资料分析，该厂每周对该原材料的需求量是不确定的，其统计数如表 10-1 所示。

表 10-1 统计数据表

需求量/件	次数	概率	累积概率	随机数区间
18	2	0.02	0.02	[0.00,0.02)
19	8	0.08	0.10	[0.02,0.10)
20	22	0.22	0.32	[0.10,0.32)
21	34	0.34	0.66	[0.32,0.66)
22	18	0.18	0.84	[0.66,0.84)
23	9	0.09	0.93	[0.84,0.93)
24	7	0.07	1.00	[0.93,1.00]

解： 本题通过运用电子表格对该库存系统进行模拟，得到在当前库存水平政策和其他不同库存政策下的总成本，从而对当前的订货政策的合理性进行诊断，并且得出合理的库存水平。该模拟模型的电子表格如表 10-2 所示。

第10章 模拟决策模型及其 Excel 电子表格模拟计算

表 10-2 库存问题模拟模型

	A	B	C	D	E	F	G	H	I	J
1	金山机械厂的库存问题									
2										
3	原料库存费用及占有资金成本/(元/(件·周))			10						
4	订货成本/(元/批)			25						
5	缺货成本/(元/件)			30						
6										
7	再订购点/件			21						
8	库存水平/件			25						
9										
10	初期库存/件			20						
11										
12										
13	需求量									
14		随机数下限	随机数上限	需求量/件						
15		0.00	0.02	18						
16		0.02	0.10	19						
17		0.10	0.32	20						
18		0.32	0.66	21						
19		0.66	0.84	22						
20		0.84	0.93	23						
21		0.93	1.00	24						
22										
23										
24										
25	周数	本周需求量/件	期初库存/件	期末库存/件	订货否	平均库存/件	库存成本/元	订货成本/元	缺货费用/元	总成本/元
26	0			20	1					
27	1	21	25	4	1	14.5	145	25	0	170

续表

	A	B	C	D	E	F	G	H	I	J
28	2	21	25	4	1	14.5	145	25	0	170
29	3	20	25	5	1	15	150	25	0	175
1024	998	19	25	6	1	15.5	155	25	0	180
1025	999	21	25	4	1	14.5	145	25	0	170
1026	1000	22	25	3	1	14	140	25	0	165

模拟方法的具体步骤如下：

第一步：在 Excel 的工作表上输入已知数据。在单元格 D3:D5 中分别输入原材料的库存费用与资金占有成本、订货成本和缺货成本；在单元格 D7:D8 中分别为再订点和库存水平；在单元格 D10 中输入期初库存；在单元格 B15:D21 中输入原材料需求量，以及根据其概率分布得到的对应的随机数区间，其中单元格 D15:D21 为需求量的各个可能值，单元格 B15:B21 和 C15:C21 分别为各需求量对应的随机数区间的下限与上限。

第二步：生成一系列随机数，得到不可控输入变量的抽样值

本题中的不可控制输入变量是每周的原材料需求量。用单元格 B27 表示第一周的原材料需求量，在单元格 B27 中输入下述公式：

=vloopup(rand(),b15:d21,3)

于是得到如表 10-1 所示的概率分布的第一周需求量抽样值。将上述公式复制到单元格 B28:B1026，得到从第 2 周到第 1000 周的需求量抽样值。

第三步：模拟运算

模拟运算从 0 周开始。假定用数字"1"表示"订货"，用数字"0"表示"不订货"，即

$$= \begin{cases} 1 & \text{订货} \\ 0 & \text{不订货} \end{cases}$$

用单元格 E26 表示对第 0 周末是否订货的判断，在单元格 E26 中输入判断是否订货的公式：

=IF(D26<$D$7,"1","0")

上式表明，当周末的库存小于订货点时，则订货；否则，则不订货。本题中，初始的周末库存为 20 件，由于再订货点是 21 件，所以需要订货，即单元格 E26=1。

将上述公式复制到单元格 E27:E1026，得到对于第一周到第 1000 周周末是否订货的判断。然后对第一周至第 1000 周的需求量的库存系统状况进行模拟。

用单元格 B27:B1026 表示 1000 周的需求量，它是不确定的，已经在第二步中获得。用单元格 C27:V1026 表示各周的期初库存，它们取决于上周末是否订货，若上周末未订货，它

应等于上周周末库存,若上周末已订货,则它应达到要求的库存水平,所以有:

$$各周期初库存 = \begin{cases} 25(要求的库存水平), & 若上周末订货 \\ 上周末库存, & 若上周末未订货 \end{cases}$$

在单元格 C27 中输入下述公式:

=IF(E26="1",$D$8,D26)

得到第一周的期初库存。将上述公式复制至单元格 C28:C1026,得到以后各周的期初库存。

用单元格 D27:D1026 表示期末库存,当需求量小于期初库存时,它应等于(期初库存 − 需求量),当需求量大于期初库存时则为 0。即

$$各周期末库存 = \begin{cases} 期初库存 - 需求量, & 若期初库存 > 需求量 \\ 0, & 否则 \end{cases}$$

在单元格 D27 中输入下述公式:

=IF(C27-B27>0,C27-B27,0)

得到第一周的期末库存。将上述公式复制至单元格 D28:D1026,得到以后各周的期末库存。

用单元格 E27:E1026 表示是否需要订货,前面已输入了它的公式。

上述公式如表 10-3 所示。

表 10-3 库存系统模拟公式(1)

	A	B	C	D	E
25	周数	本周需求量/件	期初库存/件	期末库存/件	订货否
26	0			=$D$10	=IF(D26<$D$7, "1","0")
27	=1+A26	=vloopup(rand(), b15:d21,3)	=IF(E26="1", $D$8,D26)	=IF(C27-B27>0, C27-B27,0)	=IF(D27<$D$7, "1","0")
28	=1+A27	=vloopup(rand(), b15:d21,3)	=IF(E27="1", $D$8,D27)	=IF(C28-B28>0, C28-B28,0)	=IF(D28<$D$7, "1","0")
29	=1+A28	=vloopup(rand(), b15:d21,3)	=IF(E28="1", $D$8,D28)	=IF(C29-B29>0, C29-B29,0)	=IF(D29<$D$7, "1","0")

用单元格 F27:F1026 表示各周平均库存,为简单起见,用期初库存与期末库存的平均值计算。在单元格 F27 中输入下述公式:

=(C27+D27)/2

得到第一周的平均库存。将上述公式复制至单元格 F28:F1026,得到以后各周的平均库存。

最后计算各种成本。用单元格 G27:G1026 表示原材料资金成本与存储成本的总和(这

里统称为库存成本),它等于单元原材料的库存成本与平均库存的乘积。在单元格 G27 中输入:

=$D$3*F27

得到第一周的库存成本,将上述公式复制至单元格 G28:G1026,得到以后各周的库存成本。

用单元格 H27:H1026 表示订货成本,它是仅在订货时才发生的成本,即当判断是否订货的单元格 E27 为 1 时才发生的成本(当 E27=0 时,则订货成本=0)。在单元格 H27 中输入下述公式:

=$D$4*E27

得到第一周的订货成本。将上述公式复制至单元格 H28:H1026,得到以后各周的订货成本。

用单元格 I27:I1026 表示缺货费用,它是仅在缺货时才发生的费用,当期初库存小于需求量时,出现缺货,缺货费用=缺货成本×缺货量。即

$$\text{缺货费用} = \begin{cases} \text{缺货成本} \times (\text{需求量} - \text{期初库存}), & \text{若期初库存} < \text{需求量} \\ 0, & \text{否则} \end{cases}$$

得到第一周的订货成本。将上述公式复制至单元格 H28:H1026,得到以后各周的订货成本。

在单元格 I27 中输入:

=IF(C27-B27>0,0,$D$5*(B27-C27))

得到第一周的缺货费用。将上述公式复制至单元格 I28:I1026,得到以后各周的缺货成本。

用单元格 J27:J1026 表示总成本,它等于库存成本、订货成本和缺货费用之和。在单元格 J27 中输入:

=sum(G27:I27)

得到第一周的总成本。将上述公式复制至单元格 J28:J1026,得到以后各周的总成本。

上述公式如表 10-4 所示。

第四步:统计分析

本题进行了 1000 周的模拟,得到了 1000 周的库存成本、订货成本、缺货成本与总成本。下面对这些运行结果进行统计分析。

(1) 平均值

用单元格 G1029、H1029、I1029、J1029 分别表示库存成本、订货成本、缺货成本与总成本的平均值。在单元格 G1029 中输入下述公式:

```
=average(G27:G1026)
```

得到库存成本的平均值。将上述公式复制至单元格 H1029:J1029，分别得到订货成本、缺货成本与总成本的平均值。

表 10-4 库存系统模拟公式（2）

	F	G	H	I	J
25	平均库存/件	库存成本/元	订货成本/元	缺货费用/元	总成本/元
26					
27	=(C27+D27)/2	=$D$3*F27	=$D$4*E27	=if(C27−B27>0,0,$D$5*(B27−C27))	=sum(G27:I27)
28	=(C28+D28)/2	=$D$3*F28	=$D$4*E28	=if(C28−B28>0,0,$D$5*(B28−C28))	=sum(G27:I27)
29	=(C29+D29)/2	=$D$3*F29	=$D$4*E29	=if(C29−B29>0,0,$D$5*(B29−C29))	=sum(G27:I27)

（2）标准方差

用单元格 G1030、H1030、I1030、J1030 分别表示库存成本、订货成本、缺货成本与总成本的标准方差。在单元格 G1030 中输入下述公式：

```
=stdev(G27:G1026)
```

得到库存成本的标准方差。将上述公式复制至单元格 H1030:J1030，分别得到订货成本、缺货成本与总成本的标准方差。

（3）各种成本占总成本的比例

用单元格 G1031、H1031、I1031、J1031 分别表示库存成本、订货成本、缺货成本占总成本的比例。在单元格 G1031 中输入下述公式：

```
=G1029/$J$1029
```

得到库存成本占总成本的比例。将上述公式复制至单元格 H1031:J1031，分别得到订货成本、缺货成本占总成本的比例。

上述公式如表 10-5 所示。

表 10-5 库存系统成本的统计量计算公式

	F	G	H	I	J
1028		库存成本/元	订货成本/元	缺货费用/元	库存成本/元
1029	均值	=average(G27:G1026)	=average(H27:H1026)	=average(I27:I1026)	=average(J27:J1026)

续表

	F	G	H	I	J
1030	方差	=stdev(G27:G1026)	=stdev(H27:H1026)	=stdev(I27:I1026)	=stdev(J27:J1026)
1031	占总成本比例	=G1029/$J$1029	=H1029/$J$1029	=I1029/$J$1029	

统计分析结果如表 10-6 所示。

表 10-6 库存系统的统计结果

	F	G	H	I	J
1028		库存成本/元	订货成本/元	缺货费用/元	库存成本/元
1029	均值	144.65	25.00	0.00	169.65
1030	方差	6.84	0.00	0.00	6.84
1031	占总成本比例	0.85	0.15	0.00	

由表 10-6 可知，在现有订货政策下，库存成本占总成本的比例高达 85% 左右，而缺货未发生。为寻找合理的库存水平，下面采用不同的订货政策进行模拟，并计算不同政策下的成本，从中找出使得总成本最小的政策。

第五步：对不同库存水平下的库存系统进行模拟

当前的库存水平为 25 件，即每次订货量的确定原则是使得库存达到 25 件。为了找到最佳的库存水平，下面模拟当前库存水平从 15 件变化至 50 件时的成本。使用 Excel 中的模拟运算表功能可以很容易地完成这一工作。其步骤如下：

(1) 在电子表格上构造模拟运算表的输入变量与输出变量

首先构造模拟运算表的输入变量与输出变量。输入变量是库存水平，在单元格 B1035：B1070 中输入 36 个不同的库存水平（从 15 件至 50 件）。输出变量是各种成本，在单元格 C1034：F1034 中分别输入库存成本、订货成本、缺货成本与总成本的平均值，它们分别等于第四步中表示这些统计量的单元格。例如，单元格 C1034 表示库存成本，它等于单元格 G1029，等等。输入与输出变量如表 10-7 所示。为便于阅读起见，表中第 1037 至 1067 行被隐藏。

表 10-7 模拟运算表的输入与输出变量

	B	C	D	E	F
1033	库存水平	库存成本	订货成本	缺货成本	总成本
1034		144.65	25.00	0.00	169.65
1035	15				

续表

	B	C	D	E	F
1036	16				
...	...				
1068	48				
1069	49				
1070	50				

输出变量的计算公式如表 10-8 所示。

表 10-8 模拟运算表的输出变量公式

	B	C	D	E	F
1033	库存水平	库存成本	订货成本	缺货成本	总成本
1034		=G1029	=H1029	=I1029	=J1029
1035	15				
1036	16				
...	...				
1068	48				
1069	49				
1070	50				

（2）用模拟运算表的功能进行模拟

用鼠标选择模拟数据表所在的区域，即选择单元格 B1034:F1070 的区域。

然后在 Excel 中选择"数据"子菜单，在该子菜单中选择"模拟运算表"选项，这时会弹出"模拟运算表"对话框，如图 10-1 所示。

本题中，输入变量是"库存水平"，其相应的单元格地址是 ＄D＄8，所以在"模拟运算表"对话框的"输入引用列的单元格"栏目中输入该地址"＄D＄8"。在"输入引用行的单元格"中不填入任何数据，这是因为本题中要模拟的输入变量是在单元格 B1035:B1070 这一列而不是行中的数据。然后单击"确定"按钮，如图 10-2 所示。

图 10-1 "模拟运算表"对话框

图 10-2 模拟运算表的填写

于是，得到不同订货政策下的仿真结果。如图 10-3 与表 10-9 所示。

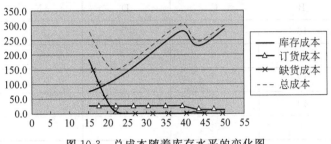

图 10-3　总成本随着库存水平的变化图

图 10-3 描述了总成本是如何随着库存水平的变化而变化的。图中的横坐标是库存水平/件，纵坐标是总成本平均值/元。

表 10-9　由模拟运算表得到的不同库存成本、订货成本、缺货成本

	B	C	D	E	F
1033	库存水平/件	库存成本/元	订货成本/元	缺货成本/元	总成本/元
1034		144.7	25.0	0.0	169.7
1035	15	75.0	25.0	183.3	283.3
1036	16	80.0	25.0	154.2	259.2
1037	17	85.0	25.0	125.3	235.3
1038	18	90.0	25.0	95.1	210.1
1039	19	95.1	25.0	66.2	186.3
1040	20	100.6	25.0	37.2	162.8
1041	21	107.0	25.0	17.3	149.4
1042	22	115.4	25.0	7.2	147.6
1043	23	124.4	25.0	2.5	151.9
1044	24	134.5	25.0	0.0	159.5
1045	25	144.4	25.0	0.0	169.4
1046	26	154.2	25.0	0.0	179.2
1047	27	164.4	25.0	0.0	189.4
1048	28	174.7	25.0	0.0	199.7
1049	29	184.6	25.0	0.0	209.6
1050	30	194.4	25.0	0.0	219.4

续表

	B	C	D	E	F
1051	31	204.9	25.0	0.0	229.9
1052	32	214.3	25.0	0.0	239.3
1053	33	224.6	25.0	0.0	249.6
1054	34	234.5	25.0	0.0	259.5
1055	35	244.2	25.0	0.0	269.2
1056	36	254.2	25.0	0.0	279.2
1057	37	264.4	25.0	0.0	289.4
1058	38	274.5	25.0	0.0	299.5
1059	39	280.4	24.5	0.5	305.4
1060	40	279.8	23.1	1.3	304.2
1061	41	256.7	18.9	3.6	279.2
1062	42	235.6	15.3	4.1	254.9
1063	43	230.8	13.7	3.2	247.6
1064	44	232.8	12.9	1.7	247.3
1065	45	239.4	12.5	1.0	252.9
1066	46	249.5	12.5	0.2	262.2
1067	47	258.3	12.5	0.1	270.9
1068	48	269.6	12.5	0.0	282.1
1069	49	278.7	12.5	0.0	291.2
1070	50	288.4	12.5	0.0	300.9

第六步：结果分析

从模拟结果可作出如下分析：

(1) 当库存水平从 15 件起逐渐增加时，缺货成本逐渐下降，库存成本逐渐上升，订货成本保持不变，其结果是总成本逐渐下降。当库存水平增加到 22 件时，每周的总成本(指总成本平均值，下同)达到局部最小值，为 147 元，比当前订货政策下的总成本节省了 22 元。

(2) 当库存水平从 22 件起继续增加时，缺货成本下降缓慢，最终下降到 0，而库存成本继续上升，订货成本保持不变，其结果是总成本逐渐上升。当库存水平为 39 件时总成本达到最大值。

(3) 当库存水平从 39 件起继续增加时，缺货水平略有上升，而订货成本和库存成本均下降,这是因为库存水平较高时可以减少订货次数,同时,这时的平均库存也在下降,其结果是总成本逐渐下降。当库存水平增加到 43 至 44 件时,每周的平均总成本达到第二次局部最小值,为 246~249 元。

(4) 当库存水平从 44 件起继续增加时,缺货成本略有下降,订货成本基本不变,而库存成本则有比较快的上升,所以,总成本上升。

(5) 根据题意,需求量的变化范围是 18 至 24 件,库存成本为每件 10 元,订货成本为每批 25 元,缺货成本为每件 30 元,所以库存水平从 15 件至 50 件的模拟范围已经可以包括各种可能的合理库存水平了。

(6) 综上所述,当前的订货政策尚需改进。最合理的库存水平为 22 件,即该厂的订货政策为:当每周的期末库存低于 21 件时,进行订货,而且订货量的确定原则是使得下周的期初库存为 22 件。

从该例可见,采用模拟方法可以模拟库存系统的行为,从而分析库存政策。本题模拟了不同库存水平下的库存系统的行为。我们还可以利用模拟模型进一步模拟不同再订货点下的库存系统行为,用以分析最佳的再订货点。

10.3 飞机票预订决策问题模拟

本节以飞机票预订决策模型为例,说明采用模拟方法进行这类决策。飞机预订决策模拟模型也可以应用于旅馆预订、车辆出租预订等决策问题。

在飞机票预订系统中常会出现的一个问题是,一些乘客在预订飞机票后并没有到达机场乘坐飞机,造成航空公司的经济损失,因此航空公司考虑增加飞机票的预订数量,例如飞机票预订限量可以大于飞机的容量,这样,当某些预订机票的乘客没有到达时,仍可以保持较高的满载率。不过,这时航空公司要冒着部分预订了机票的乘客不能如期乘坐飞机的风险,例如当所有的预订者都到达时,由于预订的飞机票大于飞机的容量,有些乘客便不能乘坐该次飞机,航空公司必须对他们进行赔偿。那么,如何确定最合理的预订限量,可以使航空公司的净利润最大呢?这就是飞机票预订决策要解决的问题。在该问题中,输入的不可控变量是以某种概率分布的乘客到达数量,而决策变量则是飞机票预订限量。下面通过一个例子对飞机票销售中的预订决策问题进行模拟,得到不同的飞机票预订政策下的利润,最后得到合理的飞机票预订限量。

【例 10-2】 飞机票预订决策问题。

某航空公司每周有一架飞机来回飞行于长沙和上海之间。该飞机拥有 30 个乘客座位。航空公司在扣除各种成本后,从每个乘坐飞机的乘客可获利润 100 元。该航空公司现有的飞机票预订限量是 30 个乘客,由于在以往大多数情况下,乘客的实际到达量平均仅为 28 个,造成了经济上的损失,所以航空公司考虑实行一项新的预订政策,即,将飞机票预订限量增加到 32 个乘客。为不影响航空公司的信誉,当实际到达的乘客数超过飞机容量时,公司

第 10 章 模拟决策模型及其 Excel 电子表格模拟计算

将对预订了机票而未能乘坐该次飞机的乘客实行赔偿。根据调查,当赔偿数额达到 150 元时即可有效地消除乘客的不满心理。根据公司有关部门的调查分析,当飞机票预订限量为 32 个乘客时,实际到达的乘客数是在 28~32 之间的随机数,其概率如表 10-10 所示。问该航空公司是否应采取该项新的预订政策?

表 10-10 飞机票预订限量为 32 时,实际到达乘客的概率分布

实际到达的乘客数	28	29	30	31	32
概率	0.05	0.25	0.50	0.15	0.05

解:下面通过运用电子表格对该飞机票预订问题进行模拟,得到新的预订政策下的利润。具体步骤如下:

第一步:输入已知数据

首先在 Excel 的工作表上输入已知数据。在单元格 C5 中输入从每个乘客得到的利润,在单元格 C6 中输入对每个到达机场却未能乘坐该飞机的乘客的赔偿金额,在单元格 C8 中输入飞机的容量,在单元格 C10 中输入新的预订政策下的预订限量。如表 10-11 所示。

表 10-11 输入已知数据

	A	B	C
1	飞机票预订决策问题		
2			
3	已知数据		
4			
5	利润/(元/座)		100
6	赔偿成本/(元/座)		150
7			
8	飞机容量/座		30
9			
10	预订乘客数/座		32
11			
12	预订 32 个座位时实际到达的乘客数:		
	随机数下限	随机数上限	乘客数
	0.00	0.05	28
	0.05	0.30	29
	0.30	0.80	30
	0.80	0.95	31
	0.95	1.00	32

本问题的不可控输入变量是乘客的实际到达数。由表 10-11 可得各实际到达乘客数及其对应的随机数区间。如表 10-12 所示。

表 10-12 实际到达乘客数对应的随机数区间

实际到达的乘客数	概率	累积概率	对应随机数区间
28	0.05	0.05	[0.00, 0.05)
29	0.25	0.30	[0.05, 0.30)
30	0.50	0.80	[0.30, 0.80)
31	0.15	0.95	[0.80, 0.95)
32	0.05	1.00	[0.95, 1.00)

在单元格 C14:C18 中输入实际到达的乘客数的各种可能值;在单元格 A14:B18 中输入根据到达乘客数的概率分布得到的对应的随机数区间的下限与上限。如表 10-11 所示。

第二步:生成一系列随机数,得到不可控输入变量的抽样值

本题中的不可控制输入变量是实际到达的乘客数,在单元格 B24:B523 中产生 500 个不可控变量的抽样值,用以进行 500 次模拟。单元格 B24:B523 表示实际到达乘客数的抽样值,在单元格 B24 中输入下述公式:

=VLOOPUP(RAND(),$A$14:$C$18,3)

得到实际到达乘客数抽样值,将上述公式复制到单元格 B25:B523,得到其他 499 个抽样值。其公式和数值分别如表 10-13 和表 10-14 所示。

表 10-13 飞机票预订决策问题模拟模型公式

	A	B	C	D	E	F	G
21							
22					到达机场		
23	次数	实际到达的乘客数	乘坐飞机的乘客数	机票利润	未能乘坐飞机的乘客数	赔偿费用	净利润
24	1	=VLOOKUP(RAND(), $A$14:$C$18,3)	=min(B24, $C$8)	=$C$5 *C24	=B24−C24	=E24 *$C$6	=D24−F24
25	2	=VLOOKUP(RAND(), $A$14:$C$18,3)	=min(B25, $C$8)	=$C$5 *C25	=B25−C25	=E25 *$C$6	=D25−F25
26	3	=VLOOKUP(RAND(), $A$14:$C$18,3)	=min(B26, $C$8)	=$C$5 *C26	=B26−C26	=E26 *$C$6	=D26−F26

续表

	A	B	C	D	E	F	G
521	498	=VLOOKUP(RAND(), \$A\$14:\$C\$18,3)	=min(B521, \$C\$8)	=\$C\$5 *C521	=B521－C521	=E521* \$C\$6	=D521－F521
522	499	=VLOOKUP(RAND(), \$A\$14:\$C\$18,3)	=min(B522, \$C\$8)	=\$C\$5 *C522	=B522－C522	=E522* \$C\$6	=D522－F522
523	500	=VLOOKUP(RAND(), \$A\$14:\$C\$18,3)	=min(B523, \$C\$8)	=\$C\$5 *C523	=B523－C523	=E523* \$C\$6	=D523－F523

表 10-14 飞机票预订决策问题模拟模型

	A	B	C	D	E	F	G
21							
22							
23	次数	实际到达的乘客数	乘坐飞机的乘客数	机票利润	乘坐飞机的乘客数	赔偿费用	净利润
24	1	30	30	3000	0	0	3000
25	2	31	30	3000	1	150	2850
26	3	31	30	3000	1	150	2850
520	497	30	30	3000	0	0	3000
521	498	32	30	3000	2	300	2700
522	499	30	30	3000	0	0	3000
523	500	30	30	3000	0	0	3000

第三步：模拟运算

模拟的目的是计算净利润。净利润由下式计算：

净利润＝机票利润－赔偿费用

为此，首先要计算乘坐飞机的实际乘客数以及由此带来的机票利润，还要计算因飞机满员未能乘坐飞机的乘客数以及由此带来的赔偿费用。

用单元格 B24:B523、C24:C523 分别表示实际到达的乘客数和乘坐飞机的乘客数，在第二步中已经得到了实际到达的乘客数抽样值，下面计算乘坐飞机的乘客数。当实际到达的乘客数没有超过飞机容量（30 个乘客）时，乘坐飞机的乘客数等于实际到达的乘客数；当实际到达的乘客数超过飞机容量时，有部分乘客不能乘坐，这时乘坐飞机的乘客数等于飞机容量（30 个乘客）。其公式如下：

$$乘坐飞机的乘客数 = \begin{cases} 实际到达的乘客数, & 若实际到达的乘客数 < 飞机容量 \\ 飞机容量, & 否则 \end{cases}$$

它等价于下述公式：

$$\text{乘坐飞机的乘客数} = \min\{\text{实际到达的乘客数},\text{飞机容量}\}$$

在单元格 C24 中输入下述公式：

=min{B24,$C$8}

得到第一次模拟中乘坐飞机的乘客数，将上述公式复制到单元格 C25:C523，得到其他 499 次模拟中的到达机场而未能乘坐飞机的乘客数。

用单元格 D24:D523 表示机票利润，其计算公式为

$$\text{机票利润} = \text{每张机票的利润} \times \text{乘坐飞机的乘客数}$$

在单元格 D24 中输入下述公式：

=$C$5*C24

得到第一次模拟中的机票利润，将上述公式复制至单元格 D25:D523，得到其他 499 次模拟中的机票利润。

用单元格 E24:E523 表示到达机场却未能乘坐飞机的乘客数。其中，到达机场而未能乘坐飞机的乘客数应等于实际到达乘客数与乘坐飞机乘客数之差。在单元格 E24 中输入下述公式：

=B24-C24

得到第一次模拟中的到达机场而未能乘坐飞机的乘客数，将上述公式复制至单元格 E25:E523，得到其他 499 次模拟中的到达机场而未能乘坐飞机的乘客数。

用单元格 F24:F523 表示赔偿费用，它可以用下式计算：

$$\text{赔偿费用} = \text{每个乘客的赔偿成本} * \text{到达机场而未能乘坐飞机的乘客数}$$

在单元格 F24 中输入下述公式：

=E24*$C$6

得到第一次模拟中的赔偿费用，将上述公式复制至单元格 F25:F523，得到其他 499 次模拟中的赔偿费用。

用单元格 G24:G523 表示净利润，它等于机票利润与赔偿费用之差。在单元格 G24 中输入下述公式：

=D24-F24

得到第一次模拟中的净利润，将上述公式复制至单元格 G25:G523，得到其他 499 次模拟中的净利润。

模拟运行的结果如表 10-14 所示。

第四步：统计分析

本题进行了 500 次的模拟，得到了 500 个不同抽样值下的净利润。通过对 500 次模拟

运行结果进行统计分析,可得到净利润的平均值、标准方差、最大值、最小值和服务水平等统计值。统计结果如表 10-15 所示。

表 10-15　飞机票预订决策模拟的统计结果

	E	F	G
525	统计分析		
526	平均利润		2928.5
527	标准方差		80.534
528	最小利润		2700
529	最大利润		3000
530	服务水平		0.9922

表 10-15 中,服务水平表示乘客及时得到服务的程度,它是实际到达的乘客中能乘坐飞机的乘客数的比例。其计算公式如下:

服务水平=500 次模拟中乘坐飞机的乘客数总和/500 次模拟中实际到达的乘客数总和。

用单元格 B525 表示 500 次模拟中实际到达的乘客数总和,在其中输入下述公式:

=sum(B24:B523)

用单元格 G525 表示 500 次模拟中乘坐飞机的乘客数总和,在其中输入下述公式:

=sum(C24:C523)

用单元格 G530 表示服务水平,在其中输入下述公式:

=C525/B525

得到采取新的预订政策后的服务水平。表 10-15 统计分析的公式如表 10-16 所示。

表 10-16　飞机票预订决策问题模拟统计公式

	E	F	G
525	统计分析		
526	平均利润		=AVERAGE(G24:G523)
527	标准方差		=STDEV(G24:G523)
528	最小利润		=MIN(G24:G523)
529	最大利润		=MAX(G24:G523)
530	服务水平		=C525/B525

第五步：结论与建议

从模拟的统计结果可作出如下分析：

(1) 在现有的飞机票预订政策下，由于预订机票数为 30 张，而实际到达乘客数平均为 28 人，所以其平均净利润为 $100 \times 28 = 2800$ 元。在新的飞机票预订政策下，由模拟得到其平均利润为 2929.8 元，标准方差为 81.6 元。所以采用新的机票预订政策可以获得更大的净利润。

(2) 在新的机票预订政策下，仍可达到较高的服务水平（约 99%）。

(3) 综上所述，建议采用新的飞机票预订政策。

习 题

1. 给出本章中的例题的操作步骤。

2. 在电子表格 Excel 环境下，对本章例题做模拟实验。

3. 某公司管理层正在考虑是否引进新产品。开始生产这种产品的固定成本为 30 000 元，单位变动成本服从正态分布，为 16~24 元。单位产品售价为 50 元。产品的需求完全符合均值为 1200 台，方差为 300 台的正态分布。设计一个类似表 10-2 的模拟电子表。模拟 500 次，回答下列问题：

(1) 模拟的利润均值为多少？

(2) 项目亏损的概率为多大？

(3) 关于新产品的引进，你的建议是什么？

第11章 人工神经网络模型的建立及其 MATLAB 求解

人工神经网络是由大量处理单元(神经元)互连而成的网络,是对人脑的抽象、简化和模拟,反映人脑的基本特性。它是在研究生物神经系统的启示下发展起来的一种信息处理方法,不需要构建任何数学模型,只靠过去的经验来学习,可以处理模糊的、非线性的、含有噪声的数据,目前广泛应用于评价、预测、分类、模式识别、过程控制等各种数据处理的场合。人工神经网络理论研究发展相当迅速,据统计到目前为止已经提出了 70 多种神经网络,其中最流行的有十几种。神经网络主要包括 BP 神经网络、径向基神经网络 RBF、学习向量量化神经网络 LVQ 等,本章主要介绍神经网络模型在经济管理中的应用。而 BP 网络是当前应用最为广泛的一种神经网络,它的结构简单,工作状态最易于硬件实现。其应用范围主要在识别分类、评价、预测、非线性映射、复杂系统仿真等。首先我们介绍 BP 神经网络相关理论及其在信用分类和现金流量因素分析中的应用;然后介绍径向基神经网络 RBF、学习向量量化神经网络 LVQ 的应用;最后对目前流行的支持向量机的应用做一个简要介绍。

11.1 BP 神经网络的拓扑结构

BP 网络是典型的多层网络,分为输入层、隐含层和输出层,层与层之间多采用全互联方式,同一层单元之间不存在相互连接,BP 网络的拓扑结构如图 11-1 所示。

设输入向量为 $X \in R^n$,$X = (x_1, x_2, \cdots, x_n)^T$;隐含层有神经元 $Z \in R^l$,$Z = (z_1, z_2, \cdots, z_l)^T$;输出层有神经元 $Y \in R^m$,$Y = [y_1, y_2, \cdots, y_m]^T$。如果输入层与隐含层之间的连接权为 w_{ij},阈值为 θ_i;隐含层与输出层之间的连接权为 w_{jk},阈值为 θ_k;那么各层神经元的输出满足:

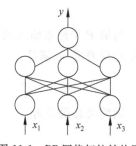

图 11-1 BP 网络拓扑结构图

$$z_j = f\left(\sum_{i=1}^{n} w_{ij} x_i - \theta_j\right) \tag{11-1}$$

$$y_k = f\left(\sum_{j=1}^{l} w_{jk} z_j - \theta_k\right) \tag{11-2}$$

函数 $f(*)$ 满足：

$$f(u_j) = \frac{1}{1+e^{-u_j}} \tag{11-3}$$

如果近似映照函数为 F，X 为 n 维空间的有界子集，$F(x)$ 为 m 维空间有界子集，$Y = F(x)$ 可写为

$$F: \boldsymbol{X} \subset R^n \rightarrow \boldsymbol{Y} \subset R^m$$

通过 P 个实际的映照对 $(x^1, y^1), (x^2, y^2), \cdots, (x^p, y^p)$ 的训练，其训练的目的是获得神经元之间的连接权 w_{ij}, w_{jk} 和阈值 $\theta_i, \theta_k (i=1,2,\cdots,n; j=1,2,\cdots,l; k=1,2,\cdots,m)$，使其映射获得成功，即寻找一个 F，进行 n 维输入向量到 m 维输出向量空间的变换：

$$F: R^n \rightarrow R^m \quad Y = F(x)$$

训练后获得连接权，对其他不属于 $P(P=1,2,\cdots,P)$ 的 X 子集进行测试，使其结果仍然满足正确的映照。

11.2 BP 神经网络的学习算法

BP 神经网络学习是典型的有导师学习，其学习算法是对简单的 δ 学习规则的推广和发展。设输入学习样本为 P 个，即 $x^1, x^2, \cdots, x^p$，已知与其对应的教师为 $T^1, T^2, \cdots, T^p$，学习算法是根据实际的输出 $y^1, y^2, \cdots, y^p$ 与 $T^1, T^2, \cdots, T^p$ 的误差来修改其连接权和阈值，使 y^p 与要求的 T^p 尽可能的接近。

为便于讨论，将阈值写入连接权中，我们约定：$\theta_i = w_{0i}, \theta_k = w_{0k}, z_0 = -1, X_0 = -1$；则式(11-1)，式(11-2)可改为

$$z_j = f\Big(\sum_{i=0}^n w_{ij} x_i\Big) \tag{11-1a}$$

$$y_k = f\Big(\sum_{j=0}^l w_{jk} z_j\Big) \tag{11-1b}$$

当第 P 个样本输入到图 11-1 所示的网络，得到的输出 $y_l, l=0,1,\cdots,m$，其误差为各输出单元误差之和，满足：

$$E_p = \frac{1}{2} \sum (t_l^p - y_l^p)^2 \tag{11-4}$$

则网络总误差为

$$E = \sum_{p=1}^P E_p = \frac{1}{2} \sum_{p=1}^P \sum_{l=0}^m (t_l^p - y_l^p)^2 \tag{11-5}$$

设 w_{sh} 为图 11-1 网络中任意两个神经元之间的连接权，w_{sh} 也包括阈值在内，E 为一个与 w_{sh} 有关的非线性误差函数。令

$$\varepsilon = \frac{1}{2} \sum_{l=0}^m (t_l^p - y_l^p)^2 = E_p \tag{11-6}$$

$$E = \sum_{p=1}^{P} E_P = \sum_{p=1}^{P} \varepsilon(\boldsymbol{W}, T^p, X^p) \tag{11-7}$$

$$\boldsymbol{W} = [w_{11}, \cdots, w_{sh}]^T \tag{11-8}$$

δ学习规则的实质是利用梯度最速下降法,使权值沿误差函数的负梯度方向改变。若权值 w_{sh} 的修正值记为 Δw_{sh},则

$$\Delta w_{sh} \propto \frac{E_\varepsilon}{w_{sh}} \tag{11-9}$$

令 g 为运算的迭代次数,由式(11-5)和梯队下降法,可得到 BP 网络各层连接权的迭代公式为

$$w_{jk}(g+1) = w_{jk}(g) - \eta \frac{\partial \boldsymbol{W}}{\partial w_{jk}} \tag{11-10}$$

$$w_{ij}(g+1) = w_{ij}(g) - \eta \frac{\partial \boldsymbol{W}}{\partial w_{ij}} \tag{11-11}$$

式中,η 为学习因子。

从式(11-10)可知,w_{jk} 是 j 个神经元与输出层第 k 个神经元之间的连接权,它只与输出层中一个神经元有关,将式(11-5)代入式(11-10),并利用式(11-3)有

$$\frac{\partial \boldsymbol{W}}{\partial w_{jk}} = \sum \frac{\partial E_p}{\partial y_l^p} \cdot \frac{\partial y_l^p}{\partial u_l^{zp}} \cdot \frac{\partial u_l^{zp}}{\partial w_{jk}} = \sum_{p=1}^{P} (t_l^p - y_l^p) f'(u_l^{zp}) Z_j^p \tag{11-12}$$

式中,$u_l^{zp} = \sum_{j=0}^{l} w_{jk} z_j^p$,$z_j^p$ 为样本输入网络时 z_j 的输出值。

$$f'(u_l^{zp}) = \frac{e^{-u_l^{zp}}}{(1+e^{-u_l^{zp}})^2} = f(u_l^{zp})[1-f(u_l^{zp})] = y_l^p(1-y_l^p) \tag{11-13}$$

将式(11-13)、式(11-12)代入式(11-10),有

$$w_{jk}(g+1) = w_{jk}(g) + \eta \sum_{p=1}^{P} \delta_{jk}^p z_j^p \tag{11-14}$$

式中,$\delta_{jk}^p = (t_l^p - y_l^p) y_l^p (1 - y_l^p)$

同理可得:

$$w_{ij}(g+1) = w_{ij}(g) + \eta \sum_{p=1}^{P} \delta_{ij}^p z_l^p \tag{11-15}$$

式中,$\delta_{ij}^p = z_j^p(1-z_j^p) \sum_{k=0}^{m} \delta_{jk}^p w_{jk}$

BP 算法权值修正系数可以统一表示为

$$w_{ji}(t+1) = w_{ji}(t) + \eta \delta_{kj} x_{kt} \tag{11-16}$$

对于输出层:$\delta_{kj} = (t_{kj} - y_{kj}) f(u_{kj})[1 - f(u_{kj})]$

对于隐含层:$\delta_{kj} = f(u_{kj})[1 - f(u_{kj})] \sum_l \delta_{kl} w_{lj}$

在实际应用中,考虑到学习过程的收敛性,学习因子 η 取值越小越好。η 值越大,每次权值改变越剧烈,可能导致学习过程发生振荡。因此,为了使学习因子取得足够大,又不产

生振荡,通常在权值修正公式(11-16)中再另加一动量项 a,得:

$$w_{ji}(t+1) = w_{ji}(t) + \eta \delta_{kj} x_{kt} + a[w_{ji}(t) - w_{ji}(t-1)] \quad (11\text{-}17)$$

式中,η 为学习因子;a 为动量项,它决定上一次学习的权值变化对本次权值更新的影响程度。通常取 $0<\eta<1,0<a<1$。

通常用网络的均方根误差定量地反映学习的性能。其定义为

$$E(w) = \sqrt{\frac{\sum_{p=1}^{P}\sum_{k=1}^{m}(t_{pk}-y_{pk})^2}{Pm}}$$

式中,P 为输入学习样本数;m 为网络输出层单元数。

在 BP 网络学习过程中,按照梯度最速下降算法,均方根误差应是逐渐减小。由于网络输入、输出模式都是实数值的,网络学习能否满足性能要求,不是一个简单的二值判断能确定的,它是由网络的实际输出与期望输出的逼近程度决定的。一般地,当网络的均方根误差 $E(w)$ 值低于 0.1 时,则表明给定输入样本学习已满足要求。当然,$E(w)$ 的上限可以根据具体情况灵活应用。

11.3 BP 神经网络的学习程序

BP 网络的学习程序分为两大步,第一步是从网络的输入层逐步向输出层进行计算;第二步是对连接权和阈值的修改,即从输出层反向输入层进行计算和修改,根据输出层的误差修改与输出层相连接的权值,然后按照式(11-14)、式(11-15)修改各层的连接权值,直到满足要求为止。具体的学习流程步骤如下:

(1) 初始化网络及学习参数:初始的权值 W 和阈值 θ、学习因子 η、动量项 α。

(2) 在已知 P 个学习(训练)样本中输入按顺序抽取学习样本 $x_i^1, x_i^2, \cdots, x_i^p$ 输入到网络输入层。

(3) 按下式计算 z_j, y_k:

$$z_j = f(\sum_{i=1}^{n} w_{ij} x_i - \theta_j)$$

$$y_k = f(\sum_{j=1}^{l} w_{jk} z_j - \theta_k)$$

式中,n 为输入的样本元数;θ_j 为输入层与隐含层之间阈值;θ_k 为隐含层到输出层的阈值;l 为隐含层的神经元数。

(4) 求出各层的误差,对已知样本的教师 t,有

$$\delta_{jk}^p = (t_l^p - y_l^p) y_l^p (1 - y_l^p) \quad (11\text{-}18)$$

$$\delta_{ij}^p = Z_j^p (1 - Z_j^p) \sum_{k=0}^{m} \delta_{jk}^p w_{jk} \quad (11\text{-}19)$$

式中,m 为输出层的神经元数,本问题取 $m=1$。

(5) 记下学习过的样本次数,即计数为 p_1+1,看 p_1+1 是否达到了设定的学习样本数 P,如果没有达到 P,返回步骤(5)继续运算;如果达到了,再从第一个学习样本开始让 $p_1=1$,进行下一步骤。

(6) 按式(11-18)与式(11-19)修改各层的权值和阈值。

(7) 按新的权值计算 x_i, y_k, E。

(8) 计算网络的均方根方差 $E(W), E(W) = \sqrt{\dfrac{\sum_{p=1}^{P}\sum_{k=1}^{m}(t_{pk}-y_{pk})^2}{Pm}}$。

其学习流程图如图 11-2 所示。

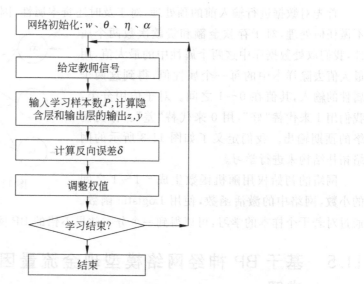

图 11-2 BP 算法流程图

11.4 BP 神经网络模型在企业信用分类中应用

下面给出一个利用 BP 网络进行企业信用分类的实例。在如表 11-1 所示的数据表中有以下记录,作为样本,根据其属性组合将其分为两类。

表 11-1 样本记录

信贷企业	及时还贷率 x_1	存款金额 x_2/元	贷款次数 x_3	信用分类
1	75%	150 000	3	好
2	90%	114 000	2	好

续表

信贷企业	及时还贷率 x_1	存款金额 x_2/元	贷款次数 x_3	信用分类
3	69%	72 300	5	好
4	10%	15 000	8	差
...	...	...	...	...
n	14%	11 000	9	?
m	30%	52 000	7	?
...	...	...	...	...

首先对数据进行输入前的预处理,对于及时还贷率属性,因为本身就在 0~1 之间,我们不做任何处理,对于存款金额和贷款次数两个属性,我们取处数据库中这两个属性中的最大值,用最大值去除样本中的每一个属性值,得到这两个属性的输入,其值在 0~1 之间。对于信用分类,我们用 1 来代替"好",用 0 来代替"差"。作为网络的预期输出。我们定义了如图 11-3 所示的网络拓扑结构来进行学习。

网络的初始权用随机函数生成 -1~1 之间的小数,网络中的激活函数,使用 Logistic 函数。

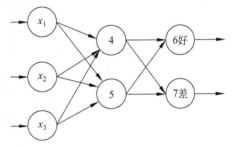

图 11-3 神经网络拓扑结构

通过对若干个样本的学习,可以得到一个分类效果不错的 BP 网络。

11.5 基于 BP 神经网络模型现金流量因素分析的 MATLAB 求解

1. 神经网络反向传播算法(BP 算法)的基本原理

BP 算法的步骤如下:(1)对全部连接线的结点数据的权数进行初始化,一般设置成较小的随机数,以保证网络饱和或反常的情况;(2)取一组训练数据输入网络,并计算出网络的输出值;(3)计算该输出值与期望值之间的偏差,然后从输出层反向计算到第一隐含层,向着减少该偏差的方向调整各条线的权值;(4)对训练集中的每一组训练数据都重复上面的两个步骤,直到整个训练的偏差达到能被接受的程度为止。

2. 现金流量分析的输入向量与输出向量的设计

按财务分析理论,现金流量因素分析指标体系一般包括以下 5 个指标:现金流量总值、经营活动现金流量、投资活动现金流量、筹资活动现金流量以及非经常性项目活动现金流量,这 5 个指标即为输入指标。现金活动流量因素的输出有两种,分别为:充足、不足。

在现金流量的分析中,仅仅考虑现金流量的组成与来源是不够的,还要考虑时间的因素,即要考虑时间序列分析,而且,行业因素也是不可忽略的因素,所以我们采用以下形式的数据标准化方法:BP 网络输入值=企业实际值/行业标准值,通过这样的变换,由于行业的标准值是随时间变化的,所以,考虑了时间及行业因素。1 个指标对应 1 个输入结点,则输入结点数定为 5 个。现金流量分析的输出结果有 2 个:即充足和不足。这样,1 个输出对应于 1 个输出结点,则输出结点为 2 个。一般说来,中间结点的个数应该小于输入结点数,而大于输出结点数,所以无需通过公式计算,中间结点的个数定为 3 个。

我们准备训练数据和测试数据及结果如表 11-2 所示,我们的目的是想看看,在给出公司 5 的现金流量指标的情况下,其现金流量是充足还是不足。

表 11-2 5 家企业的现金流量数据

公司	现金流量总值	经营活动现金流量	投资活动现金流量	筹资活动现金流量	非经常性项目活动现金流量	输出结果
1	2.56	3.87	2.45	2.91	1.87	充足
2	2.78	2.94	1.87	1.92	2.80	充足
3	2.12	1.87	3.49	2.12	2.33	充足
4	0.31	0.41	0.28	0.58	0.73	不足
5	0.43	0.29	0.19	0.41	0.58	?

表 11-3 5 家企业的现金流量标准化数据

公司	现金流量总值	经营活动现金流量	投资活动现金流量	筹资活动现金流量	非经常性项目活动现金流量	输出结果
1	0.920 863	1	0.702 006	1	0.667 857	充足
2	1	0.759 69	0.535 817	0.659 794	1	充足
3	0.762 59	0.483 204	1	0.728 522	0.832 143	充足
4	0.111 511	0.105 943	0.080 229	0.199 313	0.260 714	不足
5	0.154 676	0.074 935	0.054 441	0.140 893	0.207 143	?

由于公司现金流量状况包括两种模式,因此可采用如下的形式来表示输出:充足用 (1,0)表示;不足用 (0,1)表示。

3. BP 神经网络模型对现金流量因素分析的 MATLAB 程序实现

根据问题的要求,公司 1,2,3,4 为训练数据,公司 5 为测试数据,我们编制如下神经网络优化 BP 算法分类程序存放在 M 文件 wl.m 中。

%神经网络优化 w1.m 文件
%P 矩阵中的数据为训练数据
P=[0.920863309 1 0.702005731 1 0.667857143;1 0.759689922 0.535816619 0.659793814 1; 0.762589928 0.483204134 1 0.728522337 0.832142857;0.111510791 0.105943152 0.080229226 0.199312715 0.260714286]';
%T 向量中的数据为分类数据(1,0)表示充足 ,(0,1)表示不足
T=[1 0;1 0;1 0;0 1]';
%cs 表示神经网络的输入向量的最大值和最小值,即范围为[0,1]
cs=[0 1;0 1;0 1;0 1;0 1];
%创建 BP 神经网络,输出层为 2 个,隐含层结点数为 3 个(注意:这个数可不断地用计算机来测试,这里选 3),隐含层的神经元的传递函数采用 S 型正切函数 tansig,输出层的神经元的传递函数采用 S 型对数函数 logsig,这是由于输出模型是(0,1),正好满足网络的输出要求
net=newff(cs,[3,2],{'tansig','logsig'},'trainlm');
%网络的训练次数
net.trainParam.epochs=1000;
%网络训练的精确度为 1%
net.trainParam.goal=0.01;
%网络的学习速率为 0.1
LP.lr=0.1;
%开始训练
net=train(net,P,T);
%测试数据
P_test=[0.154676259 0.074935401 0.07755102 0.140893471 0.207142857]';
%模拟仿真结果
Y=sim(net,P_test)

在 MATLAB 状态下执行 M 文件,得到如下结果:

TRAINLM, Epoch 0/1000, MSE 0.305416/0.01, Gradient 1.30641/1e-010
TRAINLM, Epoch 2/1000, MSE 0.00596585/0.01, Gradient 0.0610003/1e-010
TRAINLM, Performance goal met.
Y= (0.0053,0.9879)

可见,经过两次训练,网络的性能就达到了要求,如图 11-4 所示。收敛速度快的一个重要原因在于学习速率 LP.lr=0.1 的设定值比较大。

结论分析:经过测试,人工神经网络的输出结果(0.0053,0.9879)与目标值(0,1)的误差在 0.01 允许范围内,效果较好,结果表明:在给定公司 5 的五个现金流量指标的情况下,该公司的现金流量是不足的。

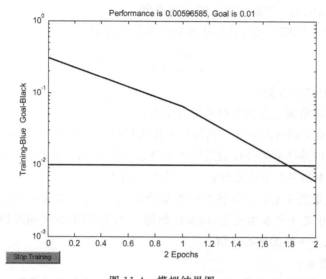

图 11-4 模拟结果图

11.6 基于径向基神经网络 RBF 的股市预测研究

11.6.1 RBF 神经网络学习算法原理与步骤

RBF 神经网络学习算法需要求解 3 个参数：基函数中心、方差以及隐含层到输出层的权值。根据径向基函数中心选取方法的不同，RBF 网络有多种学习方法，如随机选取中心法、自组织选取中心法、有监督选取中心法和正交最小二乘法等。下面我们以自组织选取中心法为例。此方法由两个阶段组成：一是自组织学习阶段，此阶段为无导师学习过程，求解隐含层基函数的中心与方差；二是有导师学习阶段，此阶段求解隐含层到输出层之间的权值。

径向基神经网络中常用的径向基函数是高斯函数，因此径向基神经网络的激活函数可表示为

$$R(x_p - c_i) = \exp\left(-\frac{1}{2\sigma^2} \| x_p - c_i \|^2\right)$$

式中，$\|\cdot\|$ 为欧氏范数；c_i 为高斯函数的中心；σ 为高斯函数的方差。

径向基神经网络的网络输出可表示为

$$y_j = \sum_{i=1}^{h} w_{ij} \exp\left(-\frac{1}{2\sigma^2} \| x_p - c_i \|^2\right), \quad j = 1, 2, \cdots, n$$

式中，$x_p = (x_1^p, x_2^p, \cdots, x_m^p)$，为第 p 个输入样本；$p = 1, 2, \cdots, P$，为样本总数；c_i 为网络隐含层结点的中心；w_{ij} 为隐含层到输出层的连接权值；$i = 1, 2, \cdots, h$ 为隐含层的结点数；y_j 为与输

入样本对应的网络的第 j 个输出结点的实际输出。

设 d 是样本的期望输出值,那么基函数的方差可表示为

$$\sigma = \frac{1}{P} \sum_{j}^{m} \| d_j - \bm{y}_j \bm{c}_i \|^2$$

学习算法的具体步骤如下:

(1) 基于 K-均值聚类方法求取基函数中心 c

① 网络初始化:随机选取 h 个训练样本作为聚类中心 $\bm{c}_i (i=1,2,\cdots,h)$;

② 将输入的训练样本集合按最近邻规则分组:按照 $\bm{x}_p$ 与中心为 $\bm{c}_i$ 之间的欧氏距离将 $\bm{x}_p$ 分配到输入样本的各个聚类集合 $v_p (p=1,2,\cdots,P)$ 中。

③ 重新调整聚类中心:计算各个聚类集合 v_p 中训练样本的平均值,即新的聚类中心 c_i,如果新的聚类中心不再发生变化,则所得到的 c_i 即为 RBF 神经网络最终的基函数中心,否则返回②,进入下一轮的中心求解。

(2) 求解方差 σ_i

该 RBF 神经网络的基函数为高斯函数,因此方差 σ_i 可由下式求解:

$$\sigma_i = \frac{c_{\max}}{\sqrt{2h}}, \quad i = 1, 2, \cdots, h$$

式中,$c_{\max}$ 为所选取中心之间的最大距离。

(3) 计算隐含层和输出层之间的权值

隐含层至输出层之间神经元的连接权值可以用最小二乘法直接计算得到,计算公式如下:

$$w = \exp\left(\frac{h}{c_{\max}^2} \| \bm{x}_p - \bm{c}_i \|^2\right), \quad p = 1, 2, \cdots, P; i = 1, 2, \cdots, h$$

11.6.2 股市数据样本的径向基网络输入设计

股票市场具有高收益和高风险并存的特性。关于股市分析和预测的研究一直被人们所重视,但是由于股票市场的高度非线性特征,导致众多股市分析方法的应用效果都不太理想。近年来,计算机技术和人工智能技术的迅猛发展,为股票市场的建模和预测提供了新的技术和方法。

从前节可见,应用 BP 神经网络进行训练,计算很复杂。而 RBF(径向基)网络是一种新颖有效的前向型神经网络,它避免了像 BP 网络那样繁琐冗长的计算,具有较高的运算速度和外推能力,同时使得网络有较强的非线性映射功能。RBF 网络是通过非线性基函数的线性组合实现输入空间 R^N 到输出空间 R^M 的非线性转换[3]。因此,径向基网络也特别适合于非线性数据的分类。

神经网络因为其广泛的适应能力和学习能力,在非线性系统的预测方面得到了广泛的应用。BP 神经网络是一种计算复杂、学习效率低下的网络,RBF(径向基)网络是一种新颖

有效的前向型神经网络,由于该网络输出层是对中间层的加权,使得该网络避免了像 BP 网络那样繁琐冗长的计算,具有较高的运算速度和外推能力,同时使得网络有较强的非线性映射功能。RBF 网络是通过非线性基函数的线性组合实现输入空间 R^N 到输出空间 R^M 的非线性转换。而股票数据是一类非线性较强的时间序列,对它们进行预测,即从前 N 个数据中预测将来的 M 个数据,实质上就是找出从 R^N 到 R^M 的非线性映射关系。因此,可以说径向基网络特别适合于非线性时间序列如股票市场等系统的预测。现在我们应用径向基网络来做股市预测。

由于股市中的数据可以看做一个时间序列进行处理,因此这里我们假定有时间序列 $x=\{x_i|x_i\in R, i=1,2,\cdots,L\}$,现在希望通过序列的前 N 个时刻的值,预测出后 M 个时刻的值。这里可以采用序列的前 N 个时刻的数据为滑动窗,并将其映射为 M 个值。这 M 个值代表在该窗之后的 M 个时刻上的预测值。如表 11-4 所示,列出了数据的一种划分方法。

表 11-4 数据的划分方法

N 个输入	M 个输出
$x_1,\cdots,x_N$	$x_{N+1},\cdots,x_{N+M}$
$x_2,\cdots,x_{N+1}$	$x_{N+2},\cdots,x_{N+M+1}$
$\cdots$	$\cdots$
$x_K,\cdots,x_{N+K-1}$	$x_{N+K},\cdots,x_{N+M+K-1}$

该表把数据分为 K 个长度为 $N+M$ 的、有一定重叠的数据段,每一个数据段可以看做一个样本,这样就可得到 $K=L-(N+M)+1$ 个样本。这样一来,就可以将每个样本的前 N 个值作为 RBF 神经网络的输入,后 M 个值作为目标输出。通过学习,实现从 R^N 到 R^M 的非线性映射,从而达到时间序列预测的目的。

这里的样本数据来源于某公司股票市场资料,该股票数据共有 402 个,即时间序列的长度 $L=402$。由于篇幅的原因,这里无法将所有的数据同时列出。值得指出的是,无论采用多大的学习样本。网络设计的训练过程是一致的。唯一不同的是,通过大容量样本训练出来的网络其预报误差更小,外推能力也更强。本实例的主要目的是演示基于 RBF 神经网络预测股市的过程,因此,这里节选了所有数据中的 10 个数据作为本例的股票价格数据,如表 11-5 所示。通过公式 $x'=\dfrac{x-x_{\min}}{x_{\max}-x_{\min}}$ 可以将原始数据进行归一化处理。表 11-5 中的数据是已经归一化后的数据。

表 11-5 股市数据

日期	股票价格数据	日期	股票价格数据
2010-1-1	0.1254	2010-1-6	0.6078
2010-1-2	0.2315	2010-1-7	0.7119
2010-1-3	0.3297	2010-1-8	0.8685
2010-1-4	0.4376	2010-1-9	0.9056
2010-1-5	0.5425	2010-1-10	1.0000

11.6.3 RBF 网络训练与测试

这里将每 3 天作为一个周期，3 天的股票数据作为网络的输入向量。输出则为预测日当天的股票价格。因此，输入层 $N=3$，输出层的神经元个数 $M=1$，样本个数 $K=L-(N+M)+1=7$ 个。为了提高网络精度，中间层的神经元个数设为 50 个。网络创建代码为

```
spread=1;
Net=newrbe(P,T,spread);
```

其中，spread 为径向基函数的分布密度（称为展开系数），spread 越大，网络的预测性能越平滑。但是并不是越大越好，过大的 spread 可能导致计算上出现问题，这里先将其设定为 1。P 和 T 分别表示训练样本中的输入向量和目标向量。

这里将前 5 个样本作为训练样本，后 2 个样本作为测试样本。

P_test 为测试样本向量。不断增加 spread 的值，观察它对最终输出的影响，结果如表 11-6 所示。

表 11-6 测试结果

spread	1	2	3	4	5
输出	0.7151	0.8054	0.8226	0.8283	0.8308

从表 11-6 可见，spread 越大，网络的输出值越接近于真实值。但当 spread 增加到 3 之后，对输出的影响就没有那么明显了。因此，这里取 spread=5，这时的预测误差为 0.0948，考虑到训练样本的容量，这样的误差是可以接受的。

本例完整的 MATLAB 代码为

```
P=[0.1254 0.2315 0.3297;
   0.2315 0.3297 0.4376;
   0.3297 0.4376 0.5425;
   0.4376 0.5425 0.6078;
```

```
    0.5425 0.6078 0.7119]';
T=[0.4376 0.5425 0.6078 0.7119 0.8685];
P_test=[0.6078 0.7119 0.8685];
Net=newrbe(P,T,5);
Y=sim(net,P_test)
```

11.7 基于学习向量量化 LVQ 网络的财务危机预警研究

财务失败又称为财务困境或财务危机,最严重的财务危机就是企业破产。当一个企业无力履行合同、无力按时支付债权人利息和偿还本金时,该企业就面临财务失败。事实上,企业陷入财务危机直至破产是一个逐步的过程,大多数企业的财务失败都是由财务状况异常到逐步恶化,最终导致财务失败或破产的。因此,企业的财务失败不但具有先兆,而且是可预测的。目前我国金融银行业的竞争日趋激烈,正确地预测企业财务失败对于保护投资者和债权人的权益、对于经营者防范财务危机、对于政府管理部门监控上市公司质量和证券市场风险,都具有重要的现实意义。当前被广泛研究并应用于财务失败预测的模型主要有统计模型和人工智能模型两大类。传统的统计模型包括多元判别分析模型 MDA 和对数回归模型 Logistics Regression 等,这两者也是应用最为广泛的模型。统计模型最大的优点在于其具有明显的解释性,存在的缺陷在于其过于严格的前提条件。如 MDA 要求数据分布服从多元正态分布、同协方差等;对数回归模型虽然对数据分布的要求有所降低,但仍对财务指标之间的多重共线性干扰敏感,而现实中大量数据分布都不符合这些假设前提,从而限制了统计模型在这一领域中的应用。

11.7.1 问题描述

随着信息技术的发展,人工智能和机器学习的一些分类和预测的算法也被引入到金融信用风险评估领域中来,主要包括人工神经网络和决策树的方法。决策树是一种自顶向下的分类方法,它通过对一组训练样本的学习,构造出决策型的知识表现。决策树具有速度快、精度高、生成模式简单等优点,但是这种归纳学习的方法容易造成模型的过度拟合,而且当问题复杂时,决策树的解释性也会降低。人工神经网络具有良好的容错性、自适应性和很强的泛化功能。现实世界中的企业财务失败预测问题往往非常复杂,企业的各项财务指标之间相互影响,呈现出复杂的非线性关系,而神经网络正是处理这类非线性问题的强有力的工具,近年来开始被引入到金融信用风险评估领域中。尤其是基于神经网络的企业破产预测方法逐渐显示出它的优越性,已经开始成为新的研究热点,应用的模型也从主要以 BP 网络为主逐渐扩展到其他类型的网络,本节尝试利用以竞争神经网络为基础的学习矢量量化 LVQ 网络,基于我国上市公司的实际数据对财务失败进行预测。

学习矢量量化 LVQ 网络算法的步骤如下:

(1) 网络初始化：用较小的随机数设定输入层和隐含层之间的权值初始值；

(2) 将输入向量送到输入层；

(3) 计算输出层与输入层向量的距离；

(4) 计算并选择使输入向量和权值向量的距离最小的神经元；

(5) 是否满足预先设定的精度要求，满足时算法结束，否则转回第(2)步，进行下一轮学习。

11.7.2 股市数据样本的收集

本例采用的用于构建破产预测模型的财务数据全部来自我国上市公司的真实数据，其中选取彩电破产公司是指在连续两年内被股市特别处理(ST)的公司，同时依据行业分类选取该行业的其他公司为正常公司，以财务状况异常最早发生日为基准日，选取这些公司在基准日前两年的财务报表数据。共选取了 102 家财务状况异常公司，481 家正常公司(不同年份的同一家公司也认为是不同的公司)，共 583 家公司来构建样本的集合。由于篇幅的原因，这里选用了其中的 8 个非 ST 公司和 6 个 ST 公司的样本。

这里把所有样本数据分成两份，分别是训练集和测试集。已有研究表明，在分类模型的建立过程中，如果训练集合中两类样本数据的数量相当，则所建模型具有较强的健壮性，因此这里的训练集由相同数量的两类样本构成(ST 和非 ST 公司分别是 5 个样本)。测试集中 ST 和非 ST 公司样本分别是 1 和 3 个，用于测试在训练集上构建的 LVQ 网络模型的预测精度。

特征选择是模式识别分类问题中的关键步骤，综合考虑覆盖面和计算量的问题，这里选择了最能反映公司财务状况的 5 个财务指标：净资产收益率、流动比率、股本权益比率、总资产增长率和营运资本率。样本数据如表 11-7 所示。

表 11-7 样本数据

公司类型	净资产收益率	流动比率	股本权益比率	总资产增长率	营运资本率	公司类型	净资产收益率	流动比率	股本权益比率	总资产增长率	营运资本率
ST	0.25	0.31	0.27	0.19	0.12	ST	0.19	0.30	0.21	0.18	0.13
ST	0.23	0.28	0.19	0.21	0.11	正常	0.81	0.60	0.72	0.50	0.57
正常	0.75	0.61	0.75	0.50	0.50	ST	0.25	0.28	0.19	0.23	0.09
ST	0.21	0.27	0.24	0.17	0.14	正常	0.73	0.55	0.67	0.50	0.61
正常	0.78	0.60	0.68	0.50	0.52	ST	0.15	0.23	0.18	0.21	0.16
正常	0.75	0.59	0.75	0.50	0.49	正常	0.72	0.61	0.73	0.50	0.62
正常	0.81	0.60	0.71	0.50	0.50	正常	0.70	0.59	0.72	0.48	0.59

由于所有数据都已经在[0,1]中，所以对于表 11-7 中的数据，无需进行归一化处理，可直接投入训练及测试。

这里利用前 5 个 ST 公司的样本和前 5 个正常公司的样本作为网络的训练样本，后 1

个 ST 公司和后 3 个正常公司的样本作为网络的测试样本。

首先,创建一个 LVQ 网络:

```
net=newlvq(minmax(p),8,[0.5 0.5]);
```

其中,p 为训练样本中的输入向量,8 表示网络的竞争层神经元的数目,[0.5 0.5]表示输入样本中属于第 1 类的数据占 50%,属于第 2 类的占 50%,学习算法 Learnlv1。由于竞争层神经元的数目可以影响网络分类性能,因此需要通过不断实验进行选择。

接下来利用训练样本对网络进行训练:

```
tc=[1 1 2 1 2 2 2 1 2 1];
t=ind2vec(tc);
net=train(net,p,t);
```

其中,tc 为输入向量所属的类别,ST 公司用 1 表示,正常公司用 2 表示。函数 ind2vec 将类别向量转换为网络可用的目标向量。网络经过两次训练后,误差就达到了要求。

对网络进行模拟,检验网络是否对训练数据中的输入向量进行了正确的分类。

```
y=sim(net,p);
yc=vec2ind(y);
```

输出结果为

yc=
1 1 2 1 2 2 2 1 2 1

yc=tc,可见网络的分类是正确的。

接下来对网络进行交叉检验,即利用网络对训练样本以外的数据进行分类:

```
tc_test=[2 1 2 2];
y_test=sim(net,p_test);
yc_test=vec2ind(y_test)
```

y_test 为网络测试样本中的输入向量,tc_test 表示输入向量的类别。输出为

yc_test=
2 1 2 2 2

yc_test=tc_test,可见网络对输入向量可以进行很好的分类。

11.8 支持向量机及其应用

神经网络方法受网络结构复杂性和样本复杂性的影响较大,易出现过学习现象等问题,支持向量机建立在完备的统计学习理论的基础上,有出色的学习性能,并且能较好地解决小

样本、非线性、高维数、局部极小点等实际问题。

1. 线性支持向量机

用支持向量机解决预测和分类问题,可归结为求解下列数学规划问题:

$$\min \Phi(w) = 1/2(\omega^T, w)$$

$$\text{s.t.} \quad y_i((\omega^T, x_i) + b) \geqslant 1, \quad i = 1, 2, \cdots, n$$

通过拉格朗日乘法 $L(w,b,a) = 1/2(\omega^T, w) - \sum_i a_i [y_i((w, x_i) + b) - 1]$,可得对偶的二次规划问题为

$$\max W(a) = \sum_i a_i - 1/2 \sum_i \sum_j a_i a_j y_i y_j (x_i, x_j)$$

$$\text{s.t.} \quad \sum_i a_i y_i, a_i \geqslant 0, \quad i = 1, 2, \cdots, n$$

2. 非线性支持向量机

根据泛函的有关理论,只要有一种核函数 $K(x_i, x_j), i, j = 1, 2, \cdots, n$ 满足一定条件,它就对应某一变换空间的内积。那么非线性支持向量机的目标函数为

$$W(a) = \sum_{i=1}^{n} a_i - \frac{1}{2} \sum_{i=1}^{n} \sum_{j=1}^{n} a_i a_j y_i y_j K(x_i, x_j)$$

3. 应用支持向量机 LS-SVM 软件实现多分类

我们选择 10 家企业数据作为数据样本,如表 11-8 所示。

表 11-8　10 家企业数据和专家的多分类结果

品种	指标 1	指标 2	指标 3	专家分类结果
1	1.000	1.37	80.00	4
2	10.000	2.74	160.00	2
3	0.333	1.37	800.00	3
4	0.040	8.22	16.00	1
5	1.000	2.74	40.00	4
6	8.000	1.27	40.00	2
7	0.100	0.54	8.00	1
8	1.000	0.82	400.00	3
9	0.200	4.11	50.00	4
10	0.500	16.70	80.00	1

第11章 人工神经网络模型的建立及其MATLAB求解

为了实现多分类,可以对分类进行(-1,1)编码,这里分四种情况,编码如表11-9所示。

表11-9 带分类类别的编码

分类	1	2	3	4
编码	-1,-1	-1,1	1,-1	1,1

因此,在输出变量中给出数据如下:Y=[1 1;-1 1;1 -1;-1 -1;1 1;-1 1;-1 -1;1 -1];

我们在 http://www.esat.kuleuven.ac.be/sista/lssvmlab/网站的 LS-SVMlab Toolbox 工具箱下载 MATLAB 6+:LS-SVMlab1.5 for Windows 软件来进行建模与模拟,并将此软件放在MATLAB软件环境下的当前目录下运行。

我们以10家企业数据来进行实证研究,其中前8家企业数据作为建模样本,后两家企业数据作为模拟样本。整个实验建模过程与模拟结果如下:

```
>>X=[1.000 1.37 80.00;
10.000 2.74 160.00;
0.333 1.37 800.00;
0.040 8.22 16.00;
1.000 2.74 40.00;
8.000 1.27 40.00;
0.100 0.54 8.00;
1.000 0.82 400.00];%前8家企业数据作为建模样本进行建立模型
>>Y=[1 1;-1 1;1-1;-1-1;1 1;-1 1;-1-1;1-1];%前8家企业数据的专家分类特征
>>gam=10;%惩罚因子参数的设定
>>sig2=0.2;%径向基核函数中 σ² 参数的设定
>>type='classification';%设定分类类型参数
>>[alpha,b]=trainlssvm({X,Y,type,gam,sig2,'RBF_kernel'});%对8家企业数据样本
学习训练,学习训练时,选取径向基核函数。
->>Xtest=[0.200 4.11 50;0.500 16.7 80];%两家企业分类模拟样本
>>Ytest=simlssvm({X,Y,type,gam,sig2,'RBF_kernel'},{alpha,b},Xtest);%两家企
业模拟
>>Ytest
Ytest=1 1
      -1 -1
```

从上可见,1,1与-1,-1分别对应于专家分类号4和1,支持向量机对第9,10两家企业分类模拟结果专家分类结果完全一致。

习 题

1. 给出本章中的例题的操作步骤。
2. 在 MATLAB 软件环境下,对本章例题做计算机模拟实验。
3. 参照 BP 神经网络在现金流量分类中的应用,尝试其在其他领域的分类应用。
4. 参照径向基神经网络 RBF 在股市预测的应用,尝试其在其他领域的预测应用。

第 12 章 遗传算法模型应用及其 MATLAB 求解

本章主要介绍遗传算法与粒子群算法及其在经济管理优化问题中的应用。

12.1 遗传算法原理

神经网络方法存在着局部极小的问题,为了解决神经网络算法经常陷入局部极小的问题,通常使用全局最优化算法如遗传算法来解决。

遗传算法(Genenic Algorithm,GA)是一类借鉴生物界自然选择和自然遗传机制的随机化搜索算法,由美国 J. Holland 教授提出,其主要特点是群体搜索策略和群体中个体之间的信息交换,搜索不依赖于梯度信息。它尤其适用于处理传统搜索方法难以解决的复杂和非线性问题,可广泛用于组合优化、自适应控制、规划设计和人工生命领域,是 21 世纪智能计算的关键技术之一,遗传算法作为一种新的全局优化搜索方法,具有简单通用、鲁棒性强,适应于处理和应用范围广泛之优点。

在执行遗传算法时,必须包含两个数据转换操作,一个是表现型到基因型的转换,另一个是基因型到表现型的转换。前者是把搜索空间中的参数或解转换成遗传空间的染色体或个体,此过程叫做编码操作;后者是前者的一个相反操作,叫做译码操作。

遗传算法是具有"生成+检测"(generate-and-test)的迭代过程的搜索算法。它的基本流程如图 12-1 所示。

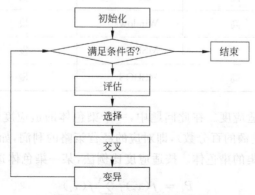

图 12-1 遗传算法的基本流程

由图 12-1 可知，遗传算法是一种群体型操作，该操作以群体中的所有个体为对象。选择（selection）、交叉（crossover）、变异（mutation）是遗传算法的 3 个主要操作算子，它们构成了所谓的遗传操作（geneic operations），使遗传算法具有其他传统方法所没有的特性。遗传算法中包含了如下 5 个基本要素：①参数编码；②初始群体的设定；③适应度函数的设计；④遗传操作设计；⑤控制参数设计（主要指群体大小和使用遗传操作的概率等）。这 5 个要素构成了遗传算法的核心内容。

12.2 遗传算法的应用举例

下面以某计算机公司的经营策略优化问题来说明遗传算法的具体应用。

【例 12-1】 某计算机公司追求的目标是最高利润，在选择适当的经营策略时，一种可能的策略要求对以下问题作出决策：

(1) 每台 PC 机的价格是定为低价格 5000 元还是定为高价格 10 000 元；

(2) 与 PC 机配套的免费软件是 Windows98 还是 MSDOS；

(3) 对用户的服务器请求提供快速服务还是慢速排队服务。

我们用遗传算法求解该决策优化问题的步骤是：

(1) 把问题的所有可能解表示为染色体数字串。因为有三个决策变量，可用三位二进制数表示，8 种状态表示 8 种经营策略可供选择。具体规定为：数字串的第一位取 0 表示高价格，取 1 表示低价格；第二位取 0 表示免费软件是 Windows，取 1 表示免费软件是 MSDOS；第三位取 0 表示慢速排队，取 1 表示提供快速服务。假设已知问题 4 种经营策略的初始解如表 12-1 所示。

表 12-1 问题的初始解

序号	价格	配套软件	服务速度	染色体数字串
1	高	MSDOS	快	011
2	高	Windows	快	001
3	低	MSDOS	慢	110
4	高	MSDOS	慢	010

(2) 求各染色体的适应度。在此问题中，一个染色体的适应度恰好为其二进制数字串等价的十进制数（总营业额的百分数），即对应的经营策略的利润，如表 12-2 所示。

(3) 选择进入交换集的染色体。按适应度比例法，某一染色体选中的概率为

$$P_c = f(x_c) \Big/ \sum f(x_i)$$

第 12 章 遗传算法模型应用及其 MATLAB 求解

表 12-2 第 0 代种群的适应度

序号	染色体 x_i	适应度 $f(x_i)$
1	011	3
2	001	1
3	110	6
4	010	2
适应度总和		12
最坏适应度		1
最好适应度		6
平均适应度		3

对串 110 来说,其适应度为 $f(x_c)=6$,而适应度总和 $\text{SUM}=\sum f(x_i)=12$,所以被选中的概率是 $6/12=0.5$,即 110 有两次被选中的机会。依此类推,串 011、001、010 被选中的概率分别为 $3/12=1/4,1/12,2/12=1/6$。选择进入交换集的染色体串及其适应度如表 12-3 所示。

表 12-3 第 0 代种群的适应度

序号	染色体 x_i	适应度 $f(x_i)$
1	011	3
2	110	6
3	110	6
4	010	2
适应度总和		17
最坏适应度		2
最好适应度		6
平均适应度		4.25

由表 12-3 可知,概率最小的串 001 因染色体最差已从种群中被剔除,而概率最大的串 110 两次入选种群。所以,选择操作的结果是提高了种群的平均适应度以及最坏适应度。

(4) 交换操作。由于选择不能产生新的染色体,因此必须进行交换操作。这里采用单点交换操作。假设随机产生的交换点为 2,从交换集中任取一对染色体 011 和 110 作为双亲染色体,产生后代 111 和 010,其中 111 为新的染色体。在本例因为是从 4 个染色体中选两个染色体参加交换,交换概率为 1/2,所以其余两个染色体不再参加交换。交换后产生的新一代种群如表 12-4 所示。

表 12-4　第 1 代种群的适应度

序号	染色体 x_i	适应度 $f(x_i)$
1	111	7
2	010	2
3	110	6
4	010	2
适应度总和		17
最坏适应度		2
最好适应度		7
平均适应度		4.25

(5) 评估新一代的种群的适应度。从表 12-4 可知,最优染色体适应度提高到 7,其对应的染色体串为 111,表示低价销售 PC 机,配套软件为 MSDOS,提供快速服务,可获得总营业额的百分数为 7%。

(6) 终止条件。因为三位二进制数对应的十进制最大值为 7,最优染色体适应度已经达到了最大值 7,所以遗传算法停止。

下面再以一个优化问题来说明遗传算法的具体应用。

【例 12-2】 遗传优化算法的应用

$$\min_x f(x) = 100(x_1^2 - x_2)^2 + (1 - x_1)^2$$

$$\text{s.t.} \quad x_1 \cdot x_2 + x_1 - x_2 + 1.5 \leqslant 0$$

$$10 - x_1 x_2 \leqslant 0$$

$$0 \leqslant x_1 \leqslant 1$$

$$0 \leqslant x_2 \leqslant 13$$

解:我们运用遗传算法解决上述优化问题的步骤如下:

(1) 首先在 MATLAB 7.2 环境下,创建目标函数适应度的 M 文件存放于 simple_fitness.m 如下:

```
function y=simple_fitness(x)
y=100 * (x(1)^2-x(2)) ^2+ (1-x(1))^2;
```

(2) 其次创建约束条件适应度的 M 文件存放于 simple_constraint.m 如下:

```
function [c, ceq]=simple_constraint(x)
c=[1.5+x(1) * x(2)+x(1)-x(2);
```

第12章 遗传算法模型应用及其 MATLAB 求解

```
-x(1)*x(2)+10];
ceq=[];
```

(3) 编写调用遗传算法 ga 函数的 M 文件：

```
%遗传算法优化 M 文件 gasf.m
ObjectiveFunction=@ simple_fitness;
nvars=2; %Number of variables
LB=[0 0]; %Lower bound
UB=[1 13]; %Upper bound
ConstraintFunction=@ simple_constraint;
[x,fval]=ga(ObjectiveFunction,nvars,[],[],[],[],LB,UB,ConstraintFunction)
```

(4) 在 MATLAB 状态下运行 M 文件 gasf(按 F5 或在命令状态下输入 gasf)得到如下结果：

```
x1=0.8122 x2=12.3122
F(x)的最小值=13578
```

或者在 MATLAB 7.2 环境下，键入 gatool，得到 Genetic Algorithm Tool 的界面，如图 12-2 所示，我们也可按如下的步骤进行操作：

(1) 在 Fitness functione：的空白边框中输入：@simple_fitness；

(2) 在 Number of variable：的空白边框中输入：2；

(3) 在 Nonlinear constraint function：的空白边框中输入：@simple_constraint；

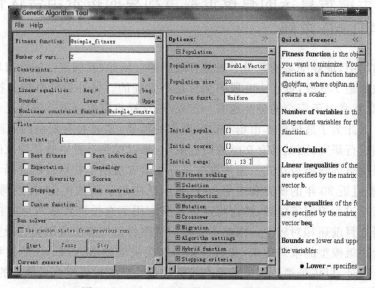

图 12-2　Genetic Algorithm Tool 的界面图

(4) 在 Initial range: 的空白边框中输入：[0 ; 13]。

按 Start 按钮，即可得到如图 12-3 所示的计算结果。

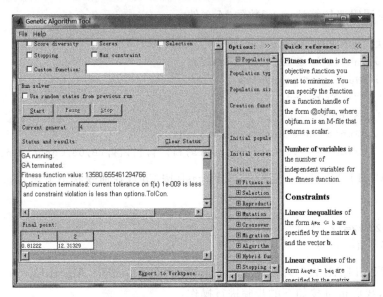

图 12-3　GA 计算结果

从图 12-3 可见，即当 $x_1=0.81222$，$x_2=12.3132$ 时，$f(x)$ 的最小值为 13 580.655 46。

12.3　基于遗传算法的有投资数量约束的投资组合优化的 MATLAB 求解

在资本市场中，证券交易的数量一般是有限制的。例如，我国深沪证券市场的股票正常交易的最小数量是 100 股，低于 100 股的交易是不受理的。另外投资机构及投资者基于各种因素的考虑，常常对于资金的分配也有一定要求，这样投资组合就需要满足市场和投资者的这些要求。因此为了适应资本市场和实际操作的需要，需要对有限制的风险资产的投资组合决策问题进行研究，而就已有文献的研究表明，难以得到有投资数量约束的投资组合优化决策模型最优解的解析表达式。遗传算法是有关学者借助生物界自然选择和进化机制基础上提出的，经过近 30 年的研究和应用，它已被广泛应用于函数优化、神经网络学习过程、模式识别和工业过程控制等领域，然而将遗传算法应用于有投资数量约束的投资组合优化决策问题的研究目前还相对较少。因此本文我们试图将遗传算法应用到有投资数量约束限制的投资组合决策模型的求解中来，并通过标准二次规划的 MATLAB 函数对遗传算法求解的结果进行验证，以佐证遗传算法求解有投资数量约束的投资组合最优解的可靠性。

1. 有投资数量约束的投资组合优化决策模型的建立

我们假设投资机构（如：基金公司）或投资者选择了 n 种可投资的风险资产进行组合投

资。记 $\boldsymbol{R}=(r_1,r_2,\cdots,r_n)'$ 是风险资产的期望收益向量;$\boldsymbol{V}=(\sigma_{ij})_{n\times m}$ 是风险资产收益的协方差矩阵;$\boldsymbol{x}=(x_1,x_2,\cdots,x_n)'$ 是风险资产的投资比例向量;$\boldsymbol{l}=(1,1,\cdots,1)'$ 是分量全部为 1 的向量;$\boldsymbol{L}=(l_1,l_2,\cdots,l_n);\boldsymbol{U}=(u_1,u_2,\cdots,u_n);0\leqslant l_i\leqslant u_i\leqslant 1,\sum_{i=1}^n l_i<1$。

则限制投资数量的有效投资组合决策模型为

$$\min \sigma^2(x)=x'\boldsymbol{V}x$$

$$\text{s. t. } \boldsymbol{R}'x\geqslant \mu, \quad l'x=1, \quad \boldsymbol{L}\leqslant x\leqslant \boldsymbol{U}'$$

然而,此问题最优解的解析表达式难以得到,因此我们试图通过遗传算法来解决。

2. 遗传算法求解有限制的投资组合决策模型的过程

(1) 初始化

① 确定种群规模 M,杂交概率 p_c,变异概率 p_m,最大进化代数 maxgen,下限、上限值向量 U,L。

② 采用实数编码,每个染色体含 n 个基因位(代表 n 个证券),基因的数值代表在投资组合中该证券所占比例。

③ 由约束条件容易知道可行集包含在下列超几何体中

$$\Omega=\{(x_1,x_2,\cdots,x_n)\mid l_1\leqslant x_1\leqslant u_1,\cdots,l_{n1}\leqslant x_n\leqslant u_n\}$$

取 $x'_1(0)=u(0,1),x'_2(0)=u(0,1),\cdots,x'_n(0)=u(0,1)$,其中函数 $u(0,1)$ 表示在 $(0,1)$ 上产生的均匀分布的随机数。然后对 $x'_j(0)$ 进行归一处理,$x_j(0)=x'_j(0)/\sum_{j=1}^n x'_j(0)$,并记 $x(0)=(x_1(0),\cdots,x_n(0))$。若不满足约束条件,则拒绝接受,由③重新产生一个新的染色体,如果产生的新的染色体可行,则接受它作为种群的一名成员,经过有限次抽样后,得到 M 个可行的染色体 $x_j,j=1,2,\cdots,M$。设 $x_j(0)$ 的染色体编码为 $v_j(0)$,并记为 $v(0)=(v_1(0),\cdots,v_M(0))$。

④ 计算 $v_j(0)$ 的适应度,即目标值 $F(v_j(0))=-\sigma^2(v_j(0))$。按目标值的大小把 $v_j(0)$ 重新排序,并把排在第一的染色体记为 v_0,这是最好的。如果在以后的进化过程中,发现比 v_0 更好的染色体,则用更好的染色体,则用它取代 v_0。

⑤ 置 $k=0$。

(2) 选择

① 根据适应性强的染色体被选择产生后代机会大的原则,给每个 $v_j(k)$ 依据上面适应性的排序定义一个繁殖概率

$$p_j(k)=\frac{F(v_j(k))}{F(v_1(k))+F(v_2(k))+\cdots+F(v_n(k))}$$

$j=1$ 意味着染色体是最好的,$j=M$ 说明是最差的。

② 对于每个染色体 $v_j(k)$,计算累计概率 q_j。

$$q_0=0,q_j=\sum_{i=1}^j p_i(k),\quad j=1,2,\cdots,M$$

③ 从区间$(0, q_M)$中产生一个随机数r。若$q_{j-1} < r < q_j$,则选择第j个染色体$1 \leqslant j \leqslant M$。

④ 重复②、③共M次,这样可以得到M个复制的染色体,记为$v' = (v'_1(k), \cdots, v'_M(k))$。

(3) 杂交

① 事先定义杂交操作的概率p_c,$v'_j(k)$为确定杂交操作的父代,从$j=1$到M重复以下过程:从$[0,1]$中产生随机数r,若$r < p_c$,则选择$v'_j(k)$作为一个父代。

② 用$v''_1(k), \cdots, v''_L(k)$表示我们所选择的父代,对它们进行随机分对,如
$$(v''_1(k), \cdots, v''_L(k)), \cdots$$
并对所有的对进行交叉操作。若要对$(v''_1(k), v''_2(k))$进行交叉操作,可先从$(0,1)$中产生一个随机数c,再按下列形式在$(v''_1(k), v''_2(k))$之间进行交叉操作,产生两个后代。
$$x_1(k) = cv''_1(k) + (1-c)v''_2(k); x_2(k) = (1-c)v''_1(k) + cv''_2(k)$$

③ 同理可对其他对进行交叉操作。

(4) 变异

① 事先定义变异概率p_m,对经过杂交操作的中间个体进行变异操作从$j=1$到M重复以下过程:从$[0,1]$中产生随机数r,如果$r < p_m$,则选择$v_j(k)$作为变异的父代。

② 产生$[1, n]$上的随机整数i, j及$(0, 1)$上的随机数r_1和r_2,变异的结果为染色体a_i的第i位基因a_{ij}的值变为r_1,同样将染色体a_i的第j位基因a_{ij}的值变为r_2。若不满足约束条件,则拒绝接受;由②重新产生一个新的染色体,如果产生的染色体可行,则接受它作为种群的一名成员。经过有限次抽样后可以产生s个变异后的新个体。

③ 计算由变异操作步骤②中s个新个体、杂交操作中进行杂交而未选择为变异的$L-s$个新个体的适应值,并把它们同时放回,和选择操作中剩余的$M-L$个个体一起构成新一代种群$v(k+1) = \{v_1(k+1), \cdots, v_M(k+1)\}$。

④ 终止检验

如果达到最大进化次数则终止演化,否则置$k = k+1$,转选择操作。

3. 用遗传算法求最优投资组合风险实例及其结果分析

从金融数据库中获得三个证券的月收益率如表12-5所示。

表12-5 三个证券投资单项收益率历史数据

例	投资组合历史数据		
期	股票1	股票2	债券
1	0	0.07	0.06
2	0.04	0.13	0.07
3	0.13	0.14	0.05
4	0.19	0.43	0.04

续表

例期	投资组合历史数据		
	股票1	股票2	债券
5	−0.15	0.67	0.07
6	−0.27	0.64	0.08
7	0.37	0	0.06
8	0.24	−0.22	0.04
9	−0.07	0.18	0.05
10	0.07	0.31	0.07
11	0.19	0.59	0.1
12	0.33	0.99	0.11
13	−0.05	−0.25	0.15
14	0.22	0.04	0.11
15	0.23	−0.11	0.09
16	0.06	−0.15	0.1
17	0.32	−0.12	0.08
18	0.19	0.16	0.06
19	0.05	0.22	0.05
20	0.17	−0.02	0.07

用表格软件的 corvar() 函数可求得三个证券的协方差矩阵为

$$V = \begin{bmatrix} 0.052122 & -0.02046 & -0.00026 \\ -0.02046 & 0.20929 & -0.00024 \\ -0.00026 & -0.00024 & 0.00147 \end{bmatrix}$$

用 average() 函数可求得三个证券的期望收益率为 $R = [0.1130, 0.1850, 0.0755]$。

设三个证券的投资组合的最低预期收益率是 0.13，在不允许卖空的情况下，求三个证券组合最佳投资比例和最低风险。

对于非线性规划问题的数学模型为

$$\min f(\boldsymbol{X}) = \boldsymbol{X}^\mathrm{T} \boldsymbol{V} \boldsymbol{X}$$
$$\mathrm{s.t.} \ \boldsymbol{A}\boldsymbol{X} \leqslant \boldsymbol{b} \quad \text{线性不等式约束}$$
$$\boldsymbol{A}_{\mathrm{eq}}\boldsymbol{X} = \boldsymbol{b}_{\mathrm{eq}} \quad \text{线性等式约束}$$
$$\boldsymbol{LB} \leqslant \boldsymbol{X} \leqslant \boldsymbol{UB} \quad \text{边界约束}$$

应用遗传算法的优化工具箱函数 ga 的调用格式是

```
[x,fval]=ga(Obj,nvars,A,b,Aeq,beq,LB,UB,[])
```
Obj:适应度函数

Nvars:变量的个数

A:线性不等式约束系数矩阵

b:线性不等式约束常数向量

Aeq:线性等式约束系数矩阵

beq:线性等式约束常数向量

LB:边界下限

UB:边界上限

[]:非线性约束函数

因此,对于上述问题,我们编制 MATLAB 程序如下:

```
%遗传算法的M文件 tzga.m
Obj=@ tzfitness;
nvars=3; %Number of variables
A=[-0.1130,-0.1850,-0.0755];
b=[-0.13];
Aeq=[1,1,1];
beq=[1];
LB=[0 0 0]; %Lower bound
UB=[1 1 1]; %Upper bound
%ConstraintFunction=@ tzconstraint;
[x,fval]=ga(Obj,nvars,A,b,Aeq,beq,LB,UB,[])

%遗传算法的适应度函数 tzfitness.m
function y=tzfitness(x)
y=0.02061*x(1)^2+0.104645*x(2)^2+0.0007345*x(3)^2
-0.02046*x(1)*x(2)-0.00025*x(1)*x(3)-0.00023*x(2)*x(3);
```

运行上述程序得到如下结果:

```
>>tzga
x=0.5044    0.3245    0.1718
fval=0.0143
```

将上述结果和下面应用 MATLAB 二次规划求解函数 quadprog()、Excel 的规划求解工具所得到结果作一比较,对上述数据进行计算得到计算结果如表 12-6 所示。

由表 12-6 可知,三种不同工具对投资组合优化模型的求解结果非常接近。但 MATLAB 中的 quadprog() 函数与 Excel 的规划求解工具只适应于约束是线性的二次规划模型的求解,而遗传算法除了可以求解约束是线性的二次规划以外,对于约束是非线性的二次规划的情况,甚至即使目标函数不是二次规划的非线性模型且约束是非线性的复杂模型,遗传算法也可以很好的解决。因此,遗传算法在社会经济生活的复杂建模中具有无可比拟的优越性。

表 12-6 投资组合优化模型三种方法的计算结果

	MATLAB 的遗传算法 ga() 函数求解结果	MATLAB 的二次规划 quadprog() 求解结果	Excel 的二次规划求解工具求解结果
最优投资比例 (x_1, x_2, x_3)	(0.5044, 0.3245, 0.1718)	(0.5063, 0.3243, 0.1694)	(0.5063, 0.3243, 0.1694)
投资组合的最低风险	0.0143	0.0143	0.0151

4. 结束语

为了使投资组合优化问题更接近于客观实际,我们常常需要对有投资数量约束的投资组合优化决策进行研究。本文我们在建立有投资数量约束的投资组合优化决策模型的基础上,对其投资比例进行了实数编码,从而成功地将选择、杂交、变异等遗传算子运用到投资组合决策中,得到了最优解,并从 MATLAB 的二次规划 quadprog() 函数和 Excel 的非线性规划求解工具等不同视角对该投资组合模型进行了求解,从而佐证了遗传算法求解该模型的可靠性。可以预见,在今后投资组合优化决策的实际应用中,遗传算法会越来越广。

12.4 粒子群优化算法及其应用

粒子群优化算法是基于智能理论的有效全局优化算法,它通过群体中粒子间的合作与竞争产生的群体智能指导优化搜索,与传统的进化算法(如:遗传算法和蚁群算法)相比,粒子群算法除保留基于种群的全局搜索策略外,还采用速度-位移模型,这样,操作简单,避免了复杂的遗传操作,同时它特有的记忆功能使其可以动态跟踪当前的搜索情况从而调整其搜索策略,由于每代种群中的解具有"自我"学习提高和向"他人"学习的优点,因此它能以较少的迭代次数找到最优解,目前已广泛应用于函数优化和数据挖掘等领域。

粒子群优化算法(PSO)要求每个个体(粒子)在进化的过程中维护两个向量,即速度向量 $v_i = [v_i^1, \cdots, v_i^D]$ 和位置向量 $x_i = [x_i^1, \cdots, x_i^D]$,其中 i 表示粒子的编号,D 是求解问题的维数。粒子的速度决定了其运动的方向和速率,而位置则体现了粒子所代表的解在解空间中的位置,是评估该解质量的基础。同时还要求每个粒子各自维护一个自身的历史最优位置向量(用 $pBest_i$ 表示),也就是说在进化的过程中,如果粒子到达了某个使得适应值更好的位置,则将该位置记录到历史最优向量中,而且如果粒子能够不断地找到最优的位置的话,该向量也会在不断地更新。另外,群体还维护一个全局最优,用 gBest 表示,这个就是所有粒子的 pBest 中最优的那个,这个全局最优起到引导粒子向该全局最优区域收敛的作用。PSO 的处理步骤如下:

(1) 随机初始化每个粒子：随机在允许的最大速度和搜索范围内初始化粒子的速度和位置。同时，令粒子的历史最优位当前位置。

(2) 评估每个粒子并得到全局最优。

(3) 条件满足否，如果条件满足，结束。否则转(4)。

(4) 更新每个粒子的速度和位置。更新公式如下：

$$v_i^d = \omega \times v_i^d + c_1 \times r_1^d \times (p_{\text{Best}i}^d - x_i^d) + c_2 \times r_2^d \times (p_{\text{Best}i}^d - x_i^d); x_i^d = x_i^d + v_i^d$$

更新过程需要保证速度在允许的最大速度之内，否则限制在边界。同时需要保证位置在搜索空间之内，否则限制在边界（或采用其他手段使得位置合法化）。

(5) 评估每个粒子的函数适应值。

(6) 更新群体的全局最优位置后；转(3)。

下面通过一个简单的函数优化的例子，说明粒子群优化算法的运行机理。

【例 12-3】 已知函数 $y = f(x_1, x_2) = x_1^2 + x_2^2$，其中，$-10 \leqslant x_1, x_2 \leqslant 10$，用粒子群优化算法求解 y 的最小值。

分析：这是一个非常简单的问题，因为很容易知道当 $x_1 = x_2 = 0$ 的时候，函数取得最小值 0。但是，如果已知的函数不是如此简单，而是一个非常复杂的非线性、不连续、不可导的函数，难以用传统的数学推导进行求解，那么粒子群优化算法就大有作为了。因为它能够抛开所有的数学属性，单纯从每个解得适应值（也就是函数值）考虑，通过简单的四则运算就可以找到了全局最优解或者近似最优解 。因此，本例从简单入手，分析粒子群算法的运行过程，进而推广到解决复杂的问题，因为所有的原理都是相通的。

用粒子群优化算法求解上述例题的执行步骤如下：

第一步：初始化。假设种群大小是 $N=3$；在搜索空间中随机初始化每个解的速度和位置，计算适应函数值，并且得到粒子的历史最优位置和群体的全局最优位置。

$$P_1 = \begin{cases} \boldsymbol{v}_1 = (3, 2) \\ \boldsymbol{x}_1 = (8, -5) \end{cases} \xrightarrow{\text{计算适应值}} \begin{cases} f_1 = 8^2 + (-5)^2 = 64 + 25 = 89 \\ \boldsymbol{p}_{\text{Best1}} = \boldsymbol{x}_1 = (8, -5) \end{cases}$$

$$P_2 = \begin{cases} \boldsymbol{v}_2 = (-3, -2) \\ \boldsymbol{x}_2 = (-5, 9) \end{cases} \xrightarrow{\text{得到历史}} \begin{cases} f_2 = (-5)^2 + 9^2 = 25 + 81 = 106 \\ \boldsymbol{p}_{\text{Best2}} = \boldsymbol{x}_2 = (-5, 9) \end{cases}$$

$$P_3 = \begin{cases} \boldsymbol{v}_3 = (5, 3) \\ \boldsymbol{x}_3 = (-7, -8) \end{cases} \xrightarrow{\text{最优位置}} \begin{cases} f_3 = (-7)^2 + (-8)^2 = 49 + 64 = 113 \\ \boldsymbol{p}_{\text{Best3}} = \boldsymbol{x}_3 = (-7, -8) \end{cases}$$

由 $f_1 < f_2 < f_3$ 得 $\boldsymbol{g}_{\text{Best}} = \boldsymbol{p}_{\text{Best1}} = (8, -5)$.

第二步：粒子的速度和位置更新。更新自身的历史最优位置和全局的最优位置，更新每个粒子的速度和位置。

$$P_1 = \begin{cases} \boldsymbol{v}_1 = \omega \times \boldsymbol{v}_1 + c_1 \times r_1 \times (\boldsymbol{p}_{\text{Best1}} - \boldsymbol{x}_1) + c_2 \times r_2 \times (\boldsymbol{g}_{\text{Best}} - \boldsymbol{x}_1) = \begin{cases} 0.5 \times 3 + 0 + 0 = 1.5 \\ 0.5 \times 2 + 0 + 0 = 1 \end{cases} \\ \boldsymbol{x}_1 = \boldsymbol{x}_1 + \boldsymbol{v}_1 = (8, -5) + (9.5, -4) \end{cases}$$

$$P_2 = \begin{cases} v_2 = \omega \times v_2 + c_1 \times r_1 \times (p_{Best2} - x_2) + c_2 \times r_2 \times (g_{Best} - x_2) = \begin{cases} 0.5 \times (-3) + 0 + 2.0 \times 0.3 \times (8 - (-5)) = 6.1 \\ 0.5 \times (-2) + 0 + 2.0 \times 0.1 \times ((-5) - 9) = 1.8 \end{cases} \\ x_2 = x_2 + v_2 = (-5, 9) + (6.1, 1.8) = (1.1, 10.8) = (1.1, 10) \end{cases}$$

注意：对于越界的位置，需要进行合法性调整。

$$P_3 = \begin{cases} v_3 = \omega \times v_3 + c_1 \times r_1 \times (p_{Best3} - x_3) + c_2 \times r_2 \times (g_{Best} - x_3) = \begin{cases} 0.5 \times 5 + 0 + 2.0 \times 0.05 \times (8 - (-7)) = 3.5 \\ 0.5 \times 3 + 0 + 2.0 \times 0.8 \times ((-5) - 8) = 6.3 \end{cases} \\ x_3 = x_3 + v_3 = (-7, -8) + (3.5, 6.3) = (-3.5, -1.7) \end{cases}$$

ω 是惯性权重，一般取[0,1]区间的数，这里假设为 0.5，而 c_1 和 c_2 为加速系数，通常取固定值 2.0，r_1 和 r_2 是[0,1]区间的随机数。

第三步：评估粒子的适应度函数值。更新粒子的历史最优位置和全局最优位置。

$f_1^* = 9.5^2 + (-4)^2 = 90.25 + 16 = 106.25 > f_1 = 89$ $\begin{cases} f_1 = 89 \\ p_{Best1} = (8, -5) \end{cases}$

$f_2^* = 1.1^2 + 10^2 = 1.21 + 100 = 101.21 < 106 = f_2$ $\begin{cases} f_2 = f_2^* = 101.21 \\ p_{Best2} = x_2 = (1.1, 10) \end{cases}$

$f_3^* = (-3.5)^2 + (-1.7)^2 = 12.25 + 2.89 = 15.14 < 113 = f_3$ $\begin{cases} f_3 = f_3^* = 15.14 \\ p_{Best3} = x_3 = (-3.5, -1.7) \end{cases}$

第四步：如果满足条件，则输出全局最优结果并结束程序，否则，转向第二步继续执行。

下面是求 $y = f(x_1, x_2) = x_1^2 + x_2^2$ 最小值的 MATLAB 程序：

主函数源程序

```
function [xm,fv]=PSO(fitness,N,c1,c2,w,M,D)
%待优化的目标函数 fitness
%粒子数目 N
%学习因子 1:c1
%学习因子 2:c2
%惯性权重:w
%最大迭代次数:M
%问题的维数:D
%目标函数取最小值时的自变量:xm
%目标函数的最小值:fv
for i=1:N
    for j=1:D
        x(i,j)=randn; %随机初始化位置
        v(i,j)=randn; %随机初始化速度
    end
end
for i=1:N
    p(i)=fitness(x(i,:));
```

```
        y(i,:)=x(i,:);
    end
pg=x(N,:);
for i=1:(N-1)
    if fitness(x(i,:))<fitness(pg)
        pg=x(i,:);
    end
end
for t=1:M
    for i=1:N
        v(i,:)=w*v(i,:)+c1*randn*(y(i,:)-x(i,:))+c2*randn*(pg-x(i,:));
        x(i,:)=x(i,:)+v(i,:);
        if fitness(x(i,:))<p(i)
            p(i)=fitness(x(i,:));
            y(i,:)=x(i,:);
        end
        if p(i)<fitness(pg)
            pg=y(i,:);
        end
    end
    Pbest(t)=fitness(pg);
    xm=pg';
    fv=fitness(pg);
end
>>[xm,fv]=PSO(@ fitness,30,2,2,0.8,100,2)
xm=
    0.0011
    0.0001
fv=
  1.1345e-006
```

习　　题

1. 给出本章中的例题的操作步骤。
2. 在 MATLAB 软件环境下,对本章例题做计算机实验。

第 13 章 预测模型的 Excel 计算

预测在商务管理决策中有着广泛的应用,如产品的销售预测、利润预测、成本预测等。预测可分为:定性预测和定量预测。定性预测:适用于历史数据缺乏的情况,主要有:市场调查法、专家评估法(德尔菲法)、情景分析法等。定量预测:适用于历史数据已知的情况;主要有:①时间序列分析预测:移动平均、加权移动平均、指数平滑;②因果分析法:回归分析;③马尔科夫预测:它主要研究事物状态的转移的预测。本章主要介绍定量预测方法。

13.1 时间序列分析预测

1. 移动平均

$$\text{移动平均值} = n \text{ 个最近期的数据之和}/n$$

这里的移动是指,可得到新的观察值以代替时间序列中的旧的观察值,并计算出新的平均值,结果,当新的观察值产生后,旧的平均值将发生变化,或说移动了。

Excel 计算实例如图 13-1 所示。

2. 加权移动平均

在前面的例子中,设第一月、第二月、第三月的观察值得权重分别为 1/6、2/6、3/6,则第四月的预测值可用加权移动法计算如下:

$$\text{第 4 个月预测值} = 3/6 \times 35 + 2/6 \times 28 + 1/6 \times 36 = 32.84$$

图 13-2 中 $mse = \sum_i \dfrac{(y_i - \hat{y}_i)^2}{n}$ (mean squared error 平均误差平方和,即方差),y_i 为销售量,$\hat{y}_i$ 为预测值

Excel 计算实例如图 13-2 所示。

3. 指数平滑

$$F_t = F_{t-1} + \alpha(A_{t-1} - F_{t-1})$$

式中,F_t 为 t 期的预测值;F_{t-1} 为 $t-1$ 期的预测值;α 为平滑系数;A_{t-1} 为 $t-1$ 期的实际观测值。

Excel 计算实例如图 13-3 所示。

	A	B	C	D	E	F
1	月份	销售量	加权移动平均预测值			
2	1	36				
3	2	28				
4	3	35				
5	4	40	33.00			
6	5	34	34.33			
7	6	32	36.33			
8	7	35	35.33			
9	8	40	33.67			
10	9	37	35.67			
11	10	31	37.33			
12	11	34	36.00			
13	12	36	34.00			
14	13	37	33.67			
15	14	33	35.67			
16	15	38	35.33			
17	16	36	36.00			
18	17	41	35.67			
19	18	?	38.33			
20						
21						
22						
23						

图 13-1　移动平均计算图

	A	B	C	D	E	F
1						
2	月份	销售量	加权移动平均预测值			
3	1	36		w1	0.407584	
4	2	28		w2	0	
5	3	35		w3	0.592417	
6	4	40	35.40761924	sum	1.000001	
7	5	34	35.10902917			
8	6	32	34.40761824			
9	7	35	35.26070589			
10	8	40	34.59245076			
11	9	37	36.73936611			
12	10	31	36.18486853			
13	11	34	34.66828912			
14	12	36	35.22278671			
15	13	37	33.96211482			
16	14	33	35.77728429			
17	15	38	34.22278571			
18	16	36	37.59245376			
19	17	41	34.77728329			
20			39.77728829			
21		mse=	11.27821897			
22						
23						

图 13-2　加权移动平均计算图

第 13 章 预测模型的 Excel 计算

	A	B	C	D	E	F	G	H	I
1									
2						alpha=	0.10	0.3	0.8
3	1	36	36	36	36				
4	2	28	36.00	36.00	36.00				
5	3	35	35.20	33.60	29.60				
6	4	40	35.18	34.02	33.92				
7	5	34	35.66	35.81	38.78				
8	6	32	35.50	35.27	34.96				
9	7	35	35.15	34.29	32.59				
10	8	40	35.13	34.50	34.52				
11	9	37	35.62	36.15	38.90				
12	10	31	35.76	36.41	37.38				
13	11	34	35.28	34.78	32.28				
14	12	36	35.15	34.55	33.66				
15	13	37	35.24	34.98	35.53				
16	14	33	35.41	35.59	36.71				
17	15	38	35.17	34.81	33.74				
18	16	36	35.46	35.77	37.15				
19	17	41	35.51	35.84	36.23				
20									
21		mse=	11.78	13.34	18.15				
22									
23									

图 13-3 指数平滑计算图

13.2 相关性预测(回归预测)

在管理活动中,管理人员需要对许多活动进行归纳总结,希望找出这些活动的内在规律,从而为将来的计划和决策提供有力的依据。常用的方法是通过收集样本数据,利用统计理论来推测一些规律性的结论。

相关性预测与时间序列预测的一个不同之处是它通常考虑与待测变量相关的若干个变量,一旦找到了这些相关变量,就可以建立一个统计模型,从而计算出预测量。

13.2.1 一元线性回归模型的建立

一元线性回归预测模型是最基本的回归模型,其数学表达式为

$$\hat{y} = a + bx + \varepsilon \tag{13-1}$$

式中:$\hat{y}$为预测对象,因变量或被解释变量的预测值;x为影响因素,自变量或解释变量的相应值;a,b为待估计的参数,称为回归系数;ε为偏差,或估计误差,或残差。

为了估计a,b参数,最常用的方法是最小二乘法。首先,要收集预测对象y及相关因素x的数据样本n对(实际值):

$$(y_1, x_1), (y_2, x_2), (y_3, x_3), \cdots, (y_n, x_n)$$

再将其描绘在坐标图上(x为横轴,y为纵轴),当这n对数据点近似呈直线分布时,则可以用一元线性回归模型式(13-1),式中$a+bx=y$应是预测对象的实际值,因而对应样本

中的每一个 x_i 都有一个 y_i 的估计值 $\hat{y}_i$，$i=1,2,\cdots,n$；y_i 与 $\hat{y}_i$ 之间存在一个偏差 ε_i，于是有

$$\varepsilon_i = y_i - \hat{y}_i = y_i - a - bx_i$$

设 $Q = \sum_{i=1}^{n} \varepsilon_i^2 = \sum_{i=1}^{n}(y_i - a - bx_i)^2$

可见，Q 是参数 a，b 的函数。为了求 Q 最小可利用极值原理：

$$\frac{\partial Q}{\partial a} = 0, \quad \frac{\partial Q}{\partial b} = 0$$

即

$$\begin{cases} \dfrac{\partial Q}{\partial a} = -2\sum_{i=1}^{n}(y_i - a - bx_i) = 2\sum_{i=1}^{n}(a + bx_i - y_i) = 0 \\ \dfrac{\partial Q}{\partial b} = -2\sum_{i=1}^{n}x_i(y_i - a - bx_i) = 2\sum_{i=1}^{n}x_i(a + bx_i - y_i) = 0 \end{cases}$$

求解此联立方程可得

$$b = \frac{n\sum_{i=1}^{n}x_iy_i - \sum_{i=1}^{n}x_i\sum_{i=1}^{n}y_i}{n\sum_{i=1}^{n}x_i^2 - \left(\sum_{i=1}^{n}x_i\right)^2}, \quad a = \frac{1}{n}\sum_{i=1}^{n}y_i - \frac{b}{n}\sum_{i=1}^{n}x_i$$

令 $\bar{x} = \dfrac{1}{n}\sum_{i=1}^{n}x_i, \quad \bar{y} = \dfrac{1}{n}\sum_{i=1}^{n}y_i$

简记 $\sum_{i=1}^{n}$ 为 $\sum$，则有

$$b = \frac{\sum x_iy_i - n\bar{x}\bar{y}}{\sum x_i^2 - n\bar{x}^2}$$

$$a = \bar{y} - b\bar{x}$$

【例 13-1】 数据如表 13-1 所示。

表 13-1 数据

序号	x_i	y_i	x_i^2	y_i^2	x_iy_i
1	1.30	4.88	1.6900	23.8144	6.3440
2	1.34	5.19	1.7956	26.9361	6.9546
3	1.40	6.74	1.9600	45.4276	9.4360
4	1.41	7.31	1.9881	53.4361	10.3071
5	1.42	8.23	2.0164	67.7329	11.6866
6	1.53	10.41	2.3409	108.3681	15.9273
7	1.55	11.10	2.4025	123.2100	17.2050
8	1.60	11.80	2.5600	139.2400	18.8800
合计	11.55	65.66	16.7537	588.1652	96.7406

按表 13-1 中的数据可算得，$\bar{x}=1.4438$，$\bar{y}=8.2075$，则

$$b = \frac{\sum x_i y_i - n \bar{x} \bar{y}}{\sum x_i^2 - n \bar{x}^2} = \frac{96.7406 - 8 \times 1.4438 \times 8.2075}{16.7535 - 8 \times 1.4438^2} = 24.863$$

$$a = \bar{y} - b\bar{x} = 8.2075 - 24.863 \times 1.4438 = -27.688$$

则得一元线性回归模型为

$$\hat{y} = -27.688 + 24.863x \tag{13-2}$$

13.2.2 多元线性回归模型的建立及其有关参数的解释

线性回归工具主要用于找出一项活动的结果与其影响因素之间的线性函数关系。但如果函数值与自变量之间存在非线性关系，则只能针对那些能够将非线性关系转换为线性关系的活动使用回归工具。

【例 13-2】 一位证券研究人员认为年度报告发布日股票交易收盘价格与财务报告之中的某些财务指标数据存在内在的联系，另外他觉得股票的流通股数量也是价格的一个影响因素，为此该研究人员搜集整理了相关的数据，如表 13-2 所示。

表 13-2 样本数据表

每股收益/元	每股净资产/元	国有股比率/%	流通股/股份数	每股经营现金流量/元	资产负债率/%	价格/元
0.36	2.29	0.818 181 818	1 100 000	0.62	0.049 127	8.1
0.09	1.24	0.267 873 646	311 573	0.05	0.289 132	8.83
0.34	3.77	0.57	40 000	0.65	0.368 796	12.94
−0.02	1.76	0	95 173	−0.36	0.594 492	9.34
0.14	3.06	0	127 980	0.07	0.301 67	11.22
0.3	3.76	0.572 930 355	62 400	0.65	0.351 731	12.5
0.15	3.79	0.134 525 737	65 000	−0.46	0.566 934	11.88
0.15	2.03	0.284 926 22	785 970	0.56	0.480 441	7.92
0.76	7.09	0.314 009 902	498 737	2.07	0.482 111	16.85
0.09	1.55	0.68	82 368	0.13	0.440 465	9.35
−0.35	2.48	0.536 582 584	119 600	0.3	0.688 971	5.91
1.13	6.01	0.528 693 698	147 356	−5.82	0.695 309	21.6
0.01	1.31	0.101 234 962	364 000	−0.08	0.615 201	8.17
0.02	2	0.161 383 349	113 159	0.5	0.591 139	9.38

续表

每股收益/元	每股净资产/元	国有股比率/%	流通股/股份数	每股经营现金流量/元	资产负债率/%	价格/元
0.47	3.92	0.671 160 544	58 500	0.23	0.417 003	14.08
0.03	2.91	0.050 916 497	117 840	0.31	0.580 601	10.18
0.02	1.4	0	82 940	0.16	0.718 441	9.42
0.19	2.95	0.514 648 32	49 500	−0.48	0.598 961	11.43
0.62	3.37	0.7	300 000	1.94	0.370 744	13.8
0.2	3	0	53 000	0.11	0.569 433	11.93
0.18	2.09	0.486 413 141	99 793	0.11	0.581 158	10.51
0.54	1.98	0.290 057 918	115 887	1.65	0.848 363	13.59
0.13	2.21		135 620	0.34	0.699 714	10.73
0.09	2.13	0	76 500	−0.36	0.566 72	10.48
0.42	2.4	0.552 832 882	1 202 495	1.93	0.261 103	8.53
0.52	1.71	7.770 01E−08	32 878	2.02	0.517 21	13.86

如果证券研究人员认为价格与相关因素之间存在线性关系，那么他可以通过以下步骤来进行回归分析，从而得到与相关因素之间的函数。

进行相关分析，研究变量之间相互依存的程度，通过相关分析可以发现自变量之间的关联程度，剔除高度相关的自变量可以简化函数关系。选择"工具"→"数据分析"中的"相关系数"工具，出现如图 13-4 所示的窗口。

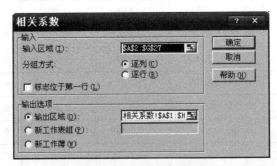

图 13-4 相关系数分析窗口

在其中输入样本数据所在的区域地址和输出区域的地址，然后单击"确定"，便可得到分析结果，如图 13-5 所示。

	A	B	C	D	E	F	G	H
1		每股收益（元	净资产（	国有股比率	流通股	每现金流量	资产负债率	价格
2	每股收益	1						
3	每股净资产	0.671504	1					
4	国有股比率	0.344135	0.268745	1				
5	流通股	0.171569	-0.02174	0.338221	1			
6	每股经营现	-0.19358	-0.25907	-0.00303	0.257796	1		
7	资产负债率	-0.11798	-0.05298	-0.46587	-0.56896	-0.27639	1	
8	价格	0.878334	0.772483	0.116583	-0.27685	-0.37278	0.161381	1

图 13-5　分析结果

相关系数的绝对值接近于 1 说明相关程度比较高，而相关系数的绝对值接近于 0 说明几乎不相关。从结果可以发现自变量之间的相关性比较弱，而每股收益和每股净资产这两个变量与价格之间的相关程度比较高。

进行回归分析，得出价格与 6 个自变量之间的函数关系，同时得出各种检验结果。选择"工具"→"数据分析"中的"回归"工具，出现如图 13-6 所示的窗口。

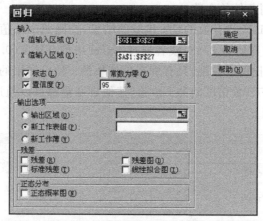

图 13-6　回归分析窗口

在这个窗口当中将价格的数据单元区域地址输入到 Y 值区域，而将 6 个自变量的数据存放区域的地址输入到 X 值区域，在必要的情况下可以选择"常数项为 0"选项。输出选项如果定义为"新工作表组"，则 Excel 将分析的结果存放到一张新建的工作表之中。

回归分析的检验结果。在第 2 步当中得到的分析结果可以见图 13-8，其中最下方的表格存放了函数关系的结果，可以表示为

价格 $= 8.73 \times$ 每股收益 $+ 0.55 \times$ 每股净资产

$- 1.21 \times$ 国有股比率 $- (3.65 \times 10^{-6})$ 流通股 $- 0.14 \times$ 每股经营现金流量

$- 0.02 \times$ 资产负债率 $+ 8.82$

如图 13-7 所示，上方表格数据反映的是统计检验的结果，这些检验结果的由来可以参见有关的统计学书籍。

本处简单说明一下它们的意义。R^2 的值为 0.999 781，调整后为 0.999 712，说明拟合

的函数关系是可以接受的，如果数值更加接近于0，则说明函数不存在。

还可以通过F检验值来说明函数关系的强弱，如图13-7中说明F检验值的计算结果为14450，本例共有26个数据样本，6个自变量，因此F检验值的分子自由度为6，分母自由度为19(26－6－1)，经过查阅Alpha值为0.05，自变量数量为6，自由度为19的单尾F分布表可知临界值位2.63，也可以通过FINV(0.05,6,19)函数可以得到临界值为2.63，因为F检验值的计算结果远远大于临界值，说明通过了95％置信区间的F检验，此回归具有比较显著的效果。

自由度的解释：样本中能够自由变动的数值的个数，样本中有n个数值，则可以自由变动的数值就有n个，增加一个限制，就减少一个自由度。

通俗地讲，自由度就是随机变量能"自由"取值的个数。如有一个有4个数据($n=4$)的样本，其平均值m等于5，即受到$m=5$的条件限制，在自由确定4、2、5三个数据后，第四个数据只能是9，否则$m≠5$。因而这里的自由度$v=n-1=4-1=3$。推而广之，任何统计量的自由度$v=n-$限制条件的个数。

图13-7中的D17:D23中存放的是t检验的结果，查阅Alpha值为0.025，自由度为19的双尾t分布表可知临界值为2.43，或者通过Excel中的TINV(0.025,19)函数可以得到临界值为2.43，通过对比可以发现，只有资产负债率的t检验结果的绝对值小于临界值，说明该自变量不能通过95％置信区间的t检验，其他自变量都可以通过。这可以说明资产负债率对价格的影响不明显。

	A	B	C	D	E	F	G	H	I
1	SUMMARY OUTPUT								
2									
3	回归统计								
4	Multiple R	0.99989							
5	R Square	0.999781							
6	Adjusted R Square	0.999712							
7	标准误差	0.054704							
8	观测值	26							
9									
10	方差分析								
11		df	SS	MS	F	nificance F			
12	回归分析	6	259.4638	43.24397	14450.76	1.04E-33			
13	残差	19	0.056858	0.002993					
14	总计	25	259.5207						
15									
16		Coefficien	标准误差	t Stat	P-value	Lower 95%	Upper 95%	下限 95.0%	上限 95.0%
17	Intercept	8.821434	0.061811	142.7156	2.93E-30	8.692062	8.950807	8.692062	8.950807
18	每股收益(元)	8.728081	0.052388	166.603	1.55E-31	8.61843	8.837731	8.61843	8.837731
19	每股净资产(元)	0.550025	0.01111	49.5076	1.5E-21	0.526772	0.573279	0.526772	0.573279
20	国有股比率	-1.20764	0.048176	-25.0671	5.07E-16	-1.30847	-1.10681	-1.30847	-1.10681
21	流通股	-3.6E-06	4.38E-08	-83.3941	7.81E-26	-3.7E-06	-3.6E-06	-3.7E-06	-3.6E-06
22	每股经营现金流量(元)	-0.14107	0.008231	-17.1386	5.17E-13	-0.1583	-0.12384	-0.1583	-0.12384
23	资产负债率	-0.02247	0.083846	-0.26794	0.791634	-0.19796	0.153027	-0.19796	0.153027

图13-7 统计检验的结果

在Excel中，还可以通过使用LINEST()函数得出相同的回归分析结果。LINEST()函数的使用格式为

```
LINEST(known_ys,known_xs,const,stats)
```

known_ys 是函数观测结果即因变量数据的存放区域；

known_xs 是自变量数据的存放区域，它必须与因变量数据的存放区域具有相同的维度，若缺省，则为$\{1,2,3,\cdots\}$，大小与 known_ys 相同。

Const 为一个逻辑值，如果为 TRUE 或省略，则常数项不为 0；如果为 FALSE，常数项将被设为 0。

stats 为一个逻辑值，如果为 TRUE，则 LINEST() 函数返回附加回归统计值；如果为 FALSE 或省略，LINEST() 函数只返回系数和常数项。

例如，针对前面的数据样本，由于样本包含 6 个自变量，如果希望回归结果的常数不为 0，则需要在工作表中选取一个 5 行 7 列的单元格区域来存放函数的返回结果。例如选择 I5:O9 后，输入"=LINEST(G2:G27,A2:F27,TRUE,TRUE)"之后，按 Ctrl、Shift、Enter 三个键可以得到如图 13-8 所示的分析结果。

I	J	K	L	M	N	O
-0.02247	-0.14107	-3.64946E-06	-1.20764	0.550025	8.728081	8.821434
0.083846	0.008231	4.37616E-08	0.048176	0.01111	0.052388	0.061811
0.999781	0.054704	#N/A	#N/A	#N/A	#N/A	#N/A
14450.76	19	#N/A	#N/A	#N/A	#N/A	#N/A
259.4638	0.056858	#N/A	#N/A	#N/A	#N/A	#N/A

图 13-8 LINEST() 函数的返回结果

在图 13-8 中，第一行存放的是自变量 N 到自变量 1 的系数和常数；第二行存放的是系数和常数的标准误差值；第三行存放的是拟合优度和函数值的标准误差值；第四行是 F 检验值和自由度；第五行是回归平方和与残差平方和。

我们在相关性预测时，可考虑多个因素。例如，Dell 公司的销售量可能与该公司的定价、广告预算、竞争者的产品定价以及失业率等有关。这里 PC 机的销售量称为非独立变量，其他为独立变量。经理的职责就是全力改善与促进 PC 机的销数量与这些相关独立变量之间的关系。请看下例。

【例 13-3】 某超市连锁店想要弄清一下变量之间的关系：现有库存中某种牌子的罐装蔬菜销售额 y、该罐装蔬菜在当地报纸上的广告费用 x_1，以及仓库中储存牌子的产品的货架容量 x_2 之间的关系。随机选定一个超市连锁店，该店在 20 周内的销售额、广告费用、货架容量的变化如表 13-3 所示。

表 13-3 销售额、广告费用、货架容量的数据变化

周	销售额/元	广告费用/元	货架容量/数量单位
1	2010	201	75
2	1850	205	50
3	2400	355	75
4	1575	208	30

续表

周	销售额/元	广告费用/元	货架容量/数量单位
5	3550	590	75
6	2015	397	50
7	3908	820	75
8	1870	400	30
9	4877	997	75
10	2190	515	30
11	5005	996	75
12	2500	625	50
13	3005	860	50
14	3480	1012	50
15	5500	1135	75
16	1995	635	30
17	2390	837	30
18	4390	1200	50
19	2785	990	30
20	2989	1205	30

解：用 Excel 可以得到销售回归模型如下：

销售额 $= -558.546 + 2.548136 \times$ 广告费用 $+ 34.1205 \times$ 货架容量

由图 13-9 所示可得到上模型。

	A	B	C	D	E	F	G	H	I
25									
26	SUMMARY OUTPUT								
27									
28	回归统计								
29	Multiple	0.949276							
30	R Square	0.901125							
31	Adjusted	0.889492							
32	标准误差	391.5064							
33	观测值	20							
34									
35	方差分析								
36		df	SS	MS	F	nificance F			
37	回归分析	2	23747818	11873909	77.46687	2.87E-09			
38	残差	17	2605713	153277.3					
39	总计	19	26353531						
40									
41		Coefficien	标准误差	t Stat	P-value	Lower 95%	Upper 95%	下限 95.0%	上限 95.0%
42	Intercept	-558.546	309.5127	-1.8046	0.088883	-1211.56	94.46839	-1211.56	94.46839
43	广告费用	2.548136	0.264233	9.643512	2.63E-08	1.990653	3.105619	1.990653	3.105619
44	货架容量	34.1205	4.648559	7.340016	1.15E-06	24.31289	43.9281	24.31289	43.9281

图 13-9　回归计算结果

具体结果与上题解释类似，此处不再赘述。

13.3 马尔科夫过程及其预测

马尔科夫预测的基本概念是状态和状态转移。他在 20 世纪初多次试验发现：在一个系统的某些因素的概率转移过程中，第 n 次的结果常常决定于第 $n-1$ 次的试验结果，通俗地讲，即当从一种状态（情况）转移到另一种状态（情况）的转移概率，只与当前所处状态有关，而与以前所处的状态无关，这种性质叫做无后效性；符合这种性质的转移过程，叫做马尔科夫过程。一系列马尔科夫过程的整体，叫做马尔科夫链。

事物经过 k 步转移概率矩阵记为

$$\boldsymbol{P}^{(k)} = \begin{bmatrix} p_{11}(k) & \cdots & p_{1n}(k) \\ p_{21}(k) & \cdots & p_{2n}(k) \\ \vdots & & \vdots \\ p_{n1}(k) & \cdots & p_{nn}(k) \end{bmatrix}$$

数学上可证明：

$$\boldsymbol{P}^{(k)} = \begin{bmatrix} p_{11}(k) & \cdots & p_{1n}(k) \\ p_{21}(k) & \cdots & p_{2n}(k) \\ \vdots & & \vdots \\ p_{n1}(k) & \cdots & p_{nn}(k) \end{bmatrix} = \begin{bmatrix} p_{11} & \cdots & p_{1n} \\ p_{21} & \cdots & p_{2n} \\ \vdots & & \vdots \\ p_{n1} & \cdots & p_{nn} \end{bmatrix}^k = \boldsymbol{P}^k$$

下面举例来说明。

13.3.1 期望利润的马尔科夫预测

所谓期望利润是指商品在市场上销售状况可能发生转变时带来的收益转变的预测。因而若要预测这种期望收益，必须掌握两种资料：一是商品销路转变的概率矩阵，即是由畅销变为畅销的，畅销变为滞销的，滞销变为畅销的，滞销变为滞销的概率；其二是商品销路在上述四种转变后带来的收益，正值为盈利，负值为亏损。可见在实际工作中就必须首先确定所谓畅销和滞销的数量界限，然后才能设法分析销路转变以及计算出它们所带来的收益。

销售状态转变若视为马尔科夫链，则由此带来的收益也将发生转变。这种随着马尔科夫链的状态转变，赋予收益的转变，可称为带收益的马尔科夫链。于是可写出销售状态转移概率矩阵为

$$\boldsymbol{P} = \begin{bmatrix} p_{11} & p_{12} \\ p_{21} & p_{22} \end{bmatrix}$$

式中，p_{11} 为由畅销变为畅销的概率；p_{12} 为由畅销变为滞销的概率；p_{21} 为由滞销变为畅销的概率；p_{22} 为由滞销变为滞销的概率。

相应的收益矩阵 $\boldsymbol{R}$ 为

$$R = \begin{bmatrix} r_{11} & r_{12} \\ r_{21} & r_{22} \end{bmatrix}$$

式中，r_{ij} 为 $P = \begin{bmatrix} p_{11} & p_{12} \\ p_{21} & p_{22} \end{bmatrix}$ 中的 p_{ij} 所带来的收益，$r_{ij}>0$ 为盈利，$r_{ij}<0$ 为亏损；$i=1,2$；$j=1,2$。

若在某一时刻通过以往资料求得销售状态转移概率矩阵 P，以及相应的收益矩阵 R，则一步转移的期望收益为

$$v_i^{(1)} = r_{i1}p_{i1} + r_{i2}p_{i2} = \sum_{j=1}^{2} r_{ij}p_{ij}, \quad i=1,2$$

式中，$i=1$ 为本期处于畅销时的期望收益；$i=2$ 为本期处于滞销时的期望收益。

经过 k 步转移后的期望收益为

$$v_i^{(k)} = p_{i1}^{(k)}(r_{i1} + v_1^{(k-1)}) + p_{i2}^{(k)}(r_{i2} + v_2^{(k-1)}), \quad i=1,2$$

当 $k=1$，规定 $v_1^{(0)} = v_2^{(0)} = 0$。

【例 13-4】 某商品销售状态如表 13-4 所示，它记录了以往 24 个季度的情况。

表 13-4 以往 24 个季度的销售状态

季　度	销售状态	季　度	销售状态
1	畅销	13	畅销
2	畅销	14	畅销
3	滞销	15	滞销
4	畅销	16	滞销
5	滞销	17	畅销
6	滞销	18	畅销
7	畅销	19	滞销
8	畅销	20	畅销
9	畅销	21	滞销
10	滞销	22	畅销
11	畅销	23	畅销
12	滞销	24	畅销

且经过测算相应的收益矩阵 R（千元）为

$$R = \begin{bmatrix} 5 & 1 \\ 1 & -1 \end{bmatrix}$$

问本（第一）季度期望第二季度的、期望第三季度后的收益为多少？

解：根据表 13-4 除了最后即本季度以外，畅销季度共 14 个，其中畅销转畅销次数 7 次，故 $p_{11}=7/14=0.5$，由畅销变为滞销 7 次，$p_{12}=7/14=0.5$；滞销季度共 9 次，其中由滞销变为畅销 $p_{21}=7/9=0.78$，由滞销变为滞销 $p_{22}=2/9=0.22$。

由此得到：

$$\boldsymbol{P} = \begin{bmatrix} 0.5 & 0.5 \\ 0.78 & 0.22 \end{bmatrix}, \quad \boldsymbol{P}^{(2)} = \boldsymbol{P} \times \boldsymbol{P}, \quad \boldsymbol{P}^{(3)} = \boldsymbol{P}^{(2)} \times \boldsymbol{P}$$

在 Excel 或 MATLAB 环境下，很容易计算得到：

$$\boldsymbol{P}^{(2)} = \begin{bmatrix} 0.64 & 0.36 \\ 0.56 & 0.44 \end{bmatrix}, \quad \boldsymbol{P}^{(3)} = \begin{bmatrix} 0.6 & 0.40 \\ 0.62 & 0.38 \end{bmatrix}$$

即时（第一）期望收益为

$$v_1^{(1)} = r_{11} p_{11} + r_{12} p_{12} = 0.5 \times 5 + 0.5 \times 1 = 3 (千元)$$
$$v_1^{(1)} = r_{21} p_{21} + r_{22} p_{22} = 0.78 \times 1 + 0.22 \times (-1) = 0.56 (千元)$$

当 $k=2$，即二步转移后，期望收益为

$$v_1^{(2)} = p_{11}^{(2)} (r_{11} + v_1^{(1)}) + p_{12}^{(2)} (r_{12} + v_2^{(1)}) = 0.56 \times (5+3) + 0.36 \times (1+0.56)$$
$$= 5.68 (千元)$$
$$v_2^{(2)} = p_{21}^{(2)} (r_{21} + v_1^{(1)}) + p_{22}^{(2)} (r_{22} + v_2^{(1)}) = 0.56 \times (1+3) + 0.44 \times (-1+0.56)$$
$$= 2.05 (千元)$$

当 $k=3$，即再下一个季度后的期望收益为

$$v_1^{(3)} = p_{11}^{(3)} (r_{11} + v_1^{(3)}) + p_{12}^{(3)} (r_{12} + v_2^{(2)}) = 0.6 \times (5+5.68) + 0.4 \times (1+2.05)$$
$$= 7.63 (千元)$$
$$v_1^{(3)} = p_{11}^{(3)} (r_{21} + v_1^{(3)}) + p_{22}^{(3)} (r_{12} + v_2^{(2)}) = 0.62 \times (1+5.68) + 0.38 \times (1+2.05)$$
$$= 4.54 (千元)$$

13.3.2 稳定状态时的马尔科夫预测

经过相当长的时间后，马尔科夫过程将逐渐趋于稳定，与原始状态无关，此时稳定状态时的马尔科夫预测模型为

$$\boldsymbol{S}^{(n)} \times \boldsymbol{P} = \boldsymbol{S}^{(n)}, \quad \sum S_t^{(n)} = 1 \tag{13-3}$$

企业中的机器设备，粗略地划分，可以分为良好和损坏两种状态，在运转和使用的过程中，良好的可能会转变为损坏，而损坏的也可能经过维修转变为良好。一般可用图 13-10 表示这种状态转移。

状态转移概率矩阵可写为

$$\boldsymbol{P} = \begin{bmatrix} p_{11} & p_{12} \\ p_{21} & p_{22} \end{bmatrix}$$

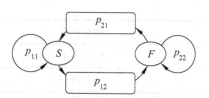

图 13-10 机器的状态转移

S—良好状态；F—故障状态

式中，p_{11} 为某时刻机器处于良好，到下一时刻仍转变为良好状态的概率；p_{12} 为某时刻机器处于良好，到下一时刻转变为故障状态的概率；p_{21} 为某时刻机器处于故障，到下一时刻转变为良好状态的概率；p_{22} 为某时刻机器处于故障，到下一时刻仍转变为故障状态的概率。

【例 13-5】 设某车间里的机器出故障的概率为 0.2，机器能修复好的概率为 0.85，求稳定状态下，机器处于良好状态和故障状态的概率各为多少？

解：由题意可知，机器不出故障的概率为 $1-0.2=0.8$；机器修不好的概率为 $1-0.85=0.15$。故得到状态转移概率矩阵为

$$P = \begin{bmatrix} 0.80 & 0.20 \\ 0.85 & 0.15 \end{bmatrix}$$

按照(13-3)式

$$(S_1^{(n)}, S_2^{(n)}) \times \begin{bmatrix} 0.80 & 0.20 \\ 0.85 & 0.15 \end{bmatrix} = (S_1^{(n)}, S_2^{(n)})$$

$$S_1^{(n)} + S_2^{(n)} = 1$$

解上述方程组得：$S_1^{(n)} = 0.81, S_2^{(n)} = 0.19$。

即在稳定状态下机器不出故障的概率为 0.81，而出故障的概率为 0.19。

知道了机器出故障的概率，将有助于做出正确的机器维修决策、计划和组织工作。

应用状态转移概率分析设备状态概率，如上例所述，可以是针对某台设备进行分析，也可以用来分析厂内的设备群，取决于调查统计的对象及其转移概率矩阵的含义。

12.3.3 应收账款分析

本节考虑如何应用马尔科夫过程对应收账款坏账的估算。坏账是对最终无法收回的应收账款的数目的估算。我们来看看 ABC 百货商店应收账款的情况。ABC 百货商店按账龄将应收账款分为两类：①0～30 天时长的账目；②31～90 天时长的账目。如果账户余额的任何部分超过 90 天还未收回，那么这一部分将作为坏账注销。ABC 百货商店根据最远的未支付的账单，对所有顾客的账户余额进行账龄管理。例如，假设某顾客 9 月 30 日的账户余额如表 13-5 所示。

表 13-5 账户余额表

购买日期	计费总额/元
8 月 15 日	25
9 月 18 日	10
9 月 28 日	50
合　计	85

因为距离最远的未支付的账单(8月15日)已经有46天了,所以9月30日将85元应收账款的总余额按账龄列入31～90天那类。假设一周后,即10月7日,顾客付清了8月15日的25元,则剩下的60元的总余额归入0～30的分类,因为距离现在最远的未支付的数目,也就是9月18日购物的那笔账还不足31天。由于账户总余额是根据距离现在最远的未支付的款项来归类的,所以这种按账龄来管理应收账款的方法叫做总余额法。

注意,在账龄型应收款总余额法下,某一刻归类于31～90天类别的账目晚些时候可能会归类到0～30天类别中。在前面的例子中,9月份的60元的账单在不同分类间的变动即是如此。在8月份的账单被支付后,它从31～90天类别转到0～30天类别了。

我们假设12月31日ABC百货商店总共有3000元应收账款,且公司管理层想要预计这3000元大约有多少钱最后可以收回,有多少钱最终会成为坏账。坏账的估计额将作为坏账准备列在年终的财务报告中。

我们来看看如何将应收账款的运作看做马尔科夫过程。首先,我们把目标放在当前应收账款中的1元会如何变化上。由于公司在未来将继续运行,所以我们可以把每周都看作是马尔科夫过程的一个事件,而这1元会处于以下系统状态中的一种。

状态1:已支付类

状态2:坏账类

状态3:0～30天类

状态4:31～90天类

这样,我们就可以通过马尔科夫分析跟踪1元在每周的状态,从而识别出在某周或某一期间系统所处的状态。

应用具有先前状态的马尔科夫过程模型,我们对转移概率做如下定义:p_{ij}为1元在某周处于状态i,在下周转为状态j的概率。

根据以往应收账款金额的转移情况,我们为ABC百货商店建立了如下的转移概率矩阵P:

$$P = \begin{bmatrix} p_{11} & p_{12} & p_{13} & p_{14} \\ p_{21} & p_{22} & p_{23} & p_{24} \\ p_{31} & p_{32} & p_{33} & p_{34} \\ p_{41} & p_{42} & p_{43} & p_{44} \end{bmatrix} = \begin{bmatrix} 1.0 & 0.0 & 0.0 & 0.0 \\ 0.0 & 1.0 & 0.0 & 0.0 \\ 0.4 & 0.0 & 0.3 & 0.3 \\ 0.4 & 0.2 & 0.3 & 0.1 \end{bmatrix}$$

注意,属于0～30天类的金额(状态3)下一期间已支付类(状态1)的概率为0.4。同时,一周后1元仍处于0～30天类(状态3)的概率为0.3,且一周后处于31～90天类(状态4)的概率也为0.3。当然,属于0～30天类的1元不可能在一周后就转到坏账类(状态2)。

ABC百货商店应收账款状况的马尔科夫过程模型有个重要的特征,即存在吸收状态。例如,一旦1元转到了状态1,也就是已支付,那它转换到其他状态的概率就为0。同样,一旦1元转换到了状态2,即坏账状态,那它转换到其他状态的概率就为0。因此,一旦这1元到达了状态1或2,系统就会永远保持这一状态。我们可以断定,所以得应收账款金额最终都将被吸收入已支付会坏账状态,因此有了吸收状态这一名称。

1. 基本矩阵和相关计算

只要马尔科夫过程模型存在吸收状态,我们就不用计算稳态概率了(系统经过大量转移之后处于任意状态的概率,一旦达到稳定状态,状态概率就不会随时间的推移而改变),因为每个单位最后都会以吸收状态中的一种结束。所以当存在吸收状态时,我们便想知道一个单位账款落于每一种吸收状态的概率。对于ABC百货商店问题来说,我们希望知道当前在0~30天账龄类内中的1元最后成为已支付类(吸收状态1)的概率以及成为坏账类(吸收状态2)的概率是多少。我们同样也想知道现在属于31~90天类的1元的相应的吸收状态概率。

计算吸收状态概率需要确定基本矩阵(计算关于马尔科夫过程吸收状态的概率所需要的矩阵)。基本矩阵来源于转移概率矩阵且对于只有很少量状态的马尔科夫过程,相当更容易计算。

计算前我们先把转移概率矩阵分成4部分:

$$P = \begin{bmatrix} 1.0 & 0.0 & 0.0 & 0.0 \\ 0.0 & 1.0 & 0.0 & 0.0 \\ 0.4 & 0.0 & 0.3 & 0.3 \\ 0.4 & 0.2 & 0.3 & 0.1 \end{bmatrix} = \begin{bmatrix} 1.0 & 0.0 & 0.0 & 0.0 \\ 0.0 & 1.0 & 0.0 & 0.0 \\ & R & & Q \end{bmatrix}$$

其中,$R = \begin{bmatrix} 0.4 & 0.0 \\ 0.4 & 0.2 \end{bmatrix}$,$Q = \begin{bmatrix} 0.3 & 0.3 \\ 0.3 & 0.1 \end{bmatrix}$。

矩阵N称为基本矩阵,可以通过以下公式计算:

$$N = (I - Q)^{-1} \tag{13-4}$$

其中I为单位矩阵,$(I-Q)^{-1}$为$I-Q$的逆矩阵。

$$I - Q = \begin{bmatrix} 1.0 & 0.0 \\ 0.0 & 1.0 \end{bmatrix} - \begin{bmatrix} 0.3 & 0.3 \\ 0.3 & 0.1 \end{bmatrix} = \begin{bmatrix} 0.7 & -0.3 \\ -0.3 & 0.9 \end{bmatrix}$$

$$N = (I - Q)^{-1} = \begin{bmatrix} 1.67 & 0.56 \\ 0.56 & 1.30 \end{bmatrix}$$

如果我们用基本矩阵N乘以矩阵P的R部分,就可以得到初始处于状态3或4的应收账款最终落到每一个吸收状态的概率。ABC百货商店问题中的N乘以R得到以下结果:

$$NR = (I - Q)^{-1}R = \begin{bmatrix} 1.67 & 0.56 \\ 0.56 & 1.30 \end{bmatrix} \times \begin{bmatrix} 0.4 & 0.0 \\ 0.4 & 0.2 \end{bmatrix} = \begin{bmatrix} 0.89 & 0.11 \\ 0.74 & 0.26 \end{bmatrix}$$

NR乘积的第一行表示0~30天类中的1元最后落入每一种吸收状态的概率。因此我们得到,0~30天类中的1元最后成为已支付类的概率为0.89;而成为坏账类的概率为0.11。类似地,NR乘积的第二行表示与31~90天类中的1元相关的概率。也就是说,31~90天类中1元最后成为已支付类的概率为0.74,而其最后成为无法收回的概率为0.26。有了这一信息,我们就可以预测有多少钱能收回来,并有多少钱作为坏账而损失掉。

2. 设立坏账准备

令 B 代表一个二元向量，它包括当前 0～30 天类和 31～90 天类的应收账款。即

$$B = \begin{bmatrix} b_1 & b_2 \end{bmatrix}$$

其中 b_1 是在 0～30 天账龄类的总金额，b_2 是在 31～90 天账龄类的总金额。

假设 ABC 百货商店 12 月 31 日的应收账款余额中 0～30 天类（状态 3）有 1000 元，31～90 天类（状态 4）有 2000 元。

我们可以通过 B 与 NR 相乘来确定这 3000 元中有多少能够收回，将有多少会损失掉。例如，

$$B \times NR = \begin{bmatrix} 1000 & 2000 \end{bmatrix} \times \begin{bmatrix} 0.89 & 0.11 \\ 0.74 & 0.26 \end{bmatrix} = \begin{bmatrix} 2370 & 630 \end{bmatrix}$$

因此，我们看到将有 2370 元的应收账款被收回，而剩余的 630 元将作为坏账注销。基于这一分析，会计部门应该为这 630 元建立坏账准备。

基于前面的分析，我们假设 ABC 百货商店希望调查减少的坏账概率。前面的分析指出，0～30 天类账款不可收回的概率为 0.11，也就是说 11% 的账款不可收回，而 31～90 天类的则为 26%。我们进一步假设 ABC 百货商店正在考虑推行一项新的信用政策，包括给予即付账款以折扣。

管理层相信，正在考虑的这一政策将提高 0～30 天类向已支付类转变的概率，降低了 0～30 天类向 31～90 天类转变的概率。假设管理层对新政策的作用进行了仔细研究，并给出了以下这一可适用的转移矩阵：

$$P = \begin{bmatrix} 1.0 & 0.0 & 0.0 & 0.0 \\ 0.0 & 1.0 & 0.0 & 0.0 \\ 0.6 & 0.0 & 0.3 & 0.1 \\ 0.4 & 0.2 & 0.3 & 0.1 \end{bmatrix}$$

我们发现，0～30 天类的 1 元在下一期间转为已支付类的概率增加到了 0.6，而在下一期间转为 31～90 天类的概率减少为 0.1。要确定这些变化带给坏账费用的影响，我们必须计算 N、NR、$B \times NR$。我们用式(13-4)计算基本矩阵 N：

$$N = (I - Q)^{-1} = \left\{ \begin{bmatrix} 1.0 & 0.0 \\ 0.0 & 1.0 \end{bmatrix} - \begin{bmatrix} 0.3 & 0.1 \\ 0.3 & 0.1 \end{bmatrix} \right\}^{-1} = \begin{bmatrix} 1.5 & 0.17 \\ 0.5 & 1.17 \end{bmatrix}$$

用 N 乘以 R，可得：

$$NR = (I - Q)^{-1} R = \begin{bmatrix} 1.5 & 0.17 \\ 0.5 & 1.17 \end{bmatrix} \begin{bmatrix} 0.6 & 0.0 \\ 0.4 & 0.2 \end{bmatrix} = \begin{bmatrix} 0.97 & 0.03 \\ 0.77 & 0.23 \end{bmatrix}$$

通过新的信用政策，我们预料 0～30 天类有 3% 的账款不能收回，而 31～90 天类则有 23%。同前面一样，如果我们假设 0～30 天类中有 1000 元，31～90 天类中有 2000 元，我们可以通过 B 乘 NR 来计算出落于吸收状态的应收账款的总量。我们得到：

$$B \times NR = \begin{bmatrix} 1000 & 2000 \end{bmatrix} \times \begin{bmatrix} 0.97 & 0.03 \\ 0.77 & 0.23 \end{bmatrix} = \begin{bmatrix} 2510 & 490 \end{bmatrix}$$

因此,新的信用政策下坏账费用为 490 元。而在原有的信用政策下,这一费用为 630 元。因此,预期新的信用政策使这一项费用节约了 630－490＝140 元。如果考虑到应收账款总量为 3000 元,那这一项节约将使坏账费用减少 4.7%(140/3000)。在考虑了成本之后,管理层就可以评估新的信用政策的经济性了。如果成本,包括折扣,小于应收账款的 4.7%,我们就可以预料新的政策将有助于提高 ABC 百货商店的利润。

习 题

1. 为了给今后编制管理费用的预算提供数据,某企业分析了近 10 年来企业管理费用与产值之间的关系,如表 13-6 所示。

表 13-6 企业管理费用与产值数据表

年份	1	2	3	4	5	6	7	8	9	10
管理费用/百万元	5.9	6.3	6.5	7.3	6.9	7.8	8.5	8.1	9.2	9.4
产值/千万元	5.2	5.8	6.3	6.8	7.5	8.3	9.1	10.0	10.9	11.8

(1) 建立该企业管理费用与产值之间的线性回归模型,求出回归方程并进行检验。

(2) 下一年该企业的产值预计为 1.5 亿元,求管理费用的置信度为 95% 的预测区间。

2. 某电子集团公司分析企业的劳动生产率和企业在研究与开发(R&D)投入之间的关系,调查了下属 14 个企业 2010 年的劳动生产率与 R&D 投入占销售额的比例数据如表 13-7 所示。

表 13-7 劳动生产率与 R&D 投入占销售额的比例数据

R&D 投入占销售额比例	1.4%	1.4%	1.5%	1.4%	1.7%	2.0%	2.0%
劳动生产率/(万元/人)	6.7	6.9	7.2	7.3	8.4	8.8	9.1
R&D 投入占销售额比例	2.4%	2.5%	2.6%	2.7%	2.8%	3.1%	3.5%
劳动生产率/(万元/人)	9.8	10.6	10.7	11.1	11.8	12.1	13.0

(1) 劳动生产率与 R&D 投入比例之间是否呈线性相关关系?(用 Excel 散点图分析) 若是,求它们之间的回归方程。

(2) 该集团企业的 R&D 投入率为 4.6%,求该企业劳动生产率的置信度为 90% 的预测区间。

参 考 文 献

[1] 运筹学编写组.运筹学[M].北京:清华大学出版社,2005
[2] 韩大卫.管理运筹学[M].北京:清华大学出版社,2008
[3] 韩伯棠.管理运筹学[M].北京:高等教育出版社,2003
[4] 丁以中主编.管理科学[M].北京:清华大学出版社,2003
[5] 李宗元等.运筹学 ABC[M].北京:经济管理出版社,2000
[6] 叶向编著.实用运筹学[M].北京:中国人民大学出版社,2007
[7] 朱顺泉编著.管理科学研究方法[M].北京:清华大学出版社,2007
[8] 龚纯等编著.精通 MATLAB 最优化计算[M].北京:电子工业出版社,2009
[9] [美]安德森.侯文华译.数据、模型与决策(管理科学篇)(第12版)[M].北京:机械工业出版社,2009
[10] [美]泰勒.侯文华译.数据、模型与决策(第9版)[M].北京:机械工业出版社,2009
[11] [美]弗雷德里克·S·希利尔.任建标译.数据、模型与决策(第2版)[M].北京:中国财政经济出版社,2004
[12] [美]贝利.林达.王明进,黄涛改编.面向管理的数量分析[M].北京:北京大学出版社,2007
[13] 朱顺泉编著.金融财务建模与计算[M].北京:电子工业出版社,2009
[14] [美]滋维.博迪.陈收等译.投资学(第7版)[M].北京:机械工业出版社,2010